몸과 마음을 살리는 치유상담의 비밀

손성은 지음

목차

머리말

　　마음이 아픈 아이들과 그 가족들을 만나고 치유해 오면서, 아이가 건강해지기 위해서는 부모님뿐 아니라 학교 선생님들의 역할이 중요하다는 것을 느낍니다. 부모가 한 아이에게 영향을 미친다면 선생님들은 수많은 아이들에게 영향을 주는 위치에 있습니다. 선생님의 말 한마디가 아이를 바꾸고, 때론 인생을 바꿉니다. 선생님이라는 자리는 아이들과 이 사회를 위해 얼마나 소중하고 귀한 자리인지 모릅니다. 부모의 마음이 열리고 건강해질 때 아이들이 가정에서 건강해지듯이, 선생님들의 마음에 빛이 생기고 건강할 때 아이들은 건강하게 세상을 살아갈 힘을 얻습니다.

　　마음에 상처를 안고 살아가는 많은 성인 내담자들이 과거 학교에서 받았던 상처에 대해 이야기하곤 합니다. 그만큼 학교는 중요한 경험의 공간입니다. 학교생활에서 아이들은 사회를 배웁니다. 학교에서 친구들로부터 위안을 얻고 가정의 어려움을 이겨 내며 잘 성장해 마음을 바르게 단련합니다. 그래서 세상에 나왔을 때 다른 사람을 돕고 살리는 사람,

사회의 오아시스 같은 사람들이 됩니다. 한편 다른 사람과 사회에 대한 분노와 복수심으로 다른 사람을 이용하고 해치며 살아가는 괴물이 되기도 합니다. 학교에서의 마음 치유는 그래서 더욱 중요합니다.

아이들이 학교에서의 부적응 및 문제 행동으로 클리닉에 올 때 부모님을 통해서 아이들의 문제의 원인을 유추해 보곤 합니다. 하지만 보다 객관적으로 아이의 문제를 파악하는 데는 선생님의 의견이 도움이 될 때가 많습니다. 치료를 진행하면서 아이가 얼마나 실제로 변하고 있는지를 관찰하는 데도 선생님의 의견이 중요합니다.

아이가 어려움을 겪을 때 부모님도 힘들지만, 아이를 맡은 선생님들도 마음고생이 많습니다. 그래서 아이를 어떻게 대하고 교육하는 것이 좋을지 고민하고, 생활 태도를 관찰한 내용을 적어서 보내시기도 합니다. 가끔은 내담하는 아이들의 부모 입장으로 찾아온 교사를 만날 때도 있습니다. 교육자이기에 앞서 아이들의 부모로서 조언을 구하지요.

때로는 학교에서 겪는 마음의 고통으로 스스로의 마음 치유를 위해 찾아오시기도 합니다. 아이들을 키우면서 많은 부모님들이 기쁨과 고통을 함께 느끼는 것처럼, 선생님들도 교육 현장에서 아이들과 마주하고 상호작용하면서 수많은 일들을 겪으며 보람과 함께 상처를 받습니다. 그리고 어떻게 하면 아이들의 마음을 헤아리고 치유할지 고민하고 노력합니다.

고민이 많은 선생님일수록 더 깊은 뿌리를 가진 큰 나무로 성장하는 걸 봅니다. 어려움을 겪어 본 사람이 어려운 사람을 더 잘 이해하고 도울 수 있습니다. 학교가 위기라며 비난하는 목소리도 있지만, 저는 아이들을 위해 노력하는 선생님들이 많다는 것을 알기에 대한민국의 미래가 밝다고 느낍니다.

많은 선생님들이 치유와 상담에 대해 관심을 갖고 공부하며 여러 강의를 듣습니다. 평소에 정신건강의학과 의사들은 심리 치료를 어떻게 할까? 어떤 노하우를 가지고 아이들을 도와줄까? 궁금하셨던 분들께 그치유의 비밀을 알려 드리려고 합니다. 어려운 심리학적 이론이나 용어 대신 쉬운 말로 담았습니다. 복잡한 이론은 머리만 무거워지게 할 뿐 행동으로 이어가기가 쉽지 않으니까요.

이 책에서는 선생님들이 몸과 마음의 원리를 깨닫고, 교육 현장에서 적용할 수 있는 실질적인 마음 치유 방법으로 아이들을 도울 수 있도록 했습니다. 부디 선생님들 스스로도 몸과 마음이 건강해지고, 아이들에게 빛이 되어 주시길 빕니다.

손성은

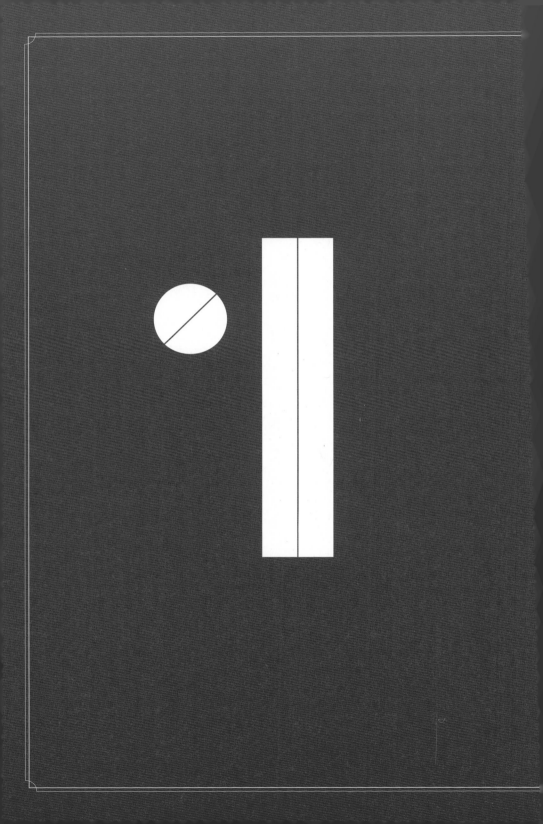

우리는
어디로
가야 할까

우리는 우리가 어디에 있는지,
어디로 가고 있는지 알아야 합니다.
내가 그동안 힘들었다면
무엇 때문이었는지 알아차리고,
또 앞으로 잘 살기 위해서는 어떻게
해야 하는지 깨달아야 합니다.

서로
가고 싶은
학교

학교 가기 싫어요

어느 날 학교 갔다 집으로 와서 이렇게 말합니다.

"엄마, 저 학교 가기 싫어요."

가슴이 철렁한 엄마가 물어봅니다.

"왜?"

"애들이 다 저를 무시하고 밥도 같이 안 먹어요."

"에휴, 그래도 어떡하니. 학교는 다녀야지⋯⋯.

⋯⋯네가 담임인데."

학교 가기 싫은 아이들처럼 선생님들 중에서도 학교가 힘든 분들이 있을 겁니다. 언제부턴가 에너지가 살아나고 보람차고 즐겁기보다, 힘들고 버겁고 상처받는 곳으로 느껴집니다.

아이들을 키우는 부모님도 마찬가지죠? 아이를 낳기 전부터 육아서를 읽고 태교를 하고 '아이를 이렇게 키워야지' 하고 마음을 먹었지만 정작 육아는 생각과 달리 너무나 힘듭니다. 게다가 청소년을 키우다 보면 정말 '성불成佛'하게 되지요.

선생님들의 삶도 비슷합니다. 열심히 노력했는데도 아이들, 학부모, 동료 교사로부터 오해를 받고 에너지가 방전되다 보면 정말 학교 가기가 싫어집니다.

학부모로부터 모욕적인 언사를 들은 뒤로 생긴 급성 스트레스 반응을 치료하러 오는 선생님도 있습니다. 교사에게 폭력을 휘두르는 학생의 기사를 심심찮게 접하게 되는 요즘, 비슷한 일들로 가슴이 벌렁거리고 수치스러워 가르치는 일을 계속 해야 할지 고민하는 선생님도 많습니다.

교사도 상처받는다

초등학교 4학년 A는 학교에서 이미 유명한 아이로 소문이 나 있습니다. 이미 지난 초등학교 3년 동안, 난폭하고 이기적인 행동으로 반 아이들은 A를 기피했습니다. 새 학기 첫날부터 물건을 던지고 책상을 넘어뜨려서 엄마를 면담합니다. 엄마는 A에게는 문제가 없다며 치료를 거부하고 도리어 선생님을 비난합니다.

A는 약한 친구를 괴롭히고 선생님에게도 욕을 하는 반면, 머리가 좋고 수학을 잘합니다. 성적에 집착해서 시험을 못 보면 울고불고 난리가 납니다. 부모는 아이의 부족한 사회성과 정서 문제는 아랑곳하지 않고 영재 교육을 받게 해 달라고 조릅니다. 선생님은 A의 사회성 발달을 위

해 짝을 만들어 주고 놀이 활동에 참여시키면서 A에게 친구를 만들어 주려 하지만 상처받는 반 아이들만 늘어납니다. 엄마는 A의 말만 듣고 객관적인 상황을 받아들이려 하지 않습니다. 나중에는 적반하장으로 교사가 자기 아이를 부당하게 대우한다며 교육청에 민원을 넣습니다.

선생님은 결국 의욕을 잃고 아침에 학교 가기가 두려워지는 상황에 이릅니다. 제발 1년이 빨리 지나가기만을 기다립니다. A라는 뜨거운 공을 받아든 다음해의 다른 교사도 똑같은 상황에 처하게 됩니다.

이렇게 어려운 아이들과 부모를 대할 때 선생님들은 무기력감을 느끼고 교단을 떠날 생각까지 하게 되기도 합니다. 하지만 이런 현실에도 불구하고 선생님들은 앞으로 나가야 합니다. 아이 탓만 할 수도, 부모 탓만 할 수도, 이기적인 사회 탓만 할 수도 없습니다. A의 행동은 어디에서 비롯된 것인지, 어떻게 하면 다른 아이들과 잘 어울려 학교생활을 해 나갈 수 있을지, 엄마를 어떻게 설득하여 아이를 적절하게 치료하고 양육하도록 도울 수 있을지 숙제들을 풀어 나가야 합니다.

도대체 왜 그럴까?

A의 문제 행동 뒤에는 많은 이유가 있습니다. 지능은 또래보다 좋지만 사회성 발달은 늦은 점, 감정과 충동 조절이 안 되는 뇌신경계의 미숙함, 운동 발달이 늦고 협응력이 떨어져 생긴 열등감과 분노감, 부정적인 생각과 감정이 지배하는 마음 상태, 과도한 자기 보호 본능에 상황을 객관적으로 보지 못하는 점, A의 엄마가 초등학교 3년을 거치면서 수없이

우리는 어디로 가야 할까

받아 온 외부의 지적들과 상처, 밖에서는 A의 문제를 부정하면서도 집에서는 혼내고 다그치는 엄마의 태도, A의 엄마가 겪는 부부 갈등, 시댁의 압박 등 수많은 이유들이 문제 행동 뒤에 숨어 있습니다.

아이의 뇌신경계의 특성과 기질, 정서적인 문제, 가족 내에 숨어 있는 갈등을 이해해야 합니다. 그래야 아이를 달라지게 하는 적절한 치료 방법을 알고 치료를 권유할 수 있습니다. 교사가 부모의 불안을 이해하고 같은 편이라는 신뢰감을 주며 다독이는 일도 필요합니다. 몸, 마음, 관계라는 큰 그림을 볼 수 있게 되면 더 강건하고 충분한 에너지를 가지고 적극적으로 아이를 교육할 수 있는 힘을 얻게 될 겁니다.

014 학교 가기 싫은 아이들

학교 다닐 때만큼 좋을 때가 있냐고 하지만 아이들은 매일 아침 일찍 일어나 학교에 가야 하는 게 힘듭니다. 푹 자고 싶고 마음대로 놀고 싶은데, 매일 아침 일찍 학교에 가는 건 정말 쉽지 않은 일입니다. 학교생활에 적응하지 못해 그만두는 아이들의 숫자도 매년 늘고 있지요. 학교가 아닌 다른 대안을 찾을 수도 있는 사회여서 그렇기도 합니다. 책, 다큐멘터리, 인터넷 강의 등 다양한 매체 덕에 지식만 얻으려면 굳이 학교에 다니지 않아도 될지 모릅니다. 하지만 학교 안에서 아이들은 사회성을 배우고 연습하면서 실제적인 삶을 배워 나갑니다. 어떻게 살지를 고민하고, 몸으로 부딪쳐 깨닫게 됩니다. 반드시 학교가 정답이라고 할 수는 없지만, 적절하지 못한 이유에서 섣부른 탈학교는 아이의 성장을 저해하고 회피의 길이 될 뿐입니다.

내 딸은 내가 지킨다

B의 엄마는 피아니스트입니다. 치열한 예중, 예고 시절을 거쳐 명문 음대를 나왔습니다. 그러나 왕따를 당했던 서러운 학창 시절의 기억이 있습니다. 외동딸인 B를 키우면서 자신처럼 불안하고 아픈 기억을 갖게 하지는 않겠다고 마음먹었습니다. 사립초등학교에 다니던 B가 초2때 친구들 간의 말다툼으로 속상해하는 것을 본 후에 아이를 학교에 보내지 않았습니다. 대신 홈스쿨링, 과외, 운동, 음악 레슨을 시키며 집 안에서 상처받지 않는 환경을 만들어 아이를 보호했습니다.

이제 초6 나이인 B는 나이답지 않은 우울한 표정과 다른 사람을 무시하는 듯한 분위기와 경계에 찬 눈빛을 가진 아이가 되었습니다. 엄마는 B를 보호했다고 생각하지만 또래 아이들이 함께 깔깔대고 웃으며 떡볶이를 사 먹고, 때로는 다투고 또 풀리면서 스스로 대인관계를 조절해 가는 학창 시절을 보낼 기회를 막은 것입니다. B는 이제 어느 누구와도 섞이기 힘든 성격에 사람들이 모인 곳을 두려워하게 되었습니다.

학창 시절에 친구들과 잘 지냈던 부모들은 자신의 아이들도 그럴 거라고 생각합니다. 하지만 친구들과의 문제가 있었던 부모들은 아이의 친구들에게서 자신을 가해했던 친구의 모습을 보여 과잉 반응합니다.

B의 엄마는 자신의 트라우마를 B에게 고스란히 투사하고 있습니다. B가 자신이 아니며, 자신만큼 나약한 성격의 소유자도 아니고 상처를 이겨 낼 힘의 싹을 가지고 있다는 것을 인식하지 못합니다. 딸을 위해서 엄마로서 해야 할 일은 무작정 보호하는 것이 아니라, 힘을 키워 주어야 하는 것임을 알아야 합니다.

살아 있는 경험의 장

학교는 몸을 일으켜 움직이고 사람들과의 상호작용 속에서 에너지를 주고받는 실제 연습을 할 수 있는 곳이라는 데서 의미가 있습니다. 학교는 공부하고 성적을 받는 곳이 아니라 경험하고 움직이면서 다른 사람과 공감하고 사회성과 도덕성을 배우고, 더 큰 마음으로 유연하게 살아가는 삶의 지혜를 연습하는 곳입니다. 학교에서는 다양한 상호작용이 일어날 수밖에 없고 때론 좋지 않은 일도 일어납니다. 이 가운데서 경험하고 배운 것을 우리 삶 속에 좋게 사용할 수 있도록 돕는 것이 우리가 해야 할 일입니다.

상처받지 않는 삶은 없습니다. 아이들은 자라면서 여기저기서 상처받습니다. 생채기가 나면 몸도 마음도 아픕니다. 때로는 친구가, 때로는 부모님이나 선생님과 같은 어른들이 부정적인 말과 잔인한 행동을 하기도 합니다.

아이들은 또 부모나 주위 사람들의 욕심과 과다한 기대가 버겁습니다. 번번이 기대에 못 미치는 결과를 확인받는 시험을 통해서 아이들은 상처받습니다. "이게 뭐니? 더 열심히 해!"라는 말에 좌절하고, 표현하지 않더라도 속으로 분노합니다. 상처받은 마음을 풀지 못하는 아이들이 모이게 되면 다투고 싸우게 됩니다. 그러다 보면 더 큰 상처를 받게 되고 더 아프게 됩니다. 정글 혹은 지옥 같은 학교가 되지 않으려면 상처에 머무르지 않고 문제를 해결하는 경험을 해야 합니다. 아이들이 치유의 방향으로 나갈 수 있게 도와야 합니다. 치유가 되면 아픈 경험은 우리를 성숙시키는 거름이었을 뿐입니다.

존재감을 느끼려는 몸부림

자신의 존재감을 확인하기 위해 아이들은 끊임없이 노력합니다. 성적을 잘 받거나 반 친구들에게 인기를 얻으려는 등 긍정적인 노력도 하지만, 부정적인 행동으로 자기 존재감을 확인하기도 합니다. 좌절하고 분노하고 불안할 때 아이들은 거기서 벗어나고 그 감정들을 분출하기 위해서 반항을 하거나 폭력을 쓰고, 담배를 피우는 등 뭔가 있어 보이는 행동을 하는 것이지요. 자기 팔에 칼로 상처를 내거나 자해를 하면서, 혼란스러움 가운데서 구체적인 신체의 감각을 찾고 싶어 하기도 합니다. 정말로 잘 살고 싶지만 방법을 모르기 때문에, 지금의 고통스러운 삶에서 벗어나려고 자살이라는 선택을 하기도 합니다.

때로는 다른 사람을 해치고 사회에서 큰 물의를 일으키는 방법으로 자신을 나타냅니다. 미국 고등학교에서 일어나는 총기 난사 사건에도 이런 마음의 기제가 숨어 있습니다. 잘못된 방법으로라도 자신의 목소리를 내고, 살아 있다는 것을 온몸으로 증명하려는 몸부림입니다.

소심하고 불안해하면서도 생존하려고 최선을 다하는 아이들도 있습니다. 도태되지 않으려고 노력하지만 마음이 약하고 두려움이 많기 때문에 하루하루를 버텨 내기가 고통스럽습니다. 학교나 학원에 다니지 않으면 더 불안해지기 때문에 열심히 다니지만 이미 주눅 들어 있는 몸과 마음을 펼치지 못하고 능력 발휘를 잘하지 못합니다. 자신에게 무슨 능력이 있는지 알지 못하고, 자기 색깔과 꿈을 찾기보다 그냥 튀지 않게 묻어가려고 합니다. 자기를 나타내도록 발표를 시키면 공포에 휩싸입니다. 이런 경험이 몇 번만 일어나면 자존감이 땅을 치고, 더 숨고 싶어집니다. 그러면서 그동안 버티던 노력마저 포기하고 싶은 상태가 되기도 합니다.

자기를 챙기지 않고 존재를 부인한 대가는 공황장애나 불안장애, 대인관계 기피라는 증상으로 나타납니다. 이런 생활이 오래되면 그나마 유지하던 집중력이나 학습력이 약해지고, 우울증에 빠지기도 합니다.

죽어 있는 아이들

긍정적인 노력을 하거나 부정적인 감정을 분출하지 않고 모든 것을 포기한 듯한 아이들도 있습니다. 무기력하게 죽은 듯이 지내면서 아무것도 하고 싶어 하지 않습니다. 에너지도 의욕도 없이 몸만 학교에 왔다 갔다 합니다. 쉬는 시간에도 수업 시간에도 그저 책상에 엎드려 있습니다. 목소리도 작아서 의사소통이 힘들고, 눈에는 총기가 빠져 있습니다.

부모는 이렇게 아무 열정이 없는 아이들이 답답합니다. 아이들이 무기력한 이유가 게임 때문이라며, 유일한 안식처인 게임마저 못하게 합니다. 하지만 게임마저 없다면 정말로 살아갈 이유가 없는 아이들로 보일 정도입니다. 부정적인 행동이 밖으로 보이지 않는 상태의 '죽어 있는' 아이들은 교사로서는 다루기도 쉽고 문제를 일으키지 않으니 그냥 내버려 두는 상황이 됩니다.

공부가 재밌거나 친구가 재밌거나

아이들은 하나라도 재밌는 것이 있으면 학교에 갑니다. 수업 혹은 단체 활동, 친구들과 노는 것 등이 재밌다면 말입니다. 공부가 재밌는 아이들은 선생님에게 인정을 받고 성적을 올리는 게 학교생활의 동기 부여가 됩니다. 공부는 썩 잘하지 못하지만 학교에서 하는 동아리 활동이 재밌어서 학교를 좋아하는 경우도 있습니다. 교복 입는 것이 재밌거나, 학교 급식이 맛있어도 아이들은 학교에 가는 것을 좋아합니다. 친구들과 이야기하고 떠들고 놀고 공을 차는 것이 재미있어도 학교는 갈 만합니다.

그러나 이 중에서 한 가지도 재밌는 것이 없을 때 아이들은 좌절합니다. 학교에 가면 열등감을 확인하게 되어 불안하고 고통스럽기 때문에 어떻게 해서든 학교를 늦게 가 보려고 늦장을 부리기도 합니다. 아이들이 학교에서 재미를 찾을 수 있도록 도와주는 것은 아이들이 삶 자체를 재미있고 살 만하다고 느끼게 하는, 선생님이 할 수 있는 최고의 일입니다.

우리 선생님은 우울증? 갱년기?

건강하지 않은 부모가 아이들을 곤란하게 만들듯이 학교도 그렇습니다. 다 죽어 가는 힘없는 목소리에 아이들과 눈조차 마주치기 싫어하고 귀찮은 듯한 태도를 보이는 선생님도 있습니다. 아이들이 보기에 선생님이 우울증인 것만 같습니다. 자신들에게 나눠 줄 만큼의 에너지를 가지고 있지 않다는 걸 아이들은 압니다. 더 적극적으로 아이들을 힘들게 하는 선생님도 있습니다. 아이들에게 시비를 걸고 온갖 짜증을 다 내고 화풀이를 하면서 괴롭힙니다. 본인의 히스테리와 좌절과 불만을 적절히 풀지 못하고 다른 사람에게 던지고 있습니다. 동료 교사들에게도 원성을 듣습니다. 동료 교사가 보기에도 '저러면 안 되는데' 하는 생각이 듭니다.

아이들을 살리려면 선생님들이 살아야 합니다. 아이들의 숨통을 트여 주고 살려 주려면 선생님들의 숨통도 살아나야 합니다. 왜 살고 어떻게 살아야 하는지에 대한 뚜렷한 깨달음을 얻은 선생님들이 아이들을 이끌어 주셔야 합니다.

선생님이 살아야 학교가 산다

가정이 살아나려면 부모가 건강한 에너지를 가져야 하듯이 학교가 살아나려면 선생님들이 먼저 살아 있고 흥이 나야 합니다. 사는 것이 무엇인지, 사는 것처럼 사는 것이 무엇인지 아이들에게 알려 줄 수 있어야 합니다. 아이들이 활기를 잃어 가지 않도록 지켜보며 용기를 주는 선생님이 되어야 합니다. 그래야 학교는 좀비가 득실거리는 공간이 아니라 서로를 살리는 공간이 됩니다.

사는 것을 '고苦'라고 하지요. 일상생활에서 끊임없이 부딪치는 문제들 속에서 스트레스를 받고 괴로워하는 것이 아니라, 문제들을 헤쳐 가면서 스스로를 살리고, 그 방법들을 아이들에게 전하는 선생님이 되어 주세요. 아이들이 가정보다 더 많은 시간을 보내는 학교가 숨 쉴 수 있는 치유의 공간이 될 수 있도록 선생님 스스로가 즐겁게 잘 사는 법을, 스스로를 치유하는 법을 먼저 배워 가야 합니다. 선생님이 재밌고 감동하고 움직여서 아이들을 가르칠 수 있다면 아이들도 선생님을 보고 깨달을 것입니다. '저렇게 사는 사람이 있구나, 저렇게 살아야 하는구나' 하고 말이지요.

선생님들 한 분, 한 분이 빛과 같습니다. 선생님들의 마음에 불빛이 켜지면 각 가정뿐만 아니라 학교에서 30명의 아이들, 100명의 아이들이 변화할 것입니다. 얼마나 귀한 일인지 모릅니다. 앞으로 우리는 서로가 가고 싶은 학교, 즐거운 학교, 서로를 살리는 학교를 만들기 위해 어떻게 스스로 마음을 치유하고 아이들의 마음 치유를 도울 것인가에 대해 고민해 볼 것입니다.

좋은 치유자는 처음부터 건강했던 사람이 아니라 고통을 이겨 내고 건강해진 사람이라는 것을 기억해 주세요.

우리는 어디로 가야 할까

정신줄 차리기

어디로 가야 할까

'중요한 것은 속도가 아니라 방향이다'라는 말이 있습니다. 정신없이 달려간 곳이 잘못된 방향이었다면 다시 돌아와야 합니다. 열심히 뛰어갔는데 가다 보니 '이 길이 아닌가 봐!' 하게 되면 참 힘 빠지겠지요. 나침반으로 북쪽을 확인하듯이, 내비게이션에 목적지를 찍고 가듯이, 우리는 가야 할 방향을 설정해야 합니다. 이 방향 설정이 바로 '정신줄 잡고 정신 차리는 것'입니다.

사람들은 끊임없이 움직이고 있습니다. 아이들은 키가 자라고 어른들은 늙어 가며 몸도 마음도 계속 변하게 됩니다. 시간이 가고 나이가 들면서 매일 이런저런 일을 경험하고, 축적된 경험의 영향을 받습니다. 점점 더 건강해지고 행복해지고 성숙해진다면 얼마나 좋을까요? 더 예뻐지고 더 멋있어지고 더 균형 잡힌 몸과 마음을 갖게 되면 얼마나 좋을까요? 하지만 좋은 쪽으로 달라지는 게 아니라 나쁜 쪽으로 달라지는 경우도 많지요. 많이 나빠지기 전에 경보음을 울려서 삶의 방식을 수정할 수 있다면 잘못된 방향으로 가지 않고 다시 바르게 방향을 잡을 수 있을 겁니다.

놓지 마, 정신줄

우리는 우리가 어디에 있는지, 어디로 가고 있는지 알아야 합니다. 일상에서 "정신줄 놓지 마", "정신 차려!" 하는 말을 자주 합니다. 모두 머리 위에 정신줄을 하나씩 가지고 있다고 떠올려 보세요. 정신을 못 차리면 이 줄이 싹 옆으로 비켜 나가고 끊어진다고 상상해 보세요. 정신과 의사가 내담자를 만나는 치료도, 선생님이 학생을 가르치는 교육도 모두 이렇게 정신을 차리도록 돕는 것입니다.

저는 상담을 할 때, 목적과 이유가 무엇인지 내담자와 상담의 목표부터 명확히 같이 맞추도록 합니다. 오랫동안 상담 치료를 받았다고 하는 내담자에게 "상담을 통해 무엇을 얻었습니까?", "무엇을 깨달았지요?"라고 물어보면 아무 말도 못하는 경우가 있습니다. 그냥 상담을 통해 하소연하고, 위로만 받고 왔다고 하기도 합니다. 그것도 의미가 있지만, 시간 내고 비용을 들여 상담 치료를 하는 이유는 보다 명확하게 자기 문제를 해결하고 더 잘 살려고 하는 것이지요. 내가 그동안 힘들었다면 무엇 때문이었는지 알아차리고, 또 잘 살기 위해서는 어떻게 해야 하는지 깨달아야 합니다. 그리고 무엇이든 쉽게 자신의 언어로 정리할 수 있는 것이 진짜 깨달음입니다.

알아차림

　정신을 차리는 데는 '잘 알아차리는 능력'이 굉장히 중요합니다. 마음의 균형이 깨지고 몸이 망가지는 것을 스스로도 모르고 주변 사람들도 알려 주지 않으면 병이 깊어집니다.

　우리 몸과 마음은 우리가 문제를 알아차릴 때까지 열심히 경고해 줍니다. 그래서 그 결과로 통증이나 증상이 생깁니다. 몸과 마음이 원래 있어야 할 균형과 건강의 자리에서 한참 벗어났는데도 계속 무리한다면 우리는 건강을 잃게 되겠지요.

　이가 다 썩을 때까지 통증이 전혀 없다면 어떻게 될까요? 통증은 고통스러운 것이지만 우리를 살피게 하고 고치게 합니다. 배가 아플 땐 무엇 때문인지 원인을 살피고 자꾸 우울해질 땐 최근의 생활을 돌아볼 수 있어야겠지요. 마치 "목적지에서 벗어났습니다"라고 말해 주는 내비게 이션의 경고 사인처럼 우리의 고통이나 증상을 알아차려야 합니다. 혼자서 판단하고 살아가는 성인이 되도록 돕는 것이 교육의 목적이라면, 알아차리는 능력을 키워 주는 것이 무척이나 중요하겠지요. 자신의 행동이 괜찮은 것인지에 대해 스스로 돌아보고, 고칠 수 있는 능력 말입니다.

흔히 '센스 있다'고 하는 사람들은 주변의 미묘한 기류를 잘 읽어 내고 적절한 말과 행동을 하지요? 너무 알아차림이 무디면 말해 줘도 알아듣지 못하고, 눈치코치가 없어서 힘듭니다. 반대로 너무 예민한 알아차림을 가진 사람은 미리 넘겨짚어 쉽게 오해하고 다른 사람과 어울리기 힘들겠지요. 우리에겐 '균형 잡힌 알아차림'이 필요합니다.

우리는 어디로 가야 할까

나는 미치지 않았어요!

H는 고1 때부터 사람들이 자신에 대해 속닥거리는 소리를 듣게 되었습니다. 대통령과 자신이 혈육 관계라는 내용이었습니다. 혼자서 공부할 때도 사람들의 말소리가 들렸습니다. 학교 앞에서 본 검은색 차가 독서실과 집 앞에도 서 있고, 자기 옆을 자주 지나다니는 것을 그 증거라고 생각하게 되었습니다. 후드티를 입고 다니는 남자들이 비슷한 메시지를 전달받은 사람이라고 생각했습니다.

처음에는 자신이 특별하다는 생각에 기분이 좋았지만 점차 불안해지면서 자기가 쫓기고 있다고 믿게 되었습니다. 급기야 횡설수설하면서 일상생활이 불가능해졌고, 결국 정신과 병동에 입원하게 되었습니다.

조현병이나 조울증, 심한 우울증 환자들은 환청이나 망상이 처음 생기게 되면 병이라고 인식하지 않기 때문에 실제로 그 내용에 빠지게 됩니다. 환청이나 망상을 전적으로 믿는 상태에서 말과 행동을 하기 때문에 주변에서는 미쳤다고 보지만, 본인은 절대 그렇지 않다고 주장하는 상태가 되지요. 치료가 되면서 '아하, 그때 내가 좀 이상했구나. 환청이었고 사실이 아니었구나' 하고 깨닫습니다. 다시 환청이 들리더라도 빠져들지 않고 구별해 내는 것이 치료의 중요한 과정입니다.

우리 뇌 속의 내비게이션

이런 알아차림의 기능을 '통찰insight'이라고 부릅니다. 병에 대해 인식하고 알아차리는 통찰은 '병식'이라고도 합니다. 병이 재발하지 않기 위해서는 이런 병식이 중요합니다. 병이 나은 후에 원인과 치료 방법을 깨닫고 기억해야 다시 재발하지 않겠지요. 내가 어디로 가야 하고, 어떻게 살아야 하는지에 대해 방향 감각과 조절 감각 능력을 훈련하는 게 중요합니다. '여기가 어디인가, 나는 누구인가, 지금 여기 왜 있는가'를 알아차려야 합니다.

우울증을 오래 앓으면 성격이 변합니다. 원래 자신이 우울한 사람이라고 착각합니다. 자신의 매력과 장점을 잃어버리고 망상을 사실로 믿거나, 불안증 때문에 상황을 최악이라고 오해하고 스스로 목숨을 끊게 되기도 합니다. 모두 자신을 잃을 때 벌어지는 비극입니다.

무엇을 도와 드릴까요?

저는 내담자들에게 "제가 어떤 걸 도와 드릴까요?"라고 묻습니다. 해결하기 원하는 문제를 묻고 어떤 걸 해결할지 같이 포커스를 맞추어야 합니다. 중요한 것은 우리가 왜 만나고 있는지를 정확히 아는 것입니다. 병원에 오는 이유는 아픈 부분을 치유하고 건강해지기 위해서지요. 아주 간단하고 당연한 사실을 인식하지 못하는 사람들이 많습니다. 치유받기 위해서는 '건강해지고 싶다'라는 확실한 방향성이 있어야 합니다. 그걸 놓치면 마치 강물에 빠져서 허우적거리지만 어디로 가야 할지 전혀 알지 못한 채 힘만 빼는 상황이 되기도 합니다. 구체적인 상담 방법을 생각하거나 이야기하기 전에 왜 상담을 하고 있는지 우리가 상담을 해서 어디로 가야 할지를 확실하게 서로 알고 있어야 합니다.

상담을 하는 과정에서 내담자를 인생의 무대라는 가상의 공간에 서게 한 다음 "나는 잘 살 겁니다"라는 말을 하게 하면, 눈물을 흘리며 변화하는 분들이 있습니다. 여러 부수적인 삶의 문제에 정신을 빼앗기다 보니 중요한 방향을 잃고 있었던 것입니다. 다시 방향을 일깨워 줄 때 몸과 마음이 진동하고 살아납니다.

우리는 왜 어디로 가야 할까

왜 사니?

방황하는 아이들을 만나 보면 왜 사는지를 잊고 있습니다. 왜 사냐는 간단한 질문에 답을 하기 힘들수록 우울증이나 불안증에 빠져 있는 경우가 많습니다. 정말로 많은 사람들이 이 질문에 쉽게 대답하지 못합니다.

간단하고 명료하게 대답할 수 있는 반사 신경과 같은 능력을 기를수록 삶의 이유가 또렷해지고 힘을 낼 수 있습니다.

저는 명확하게 이야기해 보도록 안내합니다. "왜 사니?"라고 물으면 "잘 살려고요"라고 곧바로 대답하고, "왜 여기에 왔니?"라고 물으면 "잘 살고 싶어서요"라고 대답하게 합니다. 자다 깨서 물어봐도 곧바로 대답이 튀어나올 수 있게 반사적으로 몸과 마음에 박히도록 목표 설정을 합니다.

잘 살고 싶은 건 사람들의 본능이고 모두가 그걸 원하면서 열심히 살아갈 것 같지만 절대 그렇지 않습니다. 정신건강의학과 의사로서 내담자들을 만나 보고 사회를 지켜보면서 드는 생각은 많은 사람들이 고통과 싸움을 원하고 죽고 싶어 한다는 것입니다. "저는 잘 살 건데요" 하는 이렇게 쉬운 말이 너무나 생소하게 느껴지는 경우도 많습니다. 아이들은 사랑이 많아서 나만 잘 살아도 되는지 죄책감을 느끼기도 하고, 이기적으로 보이지 않을까 걱정해서 잘 산다는 말을 부끄러워하기도 합니다. 또 힘든 일을 겪고 닥친 일에만 신경 쓰다 보면 이 모든 걸 '잘 살려고' 하고 있다는 사실을 잊어버릴 때가 많습니다. 이것저것 후회되고 원망스럽고 불안한 가운데서도 마치 마음의 별이 북극성을 가리키듯 '잘 살겠다'는 마음을 기억하고 있어야 합니다.

잘 살아서 뭐하려고?

"잘 살 거예요"라고 대답하면 그다음엔 이렇게 짓궂게 물어봅니다. "잘 살아서 뭐하려고?"

이때 또 아이들은 말문이 막힙니다. "잘 살면 행복하니까", "건강하면 좋으니까"라고 대답할 뿐입니다. 어떤 아이들은 "돈 많이 벌면 좋잖아요", "그냥요" 이렇게 대답하지요.

여기서 한 단계 더 나아가야 합니다. 잘 살려는 이유는 바로 '잘 살아서 다른 사람도 잘 살게 도와주려고'입니다. 다른 사람을 생각하는 것이 우리의 정신줄 근간에 들어와야 합니다.

내가 잘 살려고 하는 더 큰 목적은 다른 사람도 잘 살게 하기 위해서입니다. 그 목적이 없이 그냥 나 혼자 보란 듯이 잘 먹고 잘 살겠다고 하는 것은 방향을 잃은 몸부림이 되기 쉽습니다.

그런데 다른 사람을 도와준다는 이 개념을 썩 내켜하지 않는 아이들도 있습니다. 내 코가 석자인데 누굴 돕는다는 게 말이 안 된다는 거지요. 그 아이들에게 자신이 원래 얼마나 큰 사람인지를 일깨워 주어야 합니다. 내가 잘 살아서 다른 사람들도 도와주겠다는 말이 잘 이해되지 않고 공감되지 않더라도 자꾸 반복해서 말하다 보면 뇌가 말을 듣고 스스로 변하기 시작합니다. 우리의 선하고 건강한 부분을 일깨워 주기 때문입니다. 말에 생각과 감정이 따라가게 됩니다.

다른 사람도 잘 살도록 도와주겠다는 아이들에게 저는 이어서 또 물어봅니다.

"그럼 너는 조금 잘 살아야겠니, 많이 잘 살아야겠니?"

아이들은 그때서야 "많이 잘 살아야 한다"라고 대답합니다. 이제 아이들은 이기적인 마음, 경쟁적이고 공격적인 마음, 쓸데없는 죄책감이나 불안함에 사로잡히지 않고, 스스로 많이 잘 살겠다는 목표를 향해 열심히 달려갈 수 있게 됩니다. 이런 아이들이 많아질수록 우리 사회는 더 살기 좋은 곳이 되겠지요.

다른 사람을 돕는 홍익인간

우리나라 교육기본법 제2조에는 '교육은 홍익인간弘益人間의 이념 아래 모든 국민으로 하여금 인격을 도야陶冶하고 자주적 생활 능력과 민주 시민으로서 필요한 자질을 갖추게 함으로써 인간다운 삶을 영위하게 하고 민주 국가의 발전과 인류 공영人類共榮의 이상을 실현하는 데에 이바지하게 함을 목적으로 한다'고 되어 있습니다. 홍익인간은 점점 더 크게 다른 사람을 도와준다는 뜻이고, 인류 공영은 같이 잘 살아가는 것을 뜻합니다. 인격을 도야한다는 것도 남을 돕는 인격을 완성한다는 말이겠지요.

이렇듯 교육과 치유의 최종 목표는 일치합니다. '홍익인간'뿐 아니라, 하늘을 공경하고 사람을 사랑한다는 '경천애인敬天愛人'과 같은 선한 가치들을 아이들에게 일깨워 주세요. 또한 바로 그런 가치가 우리의 몸과 마음을 살리는 원리라는 것을 알려 주세요.

살리는 치유

치유는 '살리기'다

저는 간단히 치유를 '살리기'라고 표현합니다. 제가 하는 일은 내담자들이 건강하게 잘 살도록 도와주는 일입니다. 그러려면 좋은 부분, 건강한 부분을 자꾸 발견해 주고 살려 주어야 합니다.

여러 가지 문제와 고통을 안고 상담하러 오는 분들을 관찰해 보면 에너지가 약해져 있고 죽고 싶어 하기도 합니다. 또 다른 사람을 죽이고 싶어 하는 경우도 있습니다. 자신에 대해서도 건강하고 좋은 부분보다 약하고 나쁜 부분을 크게 생각하고 부정적으로 봅니다. 그렇게 자기 자신을 죽이고 있습니다.

내가 잘 살고 다른 사람도 잘 살게 돕는 것으로 치료 목표를 명확하게 하기만 해도 많은 문제들을 해결할 수 있습니다. 선생님들도 누군가가 "무슨 일 하세요?" 하고 물어보면 "저는 아이들을 '살리는' 일을 합니다"라고 대답할 수 있도록 몸과 마음에 새겨 놓아야 합니다. 이런 간단한 개념의 변화가 능력 있고 행복한 교사로 만듭니다.

리비도와 타나토스

우리의 삶은 두 가지 방향성이 있습니다. 살려는 힘의 방향과 죽으려는 힘의 방향입니다. 살려고 하는 힘이 우리 안에 있듯이, 죽으려 하는 힘도 있다는 겁니다. 그 각각의 힘을 리비도^{Libido}와 타나토스^{Thanatos}라고 부릅니다. 리비도는 무언가를 하려고 하는 건설적인 힘입니다. 하지만 지나치면 집착과 병이 됩니다. 타나토스는 철수시키고 환원시키는 힘입니다. 지나치면 모든 것을 포기하고 죽음에 이르기도 하겠지요. 열정적으로 무언가를 하고^{리비도}, 잠을 자며 쉬고^{타나토스}, 숨을 크게 들이마시고 내쉬는 이 모든 과정에서 이 두 힘이 번갈아 나타납니다.

이 두 가지 에너지가 우리 안에서 균형을 잘 맞춰 앞으로 나아갈 때 건강해집니다. 집착과 에너지 소비, 비관과 무기력이 아닌, 적절한 힘으로 세상을 힘차게 살아갈 수 있게 됩니다. 때로 넘어지고 뒤로 물러서더라도 잘 살겠다는 의지를 잃지 않고 다시 한 번 시도할 수 있는 용기를 가져야 합니다.

나를 살려 주는 사람

'나를 살려 주는 사람'을 한번 떠올려 볼까요? 짧은 시간 동안 많은 사람들이 떠오르면 마음의 자산이 많은 사람입니다. 엄마, 아빠, 남편, 아내, 자녀들, 학생들, 교장 선생님……. 떠올릴 때마다 마음이 훈훈해지고 미소가 떠오르고 살아 있는 움직임이 느껴지면 좋습니다. 떠오르는 사람도 별로 없고 가족을 떠올려도 인상이 찌푸려진다면 삶이 팍팍한 거지요.

뭐든 잘 살려 내는 사람이 있습니다. 화초를 키워도 잘 키웁니다. 작은 선인장을 엄마한테 주고 갔더니 땅에 심어서 거대한 선인장으로 만들었다며 '마미손 파워'라고 쓴 블로그 글을 본 적이 있습니다. 어떤 사람을 만나면 기분이 좋고 편안해 기가 살아나는 느낌을 받을 때가 있지요. 왠지 나를 받아 주고 살려 주는 느낌이 듭니다. 나를 위로해 주고 용기를 북돋워 주어 힘들 때도 다시 한 번 도전해 볼 수 있도록 힘을 얻게 해 줍니다.

살리는 에너지를 가진 사람이 나타나면 분위기가 좋아집니다. 살리는 에너지를 쓰는 사람을 가만히 바라보면 자기 안에서도 자기를 살리는 방식으로 에너지를 운용합니다. 스스로에게도 항상 용기를 북돋워 주기 때문에 다른 사람에게도 그 패턴대로 에너지가 흘러나옵니다.

좋은 치유자이자 선생님이 되기 위해서는 우리 몸과 마음 안에 있는 생각과 느낌을 살리는 쪽으로 쓰도록 노력해야 합니다. 아이의 문제 행동을 비난하고 기를 죽이기보다는 조금이라도 잘하는 부분을 살려서 아이를 숨 쉴 수 있게 바꾸는 것입니다. 문제 많은 아이라도 긍정적인 변화를 조금이라도 보이거나 무언가를 잘했을 때는 그 부분을 살려 주는 말을 해 주어야 합니다. 아이들을 살리는 말과 그 반대의 말을 한번 살펴볼까요?

그렇지!

맞아.

잘될 거야.   잘한다!

역시!   멋져!

오예!

네가 무슨! 꼴에~

정말 네가 한 거 맞아?

어디서 베낀 거 아냐?

내 참, 별일이다!

너도 잘하는 게

있긴 있구나.

034   **죽이는 사람?**

많은 내담자들이 부모, 특히 엄마와의 관계를 어려워합니다. 부모는 신생아 때부터 아이를 생존하게 도와주는 사람입니다. 그런데 부모와의 이런저런 경험과 기억 때문에 가장 자기를 살려 주는 사람을 믿지 못합니다. 부모로부터 살리는 에너지를 받지 못하면 우울증에 빠지기도 쉽고 대인 관계도 어려워집니다.

한집안을 이루어 살아가는 일을 '살림'이라고 합니다. 살림을 한다는 것은 가족을 먹이고 입혀 살아갈 수 있게 한다는 것입니다. 가정의 생명력은 아이를 먹여 주고 입혀 주는 사람인 부모에게 달려 있습니다. 그런데 요새는 아이들의 매니저를 자처하면서 사사건건 아이를 간섭하고 옥죄는 부모들이 많아지고 있습니다. 아이의 기운을 살리기는커녕 오히려 그 반대입니다.

옆집 아이에게는 절대 하지 않을 잔인한 말들도 자기 아이에게는 여과 없이 뱉어 냅니다. 분에 못 이겨 아이의 책을 찢어 버리기도 합니다. 아이의 일거수일투족에 잔소리를 하고 병적인 집착을 하기도 합니다. '살림'을 하는게 아니라 '죽임'을 하고 있습니다. 지나친 욕심과 다툼, 좌절에 감정 조절이 안 되어 부모 혹은 아이가 자살이라는 극단적인 선택을 하는 경우도 있습니다.

선생님들도 마찬가지입니다. 열심히 타일러도 못된 행동을 하고 말을 듣지 않는 아이에게 화가 나서 "너처럼 버릇없고 다른 아이들을 못살게 구는 애는 공부할 필요도 없어!" 하며 거친 말을 쏟아 냅니다. 강력한 말로 아이에게 자극을 주려고 하지만, 도리어 아이의 행동은 더욱 엇나갑니다.

같이 죽자는 물귀신 작전

다른 사람을 비난하고 죽이는 사람은 자기 자신의 내면에서도 자꾸 죽이는 선택을 하고 있습니다. 자신이 죽고 싶으니, 다른 사람한테도 같이 죽자고 하는 것입니다. 모든 뇌의 회로가 죽음의 회로입니다. 무슨 정보가 들어가든, 사는 행동으로 이어지지 않고 죽고 죽이는 행동으로 나옵니다. 맘대로 안 되어 좌절하게 될 때 해결하려는 노력 대신 그만둬 버리고 싶은 마음을 공격적으로 표현합니다.

심리적으로 처절하게 우울하고 불안한 사람은 마치 물에 빠져서 허우적거리는 사람처럼 옆 사람에게 영향을 미칩니다. 물귀신처럼 다른 사람을 끄집어 당겨 같이 죽자고 하는 겁니다. 처절하게 비참한 마음으로 가는 강력한 힘은 다른 사람도 그렇게 만들고 싶어 합니다.

아이들은 종종 학교에 불이 나거나 폭파되었으면 하는 상상을 하곤 합니다. 학교가 싫으니까 없어져 버렸으면 좋겠는데, 상상하는 내용이 폭력적입니다. 심지어 전쟁이 났으면 하는 아이들도 있습니다. 지금 사는 세상이 답답하고 힘들어서 어떻게든 변화했으면 하는 마음이 폭력적인 방법을 상상하게 합니다. 지루하고 재미없는 일상에 변화를 주는 무언가를 원하는 마음은 이해하지만 그 방법으로 '죽이는' 혹은 '같이 죽는' 방법을 상상하는 것은 부정적인 힘 때문입니다.

마음대로 안 되는 아이를 붙들고 화를 내다가 같이 죽자고 하는 엄마도 있습니다. 놀랍지만 꽤 많습니다. 겉으로는 정상적으로 보이는 가정에서도 많이 일어나는 일입니다. 그만큼 마음이 힘든 상태입니다. '같이 살자'가 아니라 '같이 죽자'나 '나만 살자'라는 건강하지 않은 마음은 결국 자신을 힘들게 하고 파멸시킵니다.

어떻게든 잘 살 거라는 선언이 우리의 방향을 사는 쪽으로 바꾸게 했다면 우리는 일상생활에 있어서 언제나 '살리는' 선택을 해야 합니다. 내 안에 있는 나쁜 부분과 미숙한 부분을 미워하는 게 아니라 더 좋은 부분을 살리고 부족한 부분을 품어 안는 선택이 필요합니다.

모두가 살고 싶어 하지 않는다

유달리 죽고 싶다는 생각에 사로잡혀 있는 아이들이 있습니다. 자기가 겪은 일로 생긴 걱정과 고통 때문에 그런 생각을 하게 된 것이지요. 가족이나 그 대역을 실제로 세워서 가족 역동을 알아보는 '가족 세우기

Family Constellation' 치료를 하다 보면 아이가 가족의 모든 문제를 짊어지고 자기가 대신 아프려 했다는 것을 알 수 있습니다. 아이는 사랑이 너무나 많아서 가족이 힘들지 않도록 자신을 희생하고, 가족을 구원하려고 애를 씁니다. 대신 고통당하고 죽으려 하기도 합니다. 하지만 그런 사랑은 '눈먼 사랑'이라고 합니다. 감당하지 못할 것을 감당하려고 하니 자신이 살아가기 힘들고, 그러다 보면 남의 짐을 지기는커녕 오히려 짐이 되는 상황이 벌어지기 때문입니다. 결국은 자기 자신뿐 아니라 다른 사람도 힘들게 하고 파괴합니다. 이럴 때 이런 눈먼 사랑의 상황을 깨닫게 하고, '눈뜬 사랑'을 하게 만드는 것이 진정한 치유입니다.

활력 지수와 고통 지수

저는 활력 지수와 고통 지수를 내담자들에게 설명해 주고, 만날 때마다 점수를 물어봅니다. 자신의 상태를 숫자로 표현하는 것은 객관적으로 자신을 바라볼 수 있어 좋고 치료사와 소통하는 데도 편리합니다. 조금씩 변화하고 있지만 스스로 그 변화 자체를 인식하지 못하는 경우도 있어서 긍정적인 변화를 인지하게 하는 데도 좋습니다. 고통스럽게 고민하던 문제가 얼마나 줄어들고 있는지, 긍정적인 힘은 얼마나 늘고 있는지를 스스로 느끼는 것은 중요합니다.

너무 고통이 심해서 죽고 싶을 정도로 힘든 상태를 −10이라고 하고, 고통은 없지만 좋지도 않은 상태를 0, 그리고 인생에서 느낄 수 있는 최고로 행복한 상태를 +10이라고 했을 때 지금 상태는 몇 점인가요? +로 갈수록 잘 살고 있거나 잘 살겠다는 의지가 강한 상태이고, −로 갈수록 힘든 상태입니다. +5에서 +7 정도는 되어야 때로 힘들어서 지수가 떨어지더라도 +1에서 +2 정도로 유지되어 살 만한 상태가 됩니다.

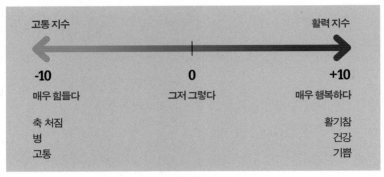

· 활력 지수와 고통 지수 ·

위기 극복 능력

앞으로 활력 지수를 높이는 방법에 대해 몸과 마음, 관계의 관점에서 이야기할 것입니다. 활력 지수를 높이는 것은 바로 빛을 하나씩 켜 가는 것과 같습니다. 활력 지수를 높이고 잘 살게 돕는 과정은 바로 위기를 극복해 내는 능력을 키우는 것입니다.

누구든 삶에서 힘든 일이 있고 힘든 상황을 직면합니다. 이때 잘 이겨 내는 방법을 가르쳐 주는 것이 아이를 살리는 일입니다. 힘든 일을 겪으면서 쉽게 -가 되어 힘들어하는 사람은 원래의 에너지 지수가 0 혹은 -였을 가능성이 많습니다. 치료의 목표는 -를 없애고 +를 많이 만드는 것입니다. 그것이 바로 살리기이지요. 그래서 +로 살아가게 도와주어야 합니다. 그래야 힘든 일이 닥쳐와도 끄떡없이 이겨 내게 됩니다.

몸, 마음, 그리고 관계

몸, 마음, 관계가 살아 있는 아이

'살아 있는' 아이들은 활력 지수가 높고 행복한 에너지가 가득합니다. 반면 '살아 있지 않은' 아이들은 어떤 모습인가요? 만사 귀찮아하고 아무것도 하기 싫어하는 아이들, 삶의 이유를 모르는 채 몸과 마음의 에너지가 방전되어 버린 아이들은 몸에 힘도 없고 표정도 없습니다. 눈도 풀려있고 행동이 빠릿빠릿하지 않습니다. 입을 열면 부정적인 말을 하거나 짜증을 냅니다. 다른 사람과의 관계에서도 적극적이지 않고 오히려 심드렁합니다.

살리는 작업은 구체적으로 '몸과 마음과 관계'를 살리는 일입니다. 그렇다면 먼저 살아 있는 상태가 어떤 것인지 알아차릴 수 있어야겠지요. 지금부터 몸, 마음, 관계를 살리는 방법을 구체적으로 하나씩 익히고 일상생활에서 활용해 볼까요?

몸이 먼저다

먼저 몸에 집중해 보겠습니다. '정신'을 흔히 '마음'이라고 생각합니다. 그런데 '정신精神'의 한자를 살펴보면 '정精' 자 앞부분에 쌀 '미米' 자가 붙어 있습니다. 쌀로 만든 밥을 먹고 몸이 이루어지듯 '정'은 몸과 관련되어 정기精氣, 정자精子, 정력精力과 같은 단어에 쓰입니다. '정'은 몸의 마음을 뜻하고 '신神'은 눈에 보이지 않는 마음을 뜻합니다.

저는 '정신'과 의사로서 내담자를 도울 때 이 '정'을 건강해지도록 하는 걸 염두에 둡니다. 마음을 바꾸는 심리 치료를 해 오면서 아이들이 괴로움이나 불편한 증상에서 벗어나고 자기 능력을 잘 펼치도록 도와주려면 아이들의 몸을 먼저 바꾸어야 한다는 것을 깨달았습니다. 정신, 즉 마음을 건강하게 유지하려면 먼저 몸이 바르고 튼튼해야 합니다.

몸이 아프거나 불편할 때를 한번 생각해 보세요. 아무리 마음을 좋게 먹으려 해도 짜증이 나고 우울하고 만사가 귀찮아집니다. 몸이 아플 때는 당연히 다른 사람까지 배려하고 이해하기가 어렵습니다. 세상이라는 구체적인 세계, 즉 3D 세상에 물리적으로 존재하는 '몸'은 바로 우리의 '현실'입니다. 아무리 이상이 높아도 현실이 불안정하면 일하기 힘듭니다. 오래전 행복 전도사로 알려진 분이 자살하여 많은 사람들이 충격을 받았습니다. 그분의 활동 이력으로 볼 때 힘든 일이 있어도 긍정적인 생각으로 이겨 냈던 분이었습니다. 하지만 몸의 병으로 인해서 정신력이 약해졌던 것으로 보입니다. 강한 통증을 지속적으로 느끼게 되면 그만 죽고 싶다는 생각이 자기도 모르게 들 수 있습니다. 무엇보다 몸의 건강이 먼저이며, 몸이 건강해야 마음의 건강을 뒷받침해 줄 수 있습니다.

우울증을 앓는 사람을 정신력이 약하다며 비난하는 사람들이 있습니다. 하지만 우울증의 원인도 몸의 관점에서 바라보고 문제를 해결하는 것이 좋습니다.

호랑이한테 물려 가도 정신만 차리면 산다

위기의 순간에 어떻게 하면 정신 차리고 살아남을 수 있을까요? 정신력을 키운다며 눈을 더 크게 뜨고 바짝 긴장을 하면 도리어 쉽게 피곤해지고 신경과민증에 걸립니다. 몸이 굳어서 적절하게 반응하지 못하게 되는 것입니다. 갑자기 큰소리가 나고 너무 놀랐을 때는 도망가기는커녕 다리에 힘이 풀리거나 몸이 얼어붙습니다. 그래서 정신을 차린다는 것은 머리도 깨어 있어야 하지만 몸이 깨어 있는 것을 말합니다.

'호랑이한테 물려 가도 정신만 차리면 산다'는 속담의 뜻은 필요할 때 민첩하게 움직일 수 있도록 다리를 포함한 몸이 살아 있어야 한다는 말로 이해하면 좋습니다. 호랑이 굴에서 빠져나갈 위치를 파악하고, 여차하면 달릴 수 있는 체력을 비축하고, 뭔가 방법이 없는지 생각하려면 공포에 떨어서는 안 됩니다. 숨이 막히고 머리가 하얗게 되어서는 도망은커녕 잡아먹히기 쉽지요.

마음이 몸을 바꾼다

마음은 '생각'과 '느낌'입니다. 인지 행동 치료에서도 인지^{생각}를 바꾸고, 감정과 감각^{느낌}을 바꾸는 작업을 주로 합니다. 그래야 행동을 바꿀 수 있기 때문이지요. 자신이 가지고 있는 생각과 느낌^{감정과 감각}을 바꾸는 것이 마음을 바꾸고 세상을 다르게 살아가는 비법입니다.

몸 건강이 마음 건강에 중요한 것처럼, 마음먹기에 따라 몸 건강도 달라집니다. 병을 이겨 내기 위해 중요한 것은 면역계를 강화하는 것입니다. 정신 면역학^{Psycho-Immunology}은 다른 말로 정신신경 면역학^{PNI:Psycho-Neuro-Immunology}이라고도 합니다. 정신^{생각과 느낌}이 신경을 통해 면역^{자연 치유력}에 영향을 미친다는 의미입니다. 우리가 어떤 생각과 감정을 갖느냐, 어떤 이미지를 상상하느냐에 따라 뇌에 자극 버튼이 눌러져 면역 체계, 내분비계, 신경계가 달라지면서 우리를 건강하게 할 수 있다는 것입니다. 이물질이나 독성 물질로부터 지키는 방어막인 면역 체계를 지휘하는 것이 바로 뇌입니다. 우리의 사고방식이나 생각, 마음가짐, 생활 관리에 따라 이 면역 체계를 튼튼하게 할 수 있는 것이지요. 같은 병에 걸려도 마음가짐을 어떻게 하느냐에 따라 환자마다 회복 속도가 다릅니다. 스트레스에 취약한 사람이 더 병에 걸리기 쉬운 것도 바로 이런 이유에서입니다.

마음의 건강을 위해서는 명상도 도움이 됩니다. 명상이 면역 체계에 미치는 영향도 계속 연구되고 있지요. 명상은 몸과 마음을 이완시키고 가만히 무슨 일들이 일어나는지 알아차리면서 몸의 자연스러운 리듬을 회복하는 과정입니다.

치유의 통로, 관계

우리의 몸과 마음은 끊임없이 세상과 '관계'를 맺고 있습니다. 나의 건강과 행복은 다른 사람들과의 관계를 떠나서 생각할 수가 없습니다.

관계를 건강하고 성숙하게 하는 것은 삶에서 무척 소중합니다. 치료의 목표를 '함께' 잘 살기로 잡는 것도 그 이유입니다.

몸은 숨을 쉬면서 바깥공기를 마시고 내뱉습니다. 그 순간 외부와 연결됩니다. 먹는 것도 마찬가지입니다. 밖에서 들어온 외부 음식이 몸으로 들어와 소화되어 다시 배설물로 나갑니다. 숨쉬기가 힘들거나 소화가 안 되는 것은 외부 대상과 조화롭게 관계를 맺고 주고받지 못하기 때문입니다. 잘 먹지 못하고 목이나 가슴에 걸려서 소화가 안 되는 증상 때문에 소화기내과에 갔다가, 또 심장이 뛰고 숨을 잘 못 쉬어서 호흡기내과나 심장내과에 갔다가 결국 정신건강의학과로 오게 되는 경우가 많습니다. 이런 증상을 치유할 때는 주변 상황과 대상, 사물과의 관계나 사람과의 관계를 살펴야 합니다.

몸과 마음을 사용하는 곳도 바로 관계 속에서입니다. 관계가 건강하지 않으면 몸과 마음이 쉽게 영향을 받아 흐트러지게 됩니다.

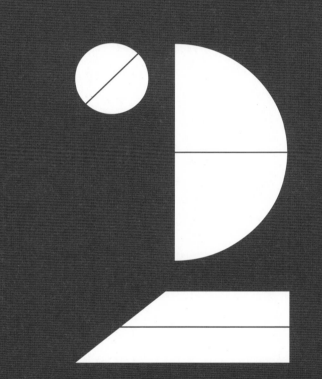

마음을 살리는
몸
이야기

몸은 우리의 마음을 일상생활에
실현하는 도구입니다. 몸을 잘 보존하고
건강하게 가꾸는 것은 정말 중요합니다.
몸을 바로 세우면 마음도
바로 서게 됩니다.

이제는 안다,
뇌신경계

정신과 의사는 뇌신경계 의사

몸은 마음을 담는 그릇과도 같습니다. 심장내과 의사가 심장을, 정형외과 의사가 뼈를 다루듯 정신건강의학과 의사들은 '뇌신경계'를 다룹니다. 마음이 깃들어 있는 뇌신경계는 몸 전체를 관장하는 곳이기도 합니다. 뇌는 무게가 약 1.5kg이어서 성인 몸무게의 2.5%밖에 되지 않지만 몸의 혈류량과 산소 소모량의 20%를 차지합니다.

흔히 뇌를 생각하면 머리통 속에 들어 있는 동그란 것을 생각할 거예요. 하지만 이제부터는 동그란 것만 떠올리지 마시고 콩나물 모양을 떠올려 주세요. 뇌에는 꼬리^{척수}가 있어서 우리 등에 있는 척추 속을 따라 등을 타고 내려옵니다. 뇌와 척수는 중추신경계로 우리의 마음이 깃들어 있는 중앙 본부입니다. 어떻게 하면 이 뇌신경계를 건강하게 할 수 있을까요?

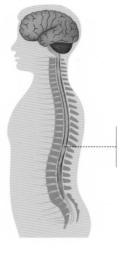

척수는 척추 내에 있는 중추신경의 일부분으로 운동신경과 감각신경의 통로이다.

목이 중요해

뇌와 척수는 같은 물주머니에 싸여 있고, 이 안에는 물^{뇌척수액}이 계속 왔다 갔다 순환하고 있습니다. 뇌척수액은 계속해서 생성되고 순환하면서 뇌를 보호합니다. 영양과 산소를 보충해 주고 노폐물을 운반하는 역할을 합니다. 이 순환 과정이 원활하지 않으면 중추신경계에도 이상이 생깁니다. 구부정한 자세 때문에 만성적으로 목 부위가 구부러져 있다면 뇌척수액의 흐름에도 영향을 미칩니다. 머리뼈와 뇌를 포함한 머리통의 무게를 대략 5kg로 본다면 머리는 무거운 볼링공과 같습니다. 그런데 머리가 앞으로 기울어져 있으면 목의 뼈인 경추뿐만 아니라 목 근육과 어깨 근육도 긴장을 하지요. 그러다 보면 쓸데없는 에너지 소비가 많아져, 오래 앉아 있기도 힘들고 집중도 잘 되지 않습니다.

바른 자세는 우리 몸의 쓸데없는 긴장과 에너지 소비를 줄여 줍니다. 잘못된 자세는 뇌를 눌러 고문하고 있는 것과 같습니다. 지금 바로 목을 당겨 바른 자세를 해 보는 건 어떨까요?

뇌신경계의 안정적 구조

뇌신경계는 3층짜리 건물이나 꽃으로 비유해서 생각하면 이해하기 쉽습니다. 3층 뇌는 생각하고 고차원적인 판단을 하는 뇌입니다. 타고난 지능도 3층 뇌가 얼마나 잘 기능하는가에 달려 있습니다. 3층 뇌는 마치 활짝 피어 있는 꽃잎과 같습니다. 2층 뇌는 감정을 담당합니다. 꽃에서는 꽃잎이 피어오르는 시작 부위라고 이해하면 좋습니다. 1층 뇌는 먹고 자고 싸고 숨 쉬고 생명을 유지하는 기본적인 생활을 하는 뇌입니다. 이 부분은 꽃받침이나 줄기의 시작 부분으로 생각하면 됩니다.

뇌의 모든 부분이 중요하지만 가장 아래에 있는 기본인 1층이 흔들리면 2층이나 3층이 제대로 기능할 수가 없습니다. 생명을 유지하는 1층 뇌가 일단 안정되어야 합니다. 많은 사람들이 집중하려면 생각하고 판단하는 3층 뇌를 잘 써야 한다고 생각하지만, 사실은 여러 가지 감각이 올라올 때 걸러 주고 정리해서 올려 보내는 1층 뇌가 제대로 기능해야 합니다.

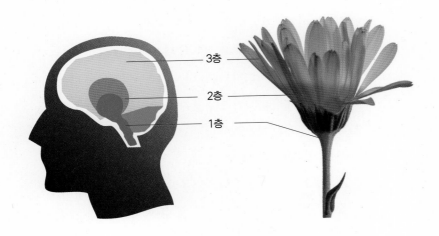

3층

2층

1층

1층 뇌

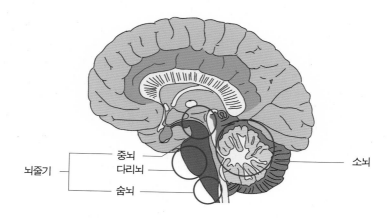

뇌줄기 ─ [중뇌 ─
다리뇌 ─
숨뇌 ─

소뇌 ─

1층 뇌는 깊이 생각하지 않아도 자동적으로 반응하는 행동과 관련이 많습니다. 의식적인 활동이라기보다 무의식적인 자연스럽고 순수한 반응들을 생각하면 좋습니다.

뇌를 꽃에 비유해 볼 때, 1층 뇌를 꽃줄기에서 꽃받침까지라고 상상해 보세요. 꽃받침이 단단하게 받쳐 주지 않거나 줄기가 흐물거린다면 꽃이 아름답게 피어 있을 수 없겠지요.

1층 뇌의 제일 아랫부분인 뇌줄기^{뇌간, 腦幹}는 꽃의 줄기 부분과 같습니다. 뇌줄기에는 중뇌, 다리뇌^{뇌교}, 숨뇌^{연수} 가 있습니다. 1층 한가운데 중심에 중뇌가 있고, 바로 그 밑 계단에는 여기저기 연결시키는 다리뇌가 있고, 그 아래 반지하에는 숨뇌가 있다고 생각하면 구조를 이해하기 쉽습니다. 숨을 쉰다는 것은 아주 소중한 기능이니까 가장 아랫부분인 반지하에 잘 숨겨 놓았다고 기억해 보세요.

숨뇌는 숨을 쉬고 심장을 뛰게 하는 자율신경 기능이 모여 있는 부분입니다. 음식물을 삼키고 혀를 움직이고 기침이나 목소리를 내는 뇌신경과, 몸을 편안하게 안정시켜서 심장 박동 수를 느리게 하고 장운동을 촉진하는 부교감신경^{미주신경}도 숨뇌에서 나옵니다. 의지로 조절되기보다 자연스럽게 생명을 유지하게 해 주는 우리 몸의 기본 기능을 맡고 있지요.

뇌간 쪽에 둥그렇게 통통하게 부풀어 오른 것처럼 보이는 곳은 다리뇌입니다. 말 그대로 연결하는 다리 역할을 하는 뇌입니다. 이곳에는 얼굴 감각을 느끼고 음식물을 씹을 수 있게 하는 삼차신경과 같은 중요한 뇌신경핵이 많이 있습니다.

눈을 마음의 창이라고 하지요. 거짓말을 하는지 아닌지도 눈빛만 보면 안다고 하고요. 중뇌는 눈동자의 움직임을 조절합니다. 피곤하면 눈이 풀리는 사람들은 중뇌의 조절 기능이 약하다고 볼 수 있습니다. 소리가 들리는 쪽을 쳐다보는 청각 반사에도 이 중뇌가 관여합니다. 청각 정보도 중뇌를 거쳐서 대뇌와 소뇌로 올라갑니다. 중뇌에는 도파민이 많은 흑질이 있습니다. 파킨슨병이 바로 중뇌의 흑질에 있는 도파민 신경세포가 소실되면서 몸이 떨리고 행동이 느려지는 병이지요. 이 병을 앓는 환자들은 눈동자나 목의 움직임도 느려집니다.

1층 구조 중 마지막으로 중요한 소뇌는 뇌줄기의 뒤에 있는 구조물입니다. 소뇌는 운동의 조절과 평형을 유지하게 도와주어서 몸의 중심을 잡도록 도와줄 뿐 아니라 마음^{생각, 감정, 감각}의 중심을 잡는 데도 중요한 역할을 합니다. 특히 균형을 맞추는 감각 기능을 하는 귀 속의 전정계는 소뇌와 밀접한 관련이 있습니다. 몸과 마음을 건강하게 하는 원칙은 바로 '중심과 균형'입니다. 이 중심과 균형의 상당 부분을 바로 소뇌가 담당하고 있다고 기억해 주세요.

1, 2층 사이의 복층, 사이뇌

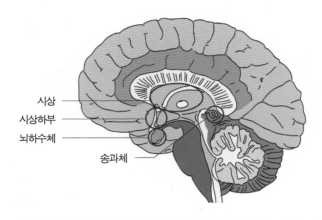

시상
시상하부
뇌하수체
송과체

뇌줄기와 대뇌 사이에 있다는 뜻의 사이뇌^{간뇌, 間腦}는 1층 뇌와 2층 뇌 사이에 있다고 생각하면 쉽습니다. 복층 구조의 원룸을 떠올려 보고, 1층 천장 가까운 부분의 복층에 만들어진 방을 '사이뇌'라고 상상해 보세요. 사이뇌는 우리 몸의 항상성을 담당하고 그 구조물로는 시상^{thalamus}과 시 상하부^{hypothalamus}, 뇌하수체^{pituitary gland}와 송과체^{pineal gland}가 있습니다.

이 중에서 특히 시상^{視床}을 기억해 볼까요? 시상은 거의 모든 감각들이 대뇌로 갈 때 거쳐 가는 최종 중계소입니다. 시상의 밑^下에 있다는 뜻인 시상하부^{視床下部}는 자율신경계를 조절하고, 뇌하수체 호르몬의 분비를 조절해서 내분비기계를 자극하거나 억제합니다. 그래서 심박수와 혈압 및 체온을 조절하고, 식욕, 성욕, 수면, 일주기 리듬 등 우리 몸의 생체 리듬^{박자}에 관여하는 것입니다. 정신건강의학과를 찾는 내담자들이 흔히 호소하는 폭식증이나 식욕 부진증처럼 먹는 것을 조절하는 어려움이나 불면증 혹은 수면 과다증, 성^性 불감증이나 과도한 성 집착증 등이 사이 뇌와 관련이 있지요.

시상하부 밑에는 뇌하수체가 달려 있습니다. 뇌하수체는 시상하부에 자극을 받아 전신에 작용하는 호르몬들을 분비합니다. 키가 크게 하는 성장 호르몬, 모성 본능을 자극하거나 사랑에 관여하는 프로락틴, 부신피질자극 호르몬, 갑상선자극 호르몬, 난소를 자극해서 에스트로겐과 프로게스테론을 생성하게 하는 황체형성 호르몬, 여포자극 호르몬이 뇌하수체의 앞부분^{전엽}에서 나와서 온몸에 영향을 줍니다. 소변을 가리는 데 관여하는 항이뇨 호르몬과 자궁 수축과 친밀함에 관여하는 옥시토신은 뇌하수체의 뒷부분^{후엽}에서 나옵니다. 시상하부-뇌하수체-부신피질 축^{HPA axis}은 스트레스에 반응하는 신경-내분비계입니다. 부신피질에서 과도하게 스트레스 호르몬이 나오면 이 축의 균형이 깨져서, 면역 기능도 떨어지고 기분도 우울해집니다.

　뇌하수체가 사이뇌의 앞에 달린 돌기 같은 구조물이라면, 뒤에 달린 돌기는 바로 송과체^{松果體}입니다. 솔방울^{송과} 모양으로 생겼다는 송과체는 멜라토닌을 분비해서 생체리듬을 유지하고 밤에는 졸리게 합니다. 육감 혹은 영감과 관련되어 영혼의 집이라고도 하고, 영적인 것을 담당하는 곳이라고 하여 제3의 눈이라고 부르기도 합니다.

2층 뇌

　2층 뇌인 대뇌 변연계는 감정을 담당합니다. 불쾌감, 쾌감과 같은 감정, 학습과 기억에 관여하지요. 대뇌 변연계의 '변연'은 가장자리라는 뜻으로, 3층 뇌인 대뇌 둘레에 있는 뇌 구조물을 말합니다. 사이뇌와 밀접하게 연결되어 있어서 감정에 따라 자율신경계나 성적인 기능에도 영향을 주게 됩니다.

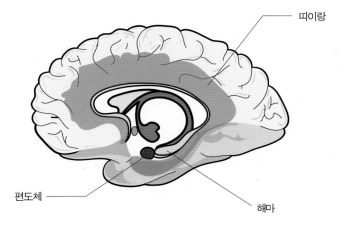

띠이랑

편도체

해마

　대뇌 변연계에는 대뇌 밑 둘레에 있는 띠이랑^{cingulate gyrus}, 측두엽 쪽
으로 뻗쳐져 있는 해마^{hippocampus}, 편도체^{amygdala}가 있습니다. 감정 뇌인
2층 뇌에서 이 해마와 편도체는 특히 중요한 기능을 하고 있습니다.

　해마는 기억과 관련됩니다. 우리가 느끼는 감정은 감정 '기억'으로 저
장됩니다. 전에 겪었던 나쁜 일이 떠오르는 자극 정보에 노출되면 자기도
모르게 깜짝 놀라거나 그때의 기억이 되살아나서 괴롭지요? 바로 변연계
가 감정을 느끼면서 자극될 때, 감정 기억 저장소인 해마까지 한 바퀴 돌
면서 감정 반응이 튀어 나오기 때문입니다.

　편도扁桃라는 말은 '작은 복숭아'라는 뜻입니다. 아몬드처럼 생겨서
편도라고 합니다. 목구멍에 편도가 있는 것은 다 아시죠? 이 편도와 비
슷한 구조물이 바로 뇌의 양쪽 측두엽에도 한 개씩 들어 있다고 이해해
주세요. 편도체는 공포 또는 공격성과 관련이 있습니다. 우리 몸에서 시
각, 청각, 촉각, 후각, 내장 감각 등의 감각을 느낄 때 즉각적으로 두려움
이나 공포심과 같은 감정 반응이 나오는 것은, 감각 중계소인 시상과 연
결된 시상-편도 회로의 작용입니다. 좀 더 상황에 대해 생각하고 파악
해서 공격적 정서 반응을 보이는 회로는 (대뇌)피질-편도 회로입니다.

3층 뇌

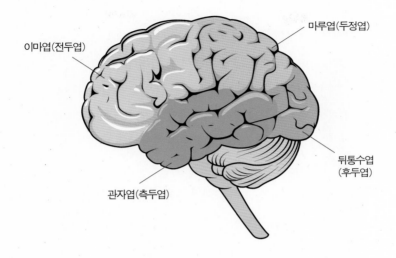

이마엽(전두엽)

마루엽(두정엽)

뒤통수엽
(후두엽)

관자엽(측두엽)

　간단히 '3층 뇌 = 생각 뇌 = 대뇌 피질'입니다. 대뇌는 1층, 2층을 통과하면서 걸러 낸 감각을 느끼고, 통합하여 인식하면서 해석하고, 행동으로 옮기는 고차원적인 뇌입니다. 말을 하거나 글을 읽는 언어 기능, 판단 능력, 참는 능력, 독창성, 논리적이고 고차원적 사고력, 의식적인 몸의 움직임, 계획을 세우고 수행하는 것이 모두 여기서 일어납니다. 고등동물일수록 대뇌가 발달하여 이런 기능을 잘 수행할 수 있게 됩니다.

　대뇌는 이마 쪽에 있는 이마엽전두엽, 머리 꼭대기 쪽의 마루엽두정엽, 머리 양측 관자놀이 쪽의 관자엽측두엽, 뒤통수 쪽의 뒤통수엽후두엽으로 나뉩니다. 전두엽은 충동 조절 및 인격에 관여하기 때문에, 사고로 전두엽이 손상된 환자는 공격성을 나타내는 등의 변화가 생깁니다. 시각 정보 처리와 관련된 후두엽이 손상되면 시력에 이상이 없어도 최종적으로 자신이 본 시각적인 정보를 이해할 수가 없습니다. 언어 능력과 관련된 측두엽이 손상되면 말을 알아듣거나 표현하는 데 어려움을 겪게 됩니다.

뇌야, 사랑한다

간단히 설명한다고 해도 복잡하지요? 반복해서 읽다 보면 더 이해가 쉬울 것입니다. 마지막으로 뇌에 대해서 한 가지 말씀드리려고 합니다. 뇌신경세포^{뉴런, neuron}이 중요한 것을 우리는 잘 알고 있습니다. 뉴런이 잘 연결되어 길이 생겨야 뇌 회로가 이어지고 정신 활동이 나타나게 됩니다. 하지만 이런 신경세포는 뇌의 10%에 불과합니다. 나머지 90%는 신경교세포^{glia}입니다. 신경교세포는 혈관과 신경세포 사이에 위치하여 신경세포의 지지, 영양 공급, 노폐물 제거 등을 담당합니다. 뒤에서 묵묵히 도와주는 신경교세포를 기억해 주세요. 우리의 잠재력과 무의식이 여기에 들어 있는지도 모릅니다.

우리가 이렇게 뇌를 공부하는 것은 일상생활에서 뇌를 정확히 인식하고 감사해하며 이해하기 위해서입니다. 예를 들어 운동을 하고 땀을 흘릴 때 '나의 사이뇌, 바로 시상하부에서 자율신경계를 조절해서 체온을 올라가게 해 주는구나. 이렇게 조절해 줘서 참 고맙다'라고 느끼거나, 사우나에서 냉탕 온탕을 번갈아 가는 사람을 보면 '시상하부의 체온 조절 기능을 자극하고 뇌 훈련을 하고 있구나'라고 파악할 수 있지요. 또 화가 많이 난 사람을 볼 때는 '대뇌 변연계 감정 뇌가 흥분했구나', 생각이 많아 힘들어하는 사람을 보면 '대뇌 피질이 활동을 너무 많이 하고 있구나'라고 이해할 수 있습니다. 시상하부가 면역계와도 상관이 있다는 걸 알게 되면, 정신면역학을 이해할 때도 시상하부를 떠올릴 수 있습니다.

소중한 사람의 얼굴을 기억하고 사랑해 주듯이 뇌와도 친해져야 합니다. 뇌와 뇌 안에 흐르는 생명력에 대해 놀라움과 경외심, 감사한 마음을 가져 봅니다.

감각 통합이란?

우리 몸은 감각 정보 처리 기계

놀이 치료나 심리 치료에 대해서는 익숙하지만, 아이들의 뇌신경계를 돕는 '감각 통합 치료'라는 용어는 생소하실 겁니다. 우리는 외부 환경과 신체 내부에서 오는 다양한 감각 즉 시각, 청각, 후각, 미각, 촉각, 전정 감각, 평형 감각, 위치 감각, 관절 속의 고유수용성 감각 등을 느끼며 살아갑니다. 마치 안테나처럼 펼쳐진 감각 수용계가 정보를 받아들이면, 컴퓨터와 같은 뇌가 이런 정보들을 처리하고 조직화해서 반응합니다. 감각 정보를 뇌에서 통합하여 상황을 판단하고 알맞은 행동을 해서 환경에 적응하게 하는 거지요.

척수나 뇌신경을 타고 들어오는 감각 정보는 1층 뇌^{뇌줄기, 소뇌, 시상}를 통과하면서 1차적으로 걸러지고, 위층 뇌로 올라갑니다. 2층 감정 뇌와 함께 3층 대뇌는 올라온 감각 정보를 인식하고 통합해서, 거기에 맞는 행동을 하게 합니다. 그 행동을 하면서 느껴지는 새로운 감각 정보는 다시 위로 올라가 새롭게 감각 통합이 되겠지요.

그런 감각 통합 과정이 반복되다 보면, 점차 뇌에 길이 나서 자주 쓰는 길은 점점 처리 속도가 빨라지지요. 처음에는 어눌하더라도 반복되는 도전과 시행착오를 통해 피드백을 받게 되면서 더욱 정교하고 효율적인 행동을 할 수 있게 됩니다.

우리 모두는 이렇게 감각 안테나를 가진 감각 통합 기계로 태어난다고 볼 수 있습니다. 감각 안테나가 잘 펼쳐져 있고 들어온 감각을 잘 통합한다면 어릴 때 발달도 고르게 잘하고 성인이 된 뒤에도 성숙한 행동을 할 수 있게 됩니다. 나이가 들면서 자꾸 감각이 무뎌지는 것은 감각을 인식하고 반응하는 것이 예전과 같지 않기 때문입니다. 적절히 뇌가 자극되지 않으면, 이미 나 있던 길도 막혀 점점 행동이 위축되고 치매 증상까지 보이게 되지요.

인생은 감각 통합 과정

아기가 태어나고 발달하는 것도 감각 통합 과정입니다. 낯선 것을 만져 보고 입에 넣어 볼 때^{촉각}, 뇌에 있는 뇌신경 세포의 시냅스들이 정보를 전달하면서 서로 연결되기 시작합니다. 그러다 점차 물건을 입에 넣지 않고 보기만 해도^{시각} '이런 물건이구나' 하고 이해하기 시작합니다. 2년 정도 한국말을 듣다 보면^{청각} 아이들은 두 단어를 붙여서 문장으로 이야기하기 시작합니다. "과자 주세요"처럼 말이지요. 아기가 뒤집고 잡고 일어나고 걷기 시작하는 것도 감각 통합 과정입니다. 몸에서 올라오는 자세 감각, 균형 감각이 머리에 여러 번 반복해 인식되면서 몸을 쓰는 것이 원활해지게 됩니다. 처음에는 낯설고 힘들었던 자극을 좀 더 편안하고 유연하게 처리하게 되지요.

자전거를 처음 배우는 아이들을 생각해 보면 이해할 수 있을 겁니다. 처음에는 스트레스를 받고 불안하고 어떻게 할지 막막하지만, 점차 자신감과 즐거움으로 바뀌게 됩니다. 노래를 배우고, 글을 읽고 쓰고, 공을 잡고 던지는 과정도 모두 감각 통합 운동 과정이지요. 학습도 마찬가지입니다. 눈으로 보거나 들은 정보를 구분하고 나누어 뇌에 저장하고 다시 꺼내 쓰는 과정이 바로 공부입니다. 이제 감각을 인식하고 처리하고 통합해서 행동으로 옮기는 감각 통합 과정을 이해하시겠지요? 유달리 말이 늦은 아이, 다 컸는데도 자꾸 물건을 입에 집어넣는 아이, 잘 걷지 못하는 아이, 신체적 두려움이 많은 아이, 학습이 어려운 아이는 뇌의 감각 통합 과정에 어려움이 있는 것입니다.

성격과 재능도 감각 통합에 따라서 다르다

사람은 태어날 때부터 감각을 받아들이는 뇌신경계의 고유한 특성을 가지고 태어납니다. 부모님과 얼굴이 닮듯이 성격이나 식성이 닮는 것은 오랜 시간 함께 살아서이기도 하지만, 타고난 뇌신경계의 특성이 비슷해서입니다.

사람마다 키가 큰 사람과 작은 사람, 지능이 높은 사람과 낮은 사람이 있듯이 감각 통합의 영역에서도 많은 차이가 납니다. 신체 감각 통합을 잘하는 사람은 운동 신경도 좋겠지요. 몸을 아름답게 쓰고 균형 감각이 좋은 김연아 선수를 떠올려 보면 이해가 쉬울 겁니다. 강수진 같은 발레리나나 박지성 같은 축구 선수들도 공간과 신체를 지각하고 몸을 활용하는 활동을 다른 사람들보다 훨씬 잘하는 사람이라고 할 수 있겠지요.

청각 통합 실행 과정이 뛰어난 사람은 외국어도 쉽게 잘 배우고 노래의 음정도 잘 맞출 수 있습니다. 음치이거나 유달리 사투리를 잘 고치지 못하는 사람들은 듣고 따라하는 특정 청각 감각 통합이 다소 늦다고 볼수 있지요. 시각 통합을 잘하는 사람은 미술적 감각이 뛰어난 예술가가되기 쉽습니다.

몸에 균형을 잡아라!

고유수용성 감각^{고유 감각, proprioception}은 자신의 몸에서 느껴지는 고유한 감각이라는 뜻입니다. 고유수용성 감각은 우리 몸에 있는 근육, 인대, 근막, 골막, 관절낭에서 느껴지는 심부 감각을 알아채는 감각수용기입니다. 관절이 구부러지고 펴지고 근육이 어떻게 움직이는지를 뇌에게 알려 주지요. 귀에 있는 전정계가 감지하는 전정 감각과 함께, 몸의 위치나 자세, 움직임을 뇌가 파악하도록 정보를 줍니다. 이러한 정보들을 뇌가 통합하게 되면, 몸의 균형을 잡고 적절하게 움직일 수 있게 됩니다.

외부 감각을 인식하는 시각 정보를 꺼도, 즉 눈을 감고도 책상 위에 있는 컵을 집어 입으로 마실 수 있는 동작을 할 수 있는 건 모두 이 고유수용성 감각 덕분이지요. 외부 감각에만 신경을 뺏기고 몸에서 올라오는 고유한 감각이 무시당하면 우리는 몸의 균형을 맞추거나 적절하게 몸을쓰는 것이 어려워집니다. 잘 걷고 있다가 남이 쳐다보는 걸 신경 쓰게 되면서 갑자기 발이 꼬이고 손이 어색해지는 것은 바로 외부 감각과 내부 감각의 균형이 순간적으로 깨지기 때문입니다.

내 귀에 전정 감각

고유 감각과 함께 감각 통합에서 꼭 기억해야 할 감각은 바로 전정 감각입니다. 전정 기관은 귀의 가장 안쪽에 있는 내이에 위치하여 몸의 균형을 잡게 도와줍니다. 전정 기관의 하나인 세반고리관은 고리의 반쪽 모양인 반고리가 3개라는 의미입니다. 마치 x, y, z축처럼 반고리들이 엇갈려 있으면서, 우리 몸의 움직임의 방향과 속도를 감지합니다.

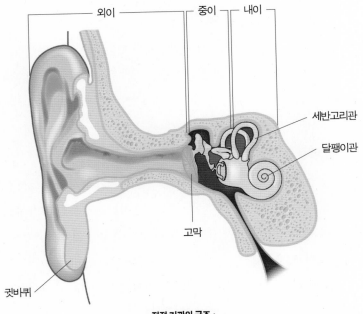

· 전정 기관의 구조 ·

관절에 있는 고유수용성 감각계에서 올라오는 정보와 함께 이런 전정 감각이 올라와 통합되면서 적절한 신체 운동을 하게 도와줍니다. 몸의 균형을 맞출 수 있는 것은 이런 고유 감각과 전정 감각의 처리가 소뇌를 비롯한 뇌에서 이루어진 결과입니다.

적절하게 전정신경을 자극하는 것은 우리 몸을 안정시키거나 쾌감을 줍니다. 아기를 부드럽게 흔들어 주면 울음을 그치고, 놀이공원에 가서 가속도를 즐기면서 쾌감을 느끼는 것도 이런 이유에서입니다. 하지만 몸의 자세와 움직임이 빨리 변하거나 빙글빙글 돌 때처럼 지나치게 자극되면 어지럽고 호흡이 가빠지며 속이 미식거리기도 하지요.

062　내 예감은 틀린 적이 없어

시각, 청각, 후각, 촉각은 외부 환경에서 오는 자극들을 감지하지만 고유 감각이나 전정 감각, 내장 감각 같은 감각들은 우리 몸의 내부에서 느껴지는 감각 정보들입니다. 내장 감각內臟感覺, visceral sensation 은 대소변이 마려운 것을 느낀다거나 갈증, 포만감, 성적인 느낌, 피로감, 상쾌함, 메스꺼움, 현기증, 발열감 등을 느끼는 것입니다.

내부 감각이 인간이 살아가는 데 얼마나 필요한 감각인지 느껴지시지요? 이런 감각을 잘 인지하지 못하거나 잘 처리하지 못한다면 대소변을 가리지 못하거나 비만이 되는 등 자기 조절이 어렵고, 성적으로도 문제가 생길 수 있겠지요.

그 밖에도 우리는 상황을 판단할 때, 몸을 통해 감각으로 느끼곤 합니다. 뭔가 맞지 않는다고 느낄 때 몸이 가렵거나 불편함을 느끼고, 적절하다고 생각할 때는 시원함을 느끼기도 합니다.

'gut feeling'은 직감이나 육감을 뜻합니다. '육감'은 지적인 판단이 아니라, 직관적으로 진상을 파악하는 정신 작용을 말합니다. 그런데 재미있게도 장^{gut}에서 느껴진다고 표현합니다. 직감은 과학자나 예술가들이 뛰어난 발견과 창작을 할 때 말하는 '영감'과도 비슷한 말입니다. 어딘가에 있는 더 높은 차원의 정보 창고와 연결되어 우리가 생각하던 차원의 것을 넘어서는 지적이고 감각적인 정보를 알게 되는 것입니다. 의식하지 못하고 살아가지만, 우리를 넘어서는 더 큰 힘과 연결되는 이런 무의식적인 능력은 뇌와 몸 곳곳에 감각적으로 들어 있습니다.

타고난 감각 안테나

태어날 때부터 뇌신경계에서 감각 통합 처리가 잘 되지 않는 아이들이 있습니다. 잘 펼쳐져 태어나야 하는 감각 안테나의 일부분이 구부러져 막혀 있는 것 같습니다. 그래서 정보를 받아들이는 데 어려움을 겪고, 특정 자극에 지나치게 예민하거나 둔감합니다. 또 뇌신경 세포의 연결 과정이 매끄럽지 않아 감각 통합 처리 길이 쉽게 나지 않기도합니다. 눈이 안 보이는 사람이 청각이 발달하듯이 다른 감각이 닫혀 있으면 특정 감각이 예민해집니다. 그래서 정보 처리 과정에서 통합이 잘 되지 않으면 발달이 늦고, 특정 행동만 집착해서 반복할 수 있습니다. 다른 아이들이 쉽게 하는 활동을 회피하고, 자세도 불안정합니다. 미세 동작이나 소근육 발달의 문제, 운동 협응력 저하, 불규칙한 생활 습관, 집중력과 학습 능력 저하 등 다양한 문제를 보이게 됩니다.

특히 자폐 장애는 전반적으로 여러 영역에서 발달이 지연되는 경우입니다. 많은 선생님들이 자폐 장애를 겪는 아이들을 만나 본 경험이 있으실 겁니다. 중증 자폐 장애일수록 감각 통합의 문제가 극심한 상태입니다. 감각 통합을 이해하게 되면, 자폐 스펙트럼 성향 혹은 까다로운 성격을 가졌거나 사회성이 없는 아이들을 보다 쉽게 이해할 수 있게 될 것입니다.

자폐 스펙트럼 장애 이해하기

자폐 스펙트럼 장애로 진단받은 아이들은 말이 늦고, 눈 맞춤과 상호작용을 잘하지 못하고 문제가 되는 특이한 감각 행동을 반복적으로 합니다. 자폐의 정도가 아이들마다 다르고, 그 양상이 무지개처럼 다양해서 '스펙트럼'이라는 말을 씁니다. 자폐 성향을 보이는 아이들은 선천적으로 뇌신경계에서 감각 처리 과정에 어려움이 있습니다. 어릴때 자폐 증상을 보여 자폐 스펙트럼 장애로 진단받았지만, 증상이 좋아지는 경우도 많습니다. 자라면서 다양한 경험과 치료를 통해 뇌에서의 감각 통합이 적절히 이루어지기 때문이지요.

자폐 성향의 아이들이 말이 잘 트이지 않고 특정 소리에 무척 민감한 것은 청지각 통합에 문제가 있는 것입니다. 그래서 말을 하게 되어도 독특한 억양을 쓰기도 합니다.

눈앞에 물건을 흔들거나 선이나 빛을 흘겨보면서 반복적으로 자극적인 행동을 하는 것은 과도하게 시각 자극을 추구하여 쾌감을 얻으려는 불균형적인 감각 통합 성향입니다. 특정 노래나 소리에 집착하거나 반복적인 말을 하는 것도 청각 자극 추구 행동으로 볼 수 있지요. 익숙한 길로 가지 않으면 고집을 부리면서 떼를 쓰는 것, 융통성이 없는 것, 새로운 환경을 싫어하는 것도 다양한 감각 정보를 통합해서 적응하는 데 어려움이 있기 때문입니다. 촉각이 예민해서 다른 사람과의 신체 접촉을 극도로 싫어하기도 합니다. 자꾸 까치발을 딛는 것도 발바닥의 촉각이 예민하고 무게 중심을 앞쪽에 두어 발에 있는 고유수용성 감각을 즐기려는 감각 추구 행동일 수 있습니다. 빙글빙글 돌거나 몸을 흔드는 것도 전정 감각을 자극하는 행동이고요. 자꾸 숫자나 글자에만 관심을 가지고 지하철 노선도를 외우고 반복해서 그림을 그리는 등의 행동도 시각과 같이 특정 감각에 집착하는 행동으로 볼 수 있습니다. 어눌한 몸짓과 부족한 운동신경은 관절의 고유수용성 감각과 평형을 유지하는 전정 감각이 제대로 처리되지 못하기 때문입니다.

감각 통합 치료?

감각 통합 치료는 자폐 스펙트럼 성향의 아이들이나 까다로운 감각 통합 특성을 가진 아이들을 돕는 치료입니다. 미국의 작업치료사 진 에어스A. Jean Ayres, 1920~1988가 1960년경 시작했고, 환경에 맞추어 신경계를 효율적으로 조직화하고 신체를 효과적으로 사용할 수 있도록 도와주는 신경학적 치료입니다.

먼저 감각 통합 평가를 해서 아이의 신경계의 특성을 파악한 뒤에, 어떤 감각적 도움이 필요한지 분석합니다. 그리고 필요한 감각 경험, 이를테면 시각, 청각, 촉각, 미각, 평형 감각, 위치 감각, 관절 속의 고유수용성 감각을 적절하게 처리할 수 있도록 도와줍니다.

편안하면서도 즐거운 상태에서 감각 통합 활동을 하게 되면, 적절한 감각 처리 길이 뇌에서 새롭게 열리게 되고, 자연스럽게 문제 증상이 줄어들게 되는 원리입니다. 이 과정을 통해서 아이들은 둔감했던 감각에는 적절히 반응할 수 있게 되고, 예민했던 감각에는 둥글둥글하고 편안히 반응할 수 있게 됩니다. 그래서 소심한 아이들이 담대해지고, 지나치게 활동적인 아이들이 차분해지는 변화를 보이게 됩니다. 이렇게 신체 활동을 통해서 움직임을 계획하고 조직화할 수 있게 되면서, 뇌신경계의 정보 처리 능력이 좋아지고, 부적응 행동이 줄어들어 정서와 언어 발달, 학습 능력, 사회성 발달에 도움을 받게 됩니다.

뇌의 길을 열어 주는 감각 통합 치료

아이가 문제 행동을 보일 때 저는 감각 통합 문제가 발견되면 먼저 이 부분을 도와주려고 합니다. 감각 뇌1층뇌에 문제가 있어서 남다른 행동을 보이고 괴로워하는 아이를 자꾸 정서2층뇌나 말3층뇌로 해결하려고 하면 쉽게 변하지 않습니다. 뇌신경계에서 감각 정보의 처리가 원활하지 않은 상태일 때, 아이를 도와주고 가르치려고 해도 물 빠진 독에 물을 붓는 것처럼 아이는 정보를 받아들이지 못합니다.

머리를 열어서 뇌를 수술해도 어렵지만, 감각 통합 치료로 몸을 이용해서 뇌 정보 처리 회로를 바꿀 수 있습니다. 뇌신경계를 바꾸는 버튼은 바로 눈시각, 귀청각과 전정 감각, 피부촉각, 관절고유수용성 감각로 밖에 나와 있습니다. 버튼을 누르듯 감각 기관들을 적절하게 자극하고 통합시켜 주면 아이의 뇌는 다르게 반응하기 시작합니다. 그러다 보면 점차 뇌에서 바른 길이 생겨서 안 되던 발달이 가능해지고, 보이던 이상 행동이 줄어들게 됩니다. 다양한 감각 자극을 경험하게 해서 감각에 대한 방어 행동이 줄어들고, 세상에 잘 적응하도록 돕는 것이 감각 통합 치료의 핵심입니다.

특히 아이가 발달하는 것은 자연스러운 현상이기 때문에 발달을 막는 감각적인 방해물^{지나친 예민함과 둔감함}이 없어지면 아이는 자연스럽게 좋아집니다. 감각 통합으로 감각 처리를 바꾸면서 놀이 치료, 언어 치료, 상호작용 치료, 사회성 프로그램 등으로 아이를 도와주면 자연스럽게 발달이 촉진됩니다.

문제 행동 뒤 감각 문제

　　감각 통합은 정서 발달이나 학습, 습관, 성격, 정신 건강에도 영향을 미칩니다. 감정 기복이 심하고 분노 발작 및 공격성을 보이거나 지나치게 예민하고 까다로운 모습을 보이는 아이들은 신경계의 감각 통합에 문제가 있지 않나 먼저 살펴보아야 합니다. 행동이 느린 아이도 마찬가지입니다. 게으르고 의지가 박약하다면서 야단만 쳐서는 문제가 해결되지 않습니다. 부모님과 선생님을 고민하게 만드는 문제의 뿌리에 이런 뇌 신경계의 조절 문제가 있다는 것을 알게 되면 아이들을 더 따듯하고 쉽게 도울 수 있습니다. 마음을 다루기에 앞서서 몸의 예민함을 살펴 주어야 한다는 것이지요.

　　몸이 편치 않으면 마음도 편치 않습니다. 감각 통합에 문제가 있는 아이들은 몸이 안정화되지 않아서 정서적인 문제를 보이기 쉽습니다.

저는 성인 내담자를 상담하는 경우에도 어릴 때부터 있었던 감각 통합 문제를 인식하고 도와주려 합니다. 정신과적인 증상을 감각의 문제로 바라보면, 예를 들어 조현병^{정신분열병}으로 인한 환청을 청각 통합에 이상이 생겼다고 해석할 수 있는 거지요. 강박증으로 자꾸 손을 씻는 사람은 실제로 손의 촉각이 다른 사람보다 예민할 수 있습니다. 시선 공포증이나 우울증을 앓는 사람은 시각적으로 무척 예민할 수 있다는 것을 고려해야 합니다. 공포심이 유달리 많은 사람은 시각과 청각이 예민해져 있는 상태일 것입니다.

키우기가 너무 힘들어요

감각 통합에 문제가 있는 아이들은 감각이 1층 뇌를 거쳐서 2층 뇌, 3층 뇌로 올라가 해석되고 통합되어 행동으로 이어지는 과정이 불안정합니다. 1층 뇌는 먹고 자고 싸는 아주 기본적인 활동에 관여하는 뇌라고 했지요? 아주 어릴 때부터 이런 기본 활동이 남다르게 예민해서 키우기 힘든 아이들이 있습니다. 잘 먹지 않고 잘 자지 않으며 쉽게 보채는 아이들이지요. 그래서 양육자가 쉽게 지치고, 애착 형성에도 좋지 않은 영향을 미치게 됩니다. 이런 타고난 기질이 바로 감각 통합 성향이라고 볼 수 있습니다.

수면이 불안정해서 잠을 잘 안 자고 안아서 흔들어 주어야만 자는 아이는 1층의 수면 뇌가 불안정해서 적당한 전정 감각, 고유수용성 감각 자극을 해 달라고 자꾸 요구하는 아이라고 볼 수 있어요. 잠투정이 많은 아이, 자다 깨서 자지러지게 우는 아이도 마찬가지입니다. 편식이 심한 것도 감각의 문제일 수 있습니다. 혀의 촉각이 예민해서 특정 재료가 혀에 닿는 느낌이 싫거나 후각이 유달리 예민해서 냄새를 피하려는 것일 수도 있습니다.

턱관절의 고유 감각과 통합에 문제가 있어서 씹는 것을 싫어하고 부드러운 음식만 좋아하기도 합니다. 감각이 예민한 아이들은 다른 아이들과 신체적으로 부딪칠 때, 촉각과 통증 감각에 남다르게 반응해서 아이들과 잘 어울리지 못하고 사회성 발달에 문제가 생기기도 합니다. 촉각에 예민한 아이들은 젖은 기저귀나 옷을 빨리 갈아입혀 달라고 떼를 쓰기도 합니다. 반면에 방광과 항문에서 올라오는 내부 감각의 통합이 늦고 둔감한 아이들은 대소변 가리기가 늦어집니다.

이해할 수 없는 특이한 버릇

다 컸는데도 입에 자꾸 손가락이나 물건을 넣어서 빨고, 옷이나 손톱을 물어뜯는 아이들은 구강의 촉각이나 턱관절 등에 고유 감각 자극을 주는 자극 추구 활동을 하고 있다고 이해하면 쉽습니다.

머리카락을 뽑는 버릇^{발모벽}이 있는 아이들은 머리를 뽑으면서 시원함을 느낍니다. 통증을 느끼는 감각이 다른 아이들과 달라서 아픔보다는 쾌감과 감정적인 안정감을 얻기 때문에 그런 행동을 반복합니다. 어린 아이들이 화가 났을 때 머리를 땅에 박는 행동, 청소년들이 칼로 팔과 손목을 긋는 행동도 감정적으로 힘들 때 더 강한 감각을 추구함으로써 감정적인 고통에서 벗어나려고 하는 의미가 있습니다. 틱 행동을 하는 아이들도 소리를 내거나 몸을 들썩이면서 시원함을 느낍니다. 틱이 아니더라도 수업 시간에 의미 없는 소리를 크게 내서 주변 사람들을 방해하는 아이들, 자꾸 높은 곳에 올라가거나 뛰어내리면서 신체에 강한 자극을 추구하는 아이들도 마찬가지입니다. 넓게 보면 모두 감각 추구 행동으로 볼 수 있습니다.

때로는 아직 사춘기가 되지 않은 유아나 초등학생 아이들 중에 자위 행동을 많이 해서 클리닉에 오는 경우가 있습니다. 부모님은 아이가 오르가즘을 느끼는 것처럼 보인다고 걱정스러운 마음으로 데려옵니다. 이런 자위 행동도 성기와 관련된 성적인 감각을 통해 쾌감을 느끼고, 감각과 감정의 안정감을 얻으려는 행동으로 이해하면 아이들을 돕기가 쉬워집니다. 심심할 때 자주 그런 행동을 한다면 아이가 감각적으로 다양하고 충분한 자극을 받지 못하고 있다는 의미로 해석할 수 있습니다. 성장 과정에서 적절한 신체 활동을 하지 못해서 감각 통합 회로가 막혀 있거나 감각 문제의 해결 방법을 모를 때 부적절한 성적 자극 행동을 반복하게 되는 것입니다.

고집이 너무 세요

옷을 갈아입는 것을 싫어하고 부드럽고 편한 옷만 고집하는 아이들은 촉각이 예민해서 변화를 싫어합니다. 머리 깎는 것을 싫어해서 미용실에 가기 힘들고, 목에 상표가 닿는 것도 예민해서 다 떼어 주어야 합니다. 다른 아이들이 가까이 오는 것을 싫어해서 밀고 때리기도 합니다. 전정계가 예민한 아이들은 고개를 뒤로 젖혀서 머리 감는 것을 싫어하고 신발을 신을 때 고개를 숙이는 것도 싫어합니다. '왜 이렇게 고집이 셀까' 하고 양육자를 고민하게 만드는 이런 행동들의 근본 원인은 감각 통합에 있는 경우가 많습니다.

시각과 청각이 예민한 아이들은 새로운 것이 보이거나 소음이 들리는 곳에서 무척 불안해하고 떼를 쓰게 됩니다. 분리 불안을 보이며 유치원에 가지 않으려고 떼쓰던 아이들은 학교에 가서도 학기 초마다 다른 아이들과 사귀지 못해 겉돌거나 적응을 어려워합니다. 예민한 아이들은 익숙한 환경을 떠나 낯선 곳에 가서 겪게 되는 새로운 감각 통합이 괴롭습니다. 그래서 감각을 회피하는 행동을 하고 새로운 곳을 꺼려하고 거부하면서 고집을 부리게 됩니다.

072   겁이 많고 소심해요

겁이 많은 아이들은 소리에 예민해서 갓난아기 때부터 작은 소리에도 잘 놀라고, 어린이 극장에 가서도 울고 나옵니다. 놀이터에 가도 잘 놀려고 하지 않고 학교에 가서도 말을 잘 하지 않습니다. 초등학생 아이들은 선택적 함구증으로 진단받기도 합니다. 너무 조용하고 말수가 적으면 소극적이고 소심해 보여서 학교생활이나 향후 면접시험에서 불이익을 받기도합니다.

전정계가 예민한 아이들은 멀미가 심하고 움직이는 것을 불편해합니다. 그러다 보니 활동을 많이 하지 않기 때문에 뇌에 적절한 감각 입력이 되지 않습니다. 점점 감각 통합이 더욱 어려워져서 두려움이 해결되지 않은 채로 남습니다. 바깥 활동을 하지 않고 책상 앞에만 앉아 있으니, 점점 더 감각 통합이 어려워져 움직이는 걸 더 싫어하게 되지요. 사춘기가 되면서 가족들과 함께 외출하기를 꺼려하는 아이들이 바로 이런 경우이기도 합니다. 게으르고 활동을 하지 않는다고 야단만 칠게 아니라 이런 감각적인 특성을 이해하면서 아이들을 바라보아야 합니다.

너무 나대고 조절이 안 되네요

충동적이고 활동량이 많은 아이들은 어떤 감각 통합적인 문제가 있을까요? 외출할 때 자꾸 뛰쳐나가거나 통제가 안 되어 위험한 성향을 보이는 아이, 교실에서 다른 친구들한테 불필요한 참견을 하거나 충동적으로 남을 때리는 아이들은 실제 감각적으로 몸이 근질거려서 가만히 앉아 있을 수가 없습니다. 몸을 자꾸 움직여 주어야 편안합니다.

말이 많은 아이들은 자꾸 소리를 내서 감각적으로 안정감을 얻으려는 아이들입니다. 목소리가 유난히 크고 시끄러운 아이들은 청각 통합이 남다릅니다. 이렇게 아이의 행동은 신경학적인 의미가 있습니다. ADHD로 진단받은 아이들 중에는 이런 감각 통합에 문제를 지닌 아이들이 많습니다. 참지 못하고 눈에 보이는 물건을 만지는 행동도 시각 자극 정보를 걸러 내 통합하고 행동하는 조절 과정이 어렵기 때문입니다.

너 지금 내 말 무시하는 거야?

불러도 대답하지 않거나 지시 사항을 귀 기울여 듣지 않고 흘려듣는 아이들에게도 그만한 사정이 있습니다. 이런 아이들에게는 실제로 말이 잘 안 들릴 수 있다는 것을 감각 통합적으로 이해해야 합니다. 청각적으로 감각을 인식하고 집중하여 통합하는 데 문제가 있는 것입니다.

질문을 하면 꼭 "네?"라고 반문하는 아이들이 있습니다. 이 아이들에게 질문을 다시 하지 않고 잠시 기다려 주면 곧 답을 합니다. 정말로 못 들은 것이 아니라 청각 정보 처리가 늦은 것입니다. 소리를 들으면 쳐다보고 반응하는 행동을 1층 뇌인 중뇌에서 한다고 했지요? 불러도 잘 쳐다보지 않는 아이들은 이런 감각 처리에 어려움이 있다고 볼 수 있습니다. 그런데 이렇게 감각적으로 문제가 있는 아이들은 야단을 자주 맞게 되어 정서적으로 불안해집니다. 감정 뇌인 2층 뇌가 스트레스를 받게 되면 1층 뇌에도 영향을 미쳐 행동이 더 부적절해지는 경우가 많습니다. 그렇게 되면 다시 또 혼이 나게 되어 악순환이 반복됩니다. 이런 아이들에게는 선생님 말을 무시한다고 혼을 내기보다 어깨나 등을 가볍게 감싸거나 두드리면서 부르거나 주의를 환기시켜 주는 게 좋습니다.

몸이 어눌하고 느려요

학급에서 유달리 선생님을 힘들게 하고 다른 아이들을 화나게 하거나 사회성이 부족한 아이들 중에, 행동이 어눌하고 느린 경우가 있습니다. 손으로 글씨를 쓰는 소근육 활동이 힘들어서 수업과 모둠 활동에 잘 참여하지 않고 시간만 때우려 하며 숙제하는 것도 기피합니다. 부모님이나 선생님은 '머리가 좋아서 의지만 있으면 할 수 있는데 대체 왜 그럴까?' 하며 아이가 게으르게 꾀를 피우는 것으로 생각하지요. 그런데 이러한 아이들을 자세히 살펴보면 자세가 구부정하고 걸음걸이도 좋지 않습니다. 발음도 부정확한 경우가 많고 자꾸 누워 있으려고 합니다. 근력이 약하고 몸의 균형을 잘 못 잡기도 해요. 몸을 부드럽게 쓰지 못하고 운동 협응력이 좋지 않아 몸치나 박치라는 말을 듣기도 합니다. 시각적으로 부주의하고, 다친 상황을 머릿속에 잘 입력해 조심하도록 하는 감각 통합 운동 활동이 잘 이루어지지 않아 자주 넘어지고 다치기도 합니다.

몸을 잘 움직이지 않는 아이들 중에 지나치게 오랫동안 앉아만 있거나 책만 읽으려는 아이들도 있어요. 부모님이나 선생님들은 모범생이라고 좋아하지만 고르게 발달하지 않아서 차후 사회성이나 집중력에 문제가 생깁니다. 또한 청소년기나 성인기에 강박증, 불안증, 우울증이 생기는 경우도 많습니다.

열등감 폭발

유달리 잘난 체를 해서 친구들이 싫어하는 아이들이 있습니다. 잘난 체를 한다는 것은 오히려 그만큼 열등감이 있기 때문입니다. 뭔가 안 좋은 부분이 있으니까 감추기 위해서, 또 자기가 다른 사람보다 떨어진다고 생각하니까 더욱 자신이 잘난 것을 나타내려고 합니다. 이 아이들의 심리 검사를 해 보면 지능 검사에서 언어성 지능 항목에 비해 동작성 지능 항목이 낮은 경우가 많습니다. 언어 발달은 잘된 반면에 공간 지각력이나 손으로 하는 활동은 떨어지는 상황이지요. 운동신경이 발달하지 않아 친구들과 함께하는 운동을 꺼려하면서 신체 활동에 약하다는 것을 스스로 알고 열등감이 가중됩니다.

산만하고 부주의한 아이

시험 문제의 중요한 부분을 빠뜨리고 읽거나 시험지 뒷장을 보지 못해 풀지 못하고 답을 밀려 적는 아이들은 시각 감각 통합이 어려운 아이들일 수 있습니다. 소리가 들리면 여기저기 기웃거리고 쳐다보는 아이들은 청각 감각을 1층 뇌에서 걸러서 필요한 정보만 선택해 올려 보낼 때 문제가 있어서일 수 있고요. 한 가지에 꽂히면 다른 것에는 전혀 관심을 두지 못하고 집중력을 다른 곳으로 옮겨 유연하게 대처하지 못하는 것도 다 감각 처리가 어려워서입니다.

공부에 집중하지 못하고 책상에 오래 앉아 있기 힘들어서 학습 계획 실천이 힘든 경우도 많지요? 좋은 3층 뇌^{대뇌}를 가졌다 해도 1층 뇌가 뒷받침해 주지 못하면 능력을 발휘하기 힘듭니다. 성능 좋은 돋보기를 가지고 있다고 해도 계속 흔들어 대면 햇볕에 검은 종이를 태울 수 없는 원리와 비슷합니다.

타고난 감각 통합의 어려움으로 일상생활에서 문제 행동을 보인다는 것을 알게 되면 화를 내거나 다그치기보다는 뇌신경계에 대해 설명해 주면서 용기를 주어야 합니다. 나쁜 아이 혹은 답이 없는 아이가 아니라 지금은 뇌신경계에서 조절이 잘 안 되는 상태이지만, 점점 좋아지는 과정이라고 알려 주면서 마음을 안정시키고 자존감을 북돋워 주세요.

바른 자세를
통한 치유

나를 살리는 자세

평균 수명이 늘어나서 앞으로 120세까지 살게 된다고 합니다. 기계
도 오래 사용하면 경첩 부위에 문제가 생기고 느슨해져 수선이 필요하
듯 우리 몸도 마찬가지입니다. 몸은 우리의 마음을 일상생활에 실현하
는 도구입니다. 현상계인 3D 세계에서 살아가는 동안, 몸을 잘 보존하
고 건강하게 가꾸는 것은 정말 중요합니다. 바른 몸 사용법을 어렸을 때
부터 배운다면 몸도 마음도 건강하게 잘 살아갈 수 있을 겁니다.

몸을 바로 세우면 마음도 바로 서게 됩니다. 몸이 무거울 때 마음도
무거워지고, 몸이 찌뿌둥하거나 균형이 맞지 않으면 마음도 따라갑니
다. 그래서 몸을 펴는 것은 마음을 펴는 것과 같습니다. 바른 자세는 물리
적으로 뇌와 척수가 원활하게 기능하게끔 해 주어서 뇌신경계를 위해서
도 좋습니다. 바른 자세가 아닌 거북목인 상태가 오래 지속되면 목 디스

크, 어깨 통증, 시력 약화는 물론, 턱관절 장애, 삼차 신경통, 섬유 근육통으로까지 이어집니다.

마음 상담을 하면서 턱관절 장애나 근골격계 통증 등 몸의 병으로 고생하는 분들을 많이 만나게 됩니다. 몸과 마음은 서로 연결되어 있습니다. 몸이 아프면 정신적으로도 피폐해지기 쉽습니다. 바른 자세를 하는 것은 만병을 예방하는 시작입니다.

멋있게 보이고 싶어요

특히 청소년 아이들은 외모를 중요하게 여겨서 멋지게 보이고 싶어 합니다. 그래서 화장을 하고 성형수술을 꿈꿉니다. 교복 바지와 치마를 줄이고 어떻게든 그 안에서 멋있게 보이려고 노력하지요. 아이들의 자신감은 외모에 영향을 많이 받습니다. 아이들이 교우 관계로 힘들어할 때 저는 아이들이 몸부터 바꾸도록 도와줍니다. 자세와 숨을 바꾸고 얼굴을 밝게 하면 친구들도 관심을 갖고 다가옵니다.

저는 걸음걸이 훈련도 시키곤 합니다. 당당하고 자신감 있고 멋지게 걷는 아이들은 인기가 많습니다. 고개를 푹 숙이고 몸을 움츠리며 걸으면 아이들 사이에서 무시당하기 쉽습니다. 위축되고 주눅 들어 보이기 때문입니다. 왕따의 피해자가 된 아이들 중에서 혹시라도 몸을 쓰는 것 때문에 다른 아이들로부터 무시받을 만한 요소가 있다면 걸음걸이나 자세를 교정해 주는 것도 도움이 됩니다.

바르게 펴진 몸이 건강한 몸

등을 구부리고 배를 접은 채 앉아 있는 아이, 목을 옆으로 틀고 있는 아이를 만날 때는 자세부터 펴 주어야 합니다. 마치 누군가 내 정수리를 잡아당기는 것처럼 척추를 펴서 끌어 올립니다.

저는 하늘을 향해서 웨이브를 타면서 올라가는 것을 상상하고 움직여 보라고 합니다. 물에서 접영을 하고 물고기처럼 몸을 움직여 앞으로 나갈 때나 춤을 추며 웨이브를 할 때 둘 다 비슷한 원리입니다. 그냥 등을 펴기보다 정수리에 정신줄이 붙어 있다고 상상하고 웨이브를 타 보면 자세 잡기가 더 편해집니다. 정신줄이 쭉 머리 위에 붙어서 끌어당기고 있다고 생각하면 두개골과 척추도 바른 자세가 되고 배도 쭉 펴게 되지요.

우리 몸에 www^{world wide web} 같은 그물망이 펼쳐져 있다고 상상해 보세요. 근육을 둘러싸는 근막^{fascia}은 몸 전체에 거미줄처럼 쫙 펼쳐져 있습니다. 이 근막이 찌그러지고 접히지 않게 원래의 모습대로 잘 펴져서 움직이면 건강합니다. 하지만 지속적으로 한쪽이 긴장이 되면 다른 쪽도 영향을 받습니다. 다 연결되어 있기 때문에 몸을 움직이면 입천장이나 입속까지 당기는 느낌이 있을 수 있습니다. 몸속에 있는 내장 또한 이런 근막과 연결되어 있습니다. 신체 특정 부위를 잘 쓰지 않거나 혹은 몸에 큰 상처가 나거나 성형수술로 인해서 이물질을 갖고 있다면, 근막을 당기거나 이물감을 느끼는 체성 감각이 뇌로 올라갈 겁니다. 지속적으로 올라오는 불편한 감각들을 처리하고 거르기 위해서 1층 뇌는 많은 일을 해야 하겠지요. 그렇게 되면 가만히 있어도 에너지가 소모되고 조금만 일을 해도 만성 피로감을 느낍니다.

알렉산더 테크닉

근막을 쭉쭉 펴는 스트레칭은 이런 문제를 해결하는 데 도움이 됩니다. 잘못된 몸의 습관으로 몸에 쌓이는 피로와 긴장감을 자주 풀어 주고 균형을 맞춰 주어야 합니다. 몸을 쓰는 많은 수련 방법들이 비슷한 원리를 갖고 있습니다.

알렉산더 테크닉Alexander Technique은 호주의 연극배우 출신인 F.M.알렉산더Frederick Matthias Alexander, 1869~1955가 자신의 목소리 질환을 고치는 과정에서 발견한 효과적인 몸 사용 방법입니다. 목과 머리에 긴장을 풀고 바른 자세를 유지하면서 좋은 컨디션으로 자유롭고 정확하게 동작하는 원리입니다. 상상력을 이용해서 몸을 펴 주고 확장시켜 적절하게 쓰는 방법을 훈련하는 것이지요. 목이 자유롭고 머리가 앞과 위를 향하며 척추와 어깨가 넓어진다고 상상합니다. 팔다리도 길어져 키가 더 커지는 느낌, 자신의 에너지가 공간을 채우는 느낌을 갖는 것도 좋습니다. 책을 읽는 여러분들도 지금 일어나 한번 해 보시기 바랍니다.

근본적인 움직임에 맡기기

평상시에 부산하게 움직이던 활동을 멈추고 가만히 기다려 보세요. 그러면 몸이 스스로의 움직임을 찾아가는 것을 관찰할 수 있습니다. 그 흐름에 따라 몸을 맡겨 보는 겁니다.

우리 안에는 고유한 생명의 움직임들이 있습니다. 뇌줄기와 시상에서 일어나는 이런 고유한 리듬에 맞춘 움직임을 원초적으로 따라가 보는 것입니다. 이런 생명의 움직임을 몸으로 표현할 수 있으면 건강한 상태입니다. 우리 몸속의 생명력은 항상 우리를 '살리는' 방향으로 돕고 있으니까요. 의식적인 움직임과 스트레스 때문에 긴장하는 잘못된 몸의 습관에서 벗어날 수 있어야 합니다. 그렇게 되면 스트레스를 이겨 내기도 쉬워집니다. 이런 수련법을 단무, 자연무, 자동무, 원초적 춤사위라고 부르기도 합니다. 동작 치료의 원리도 결국 우리 몸의 건강한 움직임을 찾아주는 데 있습니다.

등 펴라

많은 부모님들이 아이들에게 등을 펴라는 잔소리를 많이 합니다. 구부정한 등에 자세가 좋지 않은 아이들은 얼굴도 어두워 보입니다. 등은 사실 굉장히 외로운 곳입니다. 자기 손이 닿지 않아 누군가 어루만져 줘야 하는 게 바로 등이지요. 이 등짝은 잔소리를 듣거나 한 번씩 얻어맞는 곳이 아니라 토닥이고 어루만져 주어야 할 곳입니다.

부모님이 말을 해도 등을 펴는 아이들은 많지 않아요. 도리어 듣기 싫은 소리를 들으니까 더욱 몸을 움츠립니다. 저는 부모님들께 등 펴라는 이야기가 하고 싶을 때 "요새 자세가 많이 좋아졌구나! 등도 더 펴졌네"라고 이야기하라고 합니다. 칭찬은 아이를 스스로 움직이게 합니다.

아이들이 등을 펴는 걸 싫어하는 건 등에 힘을 주어 들어 올린다고 생각하기 때문입니다. 익숙하지 않은 자세를 만들려고 에너지를 써야 하니 힘들 수밖에요. 그래서 저는 도리어 '배를 펴'라고 이야기해 줍니다. 배를 아코디언이라고 생각하고, 펼 수 있을 때까지 충분히 쭉 늘려 주라고 합니다. 몸통이 확장되면 숨도 더 잘 쉬어지게 됩니다. 배가 펴지게 되면 자연히 가슴이 향하는 방향이 하늘 쪽으로 올라갑니다.

우리 몸은 감각 통합 기계이고 감각 안테나와도 같아요. 아이들이 학교에서 보내는 시간 동안 이렇게 배와 등을 쭉 펴게 되면 그야말로 안테나가 쭉쭉 뻗은 것처럼 아이들의 뇌신경계와 눈높이가 달라질 겁니다. 선생님들도 수업 시간 틈틈이 배와 등을 쭈욱 펴는 활동을 시켜 주세요. "졸지 마!"보다 "배 쭉 펴고 가슴 펴 봐. 아, 예쁘다. 인물이 훤해지네!" 하는 말 한마디가 아이들을 살아나게 합니다.

배를 무시하지 마

대부분의 아이들은 배를 구부리고 있기 때문에 배에 가로줄이 그어져 있고 뒷목에도 가로 주름이 생기게 됩니다. 요즘 아이들 중에는 배가 자주 아프고 소화가 안 되어 변비나 설사에 과민성 대장 증후군 증세를 보이는 경우도 많습니다. 그러다 보니 몸에 힘이 빠지고 집중이 어려워 능력 발휘가 어렵지요.

배는 제2의 뇌라고 봐도 좋을 만큼 뇌에 있는 신경 전달 물질이 배에도 많습니다. 기분을 조절하고, 식욕, 수면, 학습 기억, 근수축에 관여하는 세로토닌은 해피 호르몬으로 불리는 신경 전달 물질입니다. 세로토닌이 부족하면 우울증이나 불안증이 생길 수 있습니다. 대부분 항우울제는 세로토닌을 조절하는 작용을 합니다. 그런데 우리 몸 세로토닌의 약 90%는 장에서 만들어집니다. 저는 청소년들에게 "만약 너를 조그만 상자에 들어가라고 하고 하루 종일 거기에 몰아넣으면 얼마나 갑갑하고 답답하겠니?" 하고 말합니다. 배를 구부리고 장기에 압박을 주면 그 속에 있는 간, 위, 소장, 대장 등 장기들이 얼마나 답답할까요. 배를 쭉 펴서 장에게 충분한 공간을 확보해 주는 것만으로도 장이 예민하고 불편한 아이들에게 도움이 됩니다.

역근 키우기

몸에는 앞판과 뒤판이 있습니다. 뒤통수, 뒷목, 등, 팔의 뒤쪽, 엉덩이, 허벅지 뒤쪽, 종아리 뒤쪽 등이 모두 우리의 뒤판입니다. 이렇게 몸 뒤쪽에 있는 근육들을 '역근'이라고 합니다. 팔근육에도 팔을 앞으로 구부리는 근육과 펴는 근육이 있지요. 대부분 앞 근육을 많이 쓰지만 뒤 근육은 여간해서는 잘 쓰지 않지요. 운동을 하면서 팔로 박수를 치거나 뒤로 걷는 분들은 이렇게 안 쓰는 곳을 쓰려고 하는 거지요. 아이들에게 몸의 뒤 근육을 인식하게 해 주고 자극하여 움직이도록 해 주면 몸에 균형이 생기고 정신 또한 좋은 영향을 받습니다. 앞뒤와 좌우의 균형을 경험한 아이들은 구부리는 자세를 인식하고 피하게 됩니다. 사실 바른 자세가 가장 힘이 안 들고 기분 좋은 자세니까요.

맥켄지 운동McKenzie Extension은 뉴질랜드의 물리치료사인 로빈 맥켄지Robin McKenzie, 1931~2013가 1981년에 만들어 전파한 치료법입니다. 간단히 말하면 앞으로 구부러지는 우리의 몸을 펴서 균형을 잡아 주는 방법입니다. 엎드린 상태에서 몸을 들어 올리는 것, 누운 상태에서 땅으로 목을 미는 것 등의 훈련 방법을 씁니다.

벽에 등 붙이고 있기

모델들은 자세를 펴기 위해 몇 시간씩 벽에 머리와 등을 붙이고 자세를 유지한다고 합니다. 우리 몸의 고유 감각 수용체, 전정 기관과 소뇌는 매일 습관적인 자세의 감각 정보를 대뇌에 올려 줍니다. 오랫동안 뇌에 입력된 자세와 공간에 대한 감지를 바꾸기는 쉽지 않습니다.

지금 해 볼까요? 벽에 갖다 붙이듯 등을 펴면 턱이 당겨지고 정수리가 가장 높이 올라갑니다. 단 10초라도 뇌에게 "이런 자세가 바른 자세란다"라고 알려 주세요. 10초라는 잠깐의 경험을 무시하지 마세요. 우리 뇌를 바꾸고 몸 전체를 바꾸는 것은 그런 순간의 경험들입니다.

자신감은 가슴에서부터

저는 자신감을 가슴이 향하는 방향으로 설명하곤 합니다. 자신감이 넘치는 사람들은 대부분 가슴의 방향이 하늘 쪽을 향합니다. 반면에 자신감이 부족한 경우는 땅 쪽으로 떨어져 있습니다. 저는 가끔 코와 가슴 한가운데 부분에 손을 대 보고 코보다 명치를 더 앞으로 내밀라고 합니다. 그러면 목의 위치도 달라지고, 심리 치료의 효과도 좋아집니다. 때로는 가슴을 펴기 위해 시선과 얼굴은 전면을 향한 상태에서 손바닥을 뒤통수에 대고 서로 밀어 보게 합니다. 그러면서 팔꿈치는 최대한 뒤로 젖혀 주는 활동을 하기도 합니다. 이때 어깨가 펴지고 가슴에 있는 대흉근, 소흉근도 늘어나면서 하늘을 향하게 됩니다. 또 크게 숨을 들이마시고 내쉬면서 등 뒤로 손깍지를 끼고 어깨와 가슴을 펴는 것도 좋습니다.

기지개 펴기

선생님과 부모님의 역할은 아이들을 '살리는' 일이고, 아이들의 좋은 기를 '살려 주는' 것입니다. 기지개를 편다는 말 자체가 좋은 기운을 크게 한다는 말입니다. 기가 무지개처럼 쫙 펴진다고 생각하면 좋겠네요.

대부분 기지개는 숨과 함께 폅니다. 강아지와 고양이를 보면 자주 스트레칭을 하면서 기지개를 폅니다. 어린아이들은 자연스럽게 기지개를 많이 펴고 몸을 많이 움직입니다. 하지만 청소년기에 들어서면서 몸을 별로 움직이지 않게 되고, 점점 몸이 오징어 구이처럼 앞으로 말리게 됩니다. 초등학교 때는 "저요!" 하고 손을 들던 아이들이 언제부턴가 팔 들어올리기도 잘 하지 않습니다. 팔다리와 관절을 충분히 움직여 주고 몸을 쓰는 활동을 하면 뇌에 고유수용성 감각이 적절히 입력되어 자세도 좋아지고 정서도 안정됩니다. 하루에도 몇 번씩 이렇게 간단히 팔을 들고 몸을 쭉 늘려 주는 것만 해도 아이들의 삶이 달라집니다.

배를 당기고 한 팔을 귀에 붙여 하늘을 향해 펴는 활동을 시켜 주세요. 이때 팔이나 어깨뿐 아니라 등 근육 전체가 움직이게 됩니다. 아이들은 아직 어려서 관절의 중요성을 잘 알지 못하지만 기가 관절에서 나온다고 쉽게 설명해 주면서 몸을 바르고 소중하게 다루도록 도와주세요.

손목 발목 돌리기

손과 발은 우리 몸에서 아주 중요한 부분입니다. 틱 증상을 보이는 아이들에게 틈틈이 전신 스트레칭을 시키고 손목 발목을 돌리게 하면 고유 감각의 자극으로 몸에 시원함을 느끼게 되어 틱 증상이 줄어들 수 있습니다. 몸 전체를 고려하지 않고, 약물 치료만 하면 근본적인 치유가 어렵습니다. 자꾸 발이 삐는 아이들은 발목을 잘 인식하지 못하고 있어서 그렇습니다. 저는 아이들에게 발목 관절을 쓰는 훈련을 많이 시킵니다. 발목을 새롭게 뇌에 인식시키고 발목 가동 범위를 넓혀 주면 아이들의 몸 상태와 마음 상태가 더 안정적으로 변하고 유연해집니다.

움직이지 않는 아이들

요새 아이들은 의자에 앉아 있는 시간이 너무나 많습니다. 유치원생들도 실컷 뛰어놀지 못하고 오랫동안 앉아 영어 단어를 외우고 쓰는 상황이 벌어지기도 해요. 사회성이 좋지 않은 아이들은 쉬는 시간에도 딱히 어울리지를 못하니 의자에 앉아 있습니다. 그러면 점점 더 뇌에 감각 입력이 안 되기 때문에 쓸데없이 다른 감각이 예민해지고 강박증, 우울증이 생기기도 합니다.

지금의 아이들은 운동량이 적고 신체 활동 시간이 줄었습니다. 아이들의 몸을 움직이고 뛰게 하는 것이 신체 건강은 물론, 정서, 집중력, 사회성에도 도움이 된다는 것을 꼭 기억해 주세요.

중심 근육으로
삶의
균형을 잡다

외모 문제로 고민하는 아이들

청소년 아이들의 마음 건강에는 외모가 무척 중요한 역할을 합니다. 비만인 경우, 민첩하지 못해서 운동 경기에 잘 참여하지 못하고 친구 사귀기가 어려워 왕따를 당하고 우울해지기도 합니다. 무리한 다이어트를 해서 거식증이나 폭식증에 걸린 아이들도 있습니다. 자신의 외모를 싫어해서 스스로를 학대하고 식사를 하지 않거나 억지로 구역질을 해서 먹을 것을 토해 내기도 합니다.

외모 강박증에 걸려 자신의 얼굴에 단점을 찾고 거기에 신경 쓰느라 공부에 집중하지 못하고 등교 거부까지 하는 경우도 생깁니다. 성형수술을 해 달라고 부모님을 지속적으로 조르는 아이들도 있지요. 심리적으로 자신감이 없으면 몸도 불균형에 빠지기 쉽고, 반대로 몸이 불안정하면 심리적으로도 불안정해집니다.

매력 있는 사람

많은 아이들이 자신의 외모를 마음에 들어하지 않습니다. 자신의 몸에서 좋지 않다고 생각하는 부분을 미워하고 제거해야 할 대상으로 생각합니다. 배, 허벅지, 팔뚝 모두 살이 붙어 구박 덩어리입니다. 하지만 진정으로 건강하고 아름다워지려면 우리 몸의 부분에 대해 가치를 발견하고 사랑해야 합니다. 변화하려면 일단 현재 상태를 인정하고 받아들이고 발판으로 삼아 나가야 합니다. 무엇이든 무시하고 제외시켜서는 잘 될 수가 없습니다.

아이들이 자신의 몸을 사랑하도록 하고, 잘 관리하고 예뻐해 줄 수 있도록 몸의 운용 원리를 가르쳐 주세요. 몸에 칼을 대고 화장을 해서가 아니라, 몸 전체의 중심과 균형, 자세와 움직임 조절을 통해 건강하고 매력적인 외모를 가질 수 있다는 것을 알게 해 주세요.

복근을 잃으면 다 잃는 것이다

남자 아이돌이 공연 중에 웃옷을 올려 복근을 보여 주면 관중들의 환호가 쏟아지지요? 잘 관리한 몸에서 나오는 건강한 아름다움을 바로 복근이 상징적으로 나타내 줍니다. 걷거나 일상생활을 하면서 움직일 때, 또 무대에서 춤을 출 때 멋있고 매력적으로 보이는 사람은 복근에서 중심을 잘 잡아 주고 무게 중심 이동을 잘하는 사람입니다. 사회성도 몸으로 사람들과 소통하는 것이어서 복근이 중심이 됩니다. 다른 사람과 만나면 쉽게 흔들린다는 말은 심리적인 것뿐만 아니라 실제 몸이 쉽게 피곤해지고 중심을 잡지 못하는 것을 말합니다.

지금 스스로 복근을 한번 느껴 볼까요? 축 늘어진 배, 힘없는 배, 살이 많이 찐 배는 내장도 같이 구겨져서 신체의 움직임을 늘어지게 만듭니다.

몸을 잘 쓰고 적극적으로 움직이며 활동하는 아이들은 사회성도 좋고 살아 있는 느낌을 줍니다. 반대로 무기력하게 천천히 움직이면 수동적이거나 비협조적으로 보여 다른 사람을 답답하게 합니다. 몸을 쓰는 것을 귀찮아해서 잘 움직이지 않는 아이들은 복근과 중심 근육이 잘 발달되어 있지 않습니다. 움직일 때마다 겨우 잡아 놓은 중심이 흔들거리면 쉽게 불편해지고 힘이 드니까 되도록 움직이지 않으려고 합니다.

척추측만증이 있거나 허리가 아프다고 하는 아이들이 많습니다. 요추 주위의 근육들이 긴장을 많이 하게 되면 허리가 아프기 쉽습니다. 우리 몸을 원통형이라 상상해 보세요. 원통을 유지하게 하는 뒤의 축이 척추라면 앞의 축은 복근입니다. 뒤에 있는 축인 척추가 편안하게 우리 몸을 받치게 하려면 앞의 축인 복근이 짱짱하게 우리 몸을 세울 수 있도록 받쳐 줘야 합니다. 그런데 복근이 없고 자꾸 앞이 무너지니까 허리는 또 몸을 세우기 위해 일을 많이 하게 돼서 탈이 날 수밖에 없습니다. 그래서 허리가 아픈 아이들은 복근을 강하게 만들어야 합니다.

배와 친해지기

레오나르도 다 빈치의 작품 〈비트루비안 맨Vitruvian Man〉을 보면 원의 중심을 배꼽으로 놓았습니다. 태아 때 생존에 필수였던 탯줄의 흔적이 바로 배꼽입니다. 우리의 영혼의 정신줄은 정수리에 있고 몸의 정신줄은 배꼽 주변에 있다고 상상해 봅니다. 태아 때는 코나 폐로 숨을 쉬지 않고 배로 숨을 쉬고 영양분을 받았습니다. 태어나면서 코와 폐가 열리고 음식물을 섭취하면서 외부와의 소통을 시작했지만, 몸이 만들어지는 열 달 동안 우리 몸을 붙잡고 있었던 생명줄의 흔적이 배에 남아 있습니다. 하지만 태어나면서 더 큰 세계와 공기로 연결된 대신, 우리는 엄마의 몸과 이별하였습니다. 열렸던 배가 닫힌 뒤에 남은 흔적과 흉터가 바로 배꼽입니다.

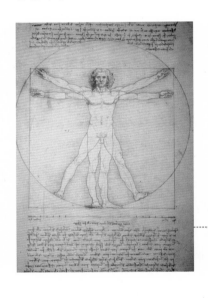

〈비트루비안 맨〉
(레오나르도 다 빈치, 종이에 펜과 잉크,
34.3×24.5cm, 1487년경)
1세기경에 활동했던 로마 건축가
비트루비우스의 이론을 따라 그린
인체 비례도.

　　출생 트라우마Birth Trauma라는 말이 있습니다. 엄마 배 속에서 보호받았던 태아에게는 외부 환경으로 나오는 태어남 자체가 엄청난 스트레스이고 도전입니다. 탯줄이 떨어져 나간 자리의 상처가 아물고 나오려면 시간이 걸리겠지요. 그런 상처의 기억이 바로 평평한 배 한가운데에 쏙 들어간 배꼽입니다. 상처의 흔적이자 부모로부터 독립하여 스스로 살아갈 축복을 받았다는 증거입니다. 이렇게 배꼽에 대해 곰곰이 생각하고, 배를 느껴 보고 쓰다듬으면서, 어머니에 대한 감사함과 독립적으로 살아가는 것에 대한 뿌듯함과 자랑스러움을 가지면 우리의 몸과 마음이 편안해집니다. 이렇게 몸의 한 부위를 깊이 생각하고 느끼고 감사한 마음을 갖는 것만으로도 우리는 변합니다. 뇌신경계에서 새로운 감각이 통합되고, 감정과 생각도 변하니까요.

의지는 배에, 주의력도 배에

사람들은 의지가 머릿속에 있는 거라고 생각하곤 합니다. 정신을 차리라면서 머리에 힘을 줘야 한다고 생각하기도 하고요. 하지만 오늘부터는 의지가 배에 있다고 생각해 봅시다.

'배짱'이라는 말을 들어 보셨죠? 주변 상황에 위축되거나 주눅 들지 않고 버티어 나가는 성품이나 태도를 말합니다. 하고 싶은 것을 하고 말하고 싶은 것을 말할 수 있으려면 실제로 배에 힘이, 즉 뱃심이 있어야 합니다. 아무리 머리로는 하고 싶은 마음이 있어도 몸이 지치고 엉덩이가 풀려 버리면 서 있기도 힘든 상황이 됩니다. 뒷심도 중요합니다. 뒷심은 물러서지 않고 버텨 주는 등과 허리의 힘을 말합니다. 이렇게 배를 포함해서 우리 몸에 중심을 잡아 주는 중심 근육을 잘 단련해야 합니다.

주의력도 마찬가지입니다. 꽃처럼 생긴 뇌신경계가 활짝 펴서 기능을 하려면 꽃의 줄기를 뿌리에서 잡아 주듯 복부에서 잘 버텨 주어야 합니다. 마치 뇌가 1, 2, 3층으로 되어 있고, 1층 뇌가 2, 3층 뇌를 위해 기본적으로 탄탄한 역할을 해 주듯이, 몸에서는 배가 1층, 가슴이 2층, 머리가 3층이라고 이해하면 좋습니다. 2층 뇌가 감정을 담당하듯 2층 몸인 가슴이 감정을 느끼는 부위입니다. 가만히 앉아 있지 않고 계속 몸을 움직이는 아이들, 의자에 앉지 못하고 일어나 돌아다니는 아이들은 전정 감각계와 고유 감각 통합 처리에 문제가 있고, 배를 포함한 중심 근육이 발달되어 있지 않은 상태로 볼 수 있습니다.

중심 근육

코어core 근육이란 말을 들어 보셨을 겁니다. 건강하고 아름다운 몸매를 만들기 위해서 가장 핵심적으로 단련해야 하는 곳이 바로 배를 포함한 중심 근육이라는 것을 많은 사람들이 인식하기 시작했습니다. 무거운 운동 기구를 잘 들어 올리고, 넓은 어깨에 멋진 가슴 근육을 생기게 하

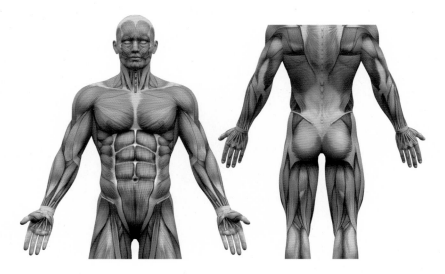

· 중심 근육 ·

려면 먼저 중심 근육을 강화해야 합니다. 중심 근육은 몸통을 세우는 허리, 배, 골반 주변에 있는 근육을 말합니다. 중심 근육들은 움직일 때 몸의 중심을 잡아 주고, 순간적으로 힘을 내야 하는 추진력에 필요합니다. 또한 복식 호흡을 할 때와 목소리를 낼 때도 중요하게 쓰입니다. 중심 근육이 제대로 되어 있지 않으면 운동을 할 때, 균형을 잡지 못하고 쓸데없는 근육에 힘을 주게 됩니다.

중심 근육에는 우리 몸의 자세 정보를 전달하는 고유 감각 수용체들이 많아서 뇌에 꾸준히 감각 정보를 올려 보내고 피드백을 내려받고 있습니다. 자세에 대한 감각들은 1층 뇌인 소뇌와 시상을 거쳐 대뇌로 올라가고, 대뇌에서는 이런 정보를 종합해서 다시 자세를 잡고 운동을 정확하게 할 수 있도록 도와줍니다. 아이가 기다가 걸을 수 있게 되는 것도 척주 기립근_{굽힌 몸을 펴게 하는 척주의 양옆에 뻗은 근육}을 포함한 중심 근육에서 중력을 감지하고 적절히 움직이는 능력이 점차 생겨서입니다. 바른 자세를 할 수 있는 것은 바로 중심 근육과 뇌의 조화의 결과물이라고 볼 수 있습니다.

중심 근육 강화 운동

복근을 탄탄하게 만드는 플랭크^{Plank} 운동을 아시나요? 엎드려서 손바닥과 발끝을 땅에 대고, 몸을 머리끝부터 발뒤꿈치까지 일직선으로 만들어 버티는 겁니다. 마치 등에 벽을 대고 밀었을 때처럼 일직선으로 만든다고 생각하면 좋습니다. 맨 처음에는 아주 짧게여도 좋으니까 매일 조금씩 해 보세요. 하다 보면 버티는 시간이 점차 늘어나게 됩니다. 팔꿈치로 딛고 버티는 엘보 플랭크^{Elbow Plank}도 좋고, 하늘을 보고 반대로

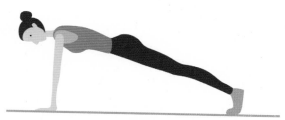

플랭크 운동

엘보 플랭크

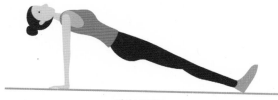

리버스 플랭크

플랭크 운동 후 휴식

브릿지 운동

하는 리버스 플랭크^{Reverse Plank}도 좋습니다. 동작을 유지하는 동안은 숨을 참지 말고 마음껏 내뱉고, 다시 바닥에 몸을 대고 쉴때는 편안하게 근육을 이완시킵니다. 강한 긴장 후에 편안하게 행복한 숨을 쉬는 순간을 경험하는 것도 치료에 도움이 됩니다.

플랭크 운동을 하면서 주의할 점은 초반부터 너무 무리하지 않는 것입니다. 20초 동안 플랭크 동작을 하고 10초씩 휴식을 취하는 것이 좋습니다.

브릿지 운동^{Bridge}도 중심 근육 강화에 도움이 많이 됩니다. 누운 상태에서 양팔은 펴서 바닥에 대고 무릎을 세운 후 골반을 위로 들어 올려 정지 자세를 취하는 것입니다. 구부러진 거북목과 뒷목을 펴게 하는 데 매우 효과적입니다.

드로인^{Draw In} 운동

중심 근육 강화 운동은 일상생활 속에서 훈련되어 있으면 더욱 좋습니다. 평소 중심 근육과 배꼽을 포함한 배를 뇌가 인지하도록 하여 적절한 긴장을 유지하는 것입니다. 배를 인식하고 당기는 게 습관이 되면 음식을 먹을 때도 과식하는 것을 방지할 수 있습니다.

드로인^{Draw in} 운동은 서랍을 끌어당기듯이 배를 끌어서 당기는 방법입니다. 배를 등에다 붙이는 느낌으로 당겨 주는 거라고 생각하면 좋습니다. 배는 당기되 숨은 편하게 쉬어 주세요. 숨을 편안하게 잘 쉬는 것이 중요합니다. 이렇게 바른 자세로 숨쉬기 운동만 잘해도 몸매 관리, 건강 관리를 할 수 있습니다.

복식 호흡

복식 호흡이 몸에 좋다는 것은 많은 사람들이 알고 있습니다. 아기 때는 배로 숨을 쉬어 자연스럽게 복식 호흡을 하지만 점차 나이가 들면서 복식 호흡을 제대로 하지 못하고 가슴만 움직이는 가슴 호흡을 하게 됩니다. 그러다 죽을 때가 되면 목으로만 까딱까딱 '목숨'을 쉬다가 숨이 넘어간다고 하지요.

복식 호흡은 배로만 하는 것이 아니라 갈비뼈의 아랫부분을 확장해 옆구리와 등 근육이 옆으로 늘어나면서 복부 공간 전체를 확장하는 것입니다. 복식 호흡을 잘하기 위해서는 스트레칭을 많이 해야 됩니다.

노래를 잘하기로 유명한 모 가수의 인터뷰를 보니 옆구리와 등이 넓어지게 숨을 쉬는 복식 호흡을 매일 연습한다고 하더라고요. 목청만이 아닌 배를 이용한 복식 호흡으로 노래를 한다는 겁니다. 목소리가 좋고 노래를 잘하는 사람들은 숨을 확 들이마시고 그 숨을 배로 잡아서 탄탄하게 가지고 있으면서 공기와 소리를 내보냅니다. 도리어 목은 편안하게 열려 있습니다. 목소리가 약하고 소심한 아이들을 치료할 때도 이 원리를 쓰곤 합니다.

중심 근육을 강화하면 몸의 건강 유지는 물론, 정서 안정, 집중력 향상, 사회성 개발에도 도움이 된다는 것을 기억하세요. 아이들이 중심 근육을 강화시켜서 일상생활을 추진력 있고 활기차게 할 수 있도록 도와주세요.

인생의
무대 훈련

몸과 마음에 중심을 잡고 균형을 맞추다

　힘든 상황이 닥치더라도 정신을 차려서 떠올릴 마음의 북극성, 즉 치유의 목표는 무엇일까요? 바로 어떤 어려움이 있더라도 이겨 내고 무조건 잘 살기입니다. 그리고 다른 사람도 잘 살 수 있도록 살리는 사람이 되기입니다. 몸과 마음과 관계라는 열쇠를 가지고 이 목표를 이룰 수 있습니다.

　지금부터 의지와 결합해 몸을 치유하는 방법을 함께 알아가 보려고 합니다. 중심을 잡고 균형을 맞추는 것은 몸에서도 마음에서도 가장 중요한 건강의 비결입니다. 균형을 잘 맞추려면 먼저 중심이 바르고 튼튼하게 잡혀 있어야 합니다. 매일 쏟아지는 수많은 스트레스와 어려운 일 속에서도 굳게 중심을 잘 잡고 흔들리지 않기 위해서는 어떻게 해야 할까요?

몸으로 드러나는 마음

신언서판身言書判이란 말을 아시지요? 신身, 몸 신 언言, 말씀 언 서書, 글 서 판判, 판단 할 판은 중국 당나라 때 관리를 등용하면서 인물을 평가했던 네 가지 기준을 말합니다. 사람을 판단할 때 전체적인 몸을 보고, 말하는 것을 보고, 글을 쓰는 능력을 보고, 얼마나 논리적이고 지적인 능력을 가졌는지를 본다는 말입니다. 그만큼 몸과 말로 드러나는 그 사람의 행동이 중요합니다.

제가 진료실에 들어오는 아이들을 파악할 때도 마찬가지입니다. 아직 상담이 시작하지 않아도 걸어 들어오는 모습과 표정, 자세, 움직임을 보면 이미 아이의 뇌신경계의 상태를 알 수 있습니다.

뇌신경계가 건강한 사람은 바른 자세로 뇌에서 안정적으로 감각을 처리하고 적절한 운동 신경으로 세상에 반응할 수 있습니다. 또한 균형 있는 몸 동작으로 자신을 표현할 수 있지요.

가만히 서 있지 못하는 아이들

책상에 오랫동안 앉아 있지 못하고 엉덩이를 들썩이며 다리를 떠는 등 집중력이 약한 아이들이 많습니다. 가만히 안정적으로 앉아 있지 못하고, 자꾸 물건을 만지작거리고, 손을 꼼지락거리고, 팔에 몸을 기대거나 턱을 괴는 행동을 합니다. 공부를 시작하기도 지속하기도 어렵고, 자꾸 일어나 돌아다니려고 합니다. 이런 행동을 하는 이유가 복근과 중심 근육이 약해서 자세 유지가 안 되기 때문이라는 것을 이제는 아실 겁니다.

중심 근육이 약한 이유는 몸에서 올라오는 고유수용성 감각과 전정 감각이 뇌로 전달돼 균형을 잡는 감각 통합 과정에 문제가 있기 때문이지요. 그래서 바른 자세를 하지 않는다고 야단만 쳐서는 교정되지 않습니다. 중심 근육을 강화하고, 안정적으로 공부할 수 있는 뇌신경계와 몸부터 만들어 주어야 합니다. 이런 아이들을 일으켜 세워서 관찰해 보면 한자리에 가만히 서 있지도 못합니다. 몸의 가운데에 중심이 딱 잡혀 있지 않아 자꾸 짝다리를 짚거나 팔로 어딘가를 잡아 기대려 한다거나 계속 몸을 비비 꼬는 등의 행동을 합니다. 시선도 불안해서 눈동자를 여기 저기 움직이지요. 다른 어떤 곳보다 하체가 흔들리고 골반이 안정되어 있지 않으면 전체적으로 정신이 산만해 보입니다. 그래서 지적을 받고 야단을 맞지요. 그러다 보니 기가 죽고 의기소침해져서 자신감이 떨어지고 자세가 더욱 나빠지는 악순환이 계속되지요.

멋지게 걷는다는 것

걷는다는 것은 한 다리로 발걸음을 떼고 다시 내려놓는 동시에 다른쪽 다리를 행동의 반복입니다. 간단하게 말하면 한 다리로 서 있는 행동의 반복으로 볼 수 있지요.

아이가 생후 10개월에 걸었다거나 서자마자 뛰었다고 발달이 빠르다면서 좋아할 일이 아닙니다. 오히려 나중에 산만하고 충동적인 행동을 할 가능성이 높습니다. 시각·청각적으로 발달되어 있어서 호기심이 많고 주변 대상에 가까이 가서 빨리 관찰하고 접해 보려는 욕구가 많기 때문에 아직 성숙되지 않은 몸, 즉 몸의 중심이 잘 잡히지 않은 상태에서

급하게 움직였다는 걸 알 수 있습니다. 첫 걸음마를 떼기 전에 배밀이, 네 발 기기, 붙잡고 서기부터 차례로 충분히 경험하면서 뇌가 감각을 인식할 기회를 잃어버린 거지요. 아가들이 충분한 배밀이와 네 발 기기를 하는 동안 척추 기립근을 포함한 여러 관절과 인대의 고유수용성 감각기에서 감각이 뇌로 전달됩니다. 거기에 청각과 시각 등의 감각과 같이 통합하여 뇌에 길이 납니다. 그러면 눈과 고개, 팔다리를 조화롭고 안정적으로 움직일 수 있게 됩니다. 두 발로 중심을 잡고 안정되게 서 있을 수 있어야 한 발로도 설 수 있고 안정적으로 걸을 수 있겠지요. 이 과정을 성급하게 지난 아이들은 발, 다리와 골반에 적절한 힘을 주고 가만히 서 있기가 힘듭니다. 이런 아이들은 뻐딱하게 서거나 계속 불안정하게 몸을 움직이고 걷습니다.

우리 몸의 중심 잡기

앞서 뇌의 구조를 이해할 때 꽃에 비유하면서 공부했습니다. 이번에는 사람의 몸 전체를 꽃에 비유해서 생각해 볼까요?

다른 사람을 바라보고 그 사람과 이야기를 듣고 말하면서 소통하는 얼굴이 마치 활짝 핀 꽃과 같다면, 그 꽃을 유지하기 위해서는 꽃받침, 줄기, 뿌리가 튼튼해야 합니다. 신체 부위로는 골반을 뿌리로 생각하면 이해가 쉽습니다. 뿌리부터 흔들리면 꽃은 아름다운 모습으로 활짝 피어 있기가 어렵겠지요.

바다에 띄우는 배에는 '평형수'가 있습니다. 배의 균형을 잡고 좌우로 쓰러지지 않도록, 배 밑바닥에 채우는 물입니다. 우리의 인생도 마찬가지입니다. 몸과 마음의 중심을 잘 잡아야 거칠고 험난한 일을 겪게 되어도 안정적으로 잘 살아갈 수 있겠지요. 안 좋은 소식을 들었을 때나 놀랐을 때 하체에 힘이 풀려 주저앉게 되지요? 불안장애를 치료할 때 저는 힘 있게 몸을 잘 버틸 수 있도록 골반 근육을 안정화시키는 작업을 항상 먼저 합니다. 오뚝이처럼 쓰러져도 다시 일어나 중심을 잡도록 말이지요. 뱃심^{배짱}, 뒷심^{허리힘}을 포함해서 골반 근육을 강화하면 심리 치료의 효과를 도와 증상에서 빨리 회복되게 합니다.

인생의 무대 훈련

제가 청소년들과 잘 쓰는 치료 방법 중에 하나가 바로 '인생의 무대' 훈련입니다. 내 인생에서는 내가 주인공입니다. 혼자 태어나고 살아가고 죽습니다. 외롭게 혼자 서서 모든 것을 버티고 소화해 내야 합니다. 내가 만나는 많은 사람이 나를 지지해 주고 도와주더라도 결국 혼자 서서 버티고 살아가야 합니다. 마음이 약해져 주저앉아 버리거나 세파에 휩쓸려 스스로 퇴장하면 안 되겠지요.

우리는 태어나 살아가면서 많은 사람들을 만나고 살아갑니다. 우리를 흔들리게 하는 많은 일들, 그만 주저앉고 싶은 일들, 무서워서 숨고 싶거나 부끄러워서 어디론가 떠나 버리고 싶은 일들이 닥칠 때는 마음이 약해집니다. 이를 극복하여 활기차게 살아가려면 마음뿐 아니라 신체를 강화해야 합니다.

신체 강화를 위한 인생의 무대 훈련을 소개합니다.

당당하게 서 있기

지금 서 있는 곳이 내 인생의 무대라고
생각하고 가만히 당당하게 서 있어
보세요. 어깨 펴고 서 있는 것조차도
어색해하며 쭈뼛대는 경우가 많지만,
인생의 주인공은 나이므로
당당하게 서 봅니다.

밀리지 않고 버티기

옆에서 누군가 밀더라도 밀리지 않게
버팁니다. 처음에는 쉽지 않습니다.
우리는 어릴 때부터 고집 피우지 말라고
교육받았기 때문에 다른 사람이 나를 밀면
그냥 밀리는 경우가 많습니다.
하지만 이것이 생존과 관련 있는 상황이라
생각하고 인생의 무대에서
밀리지 않도록 다시 한 번 버텨 보세요.

상체에 힘 빼기

온몸에 힘을 주면 오래 버티기가
힘듭니다. 버티는 힘이 분산되면
긴장 상태가 되어 오래 버티지
못합니다. 횡격막 위로는 힘을 빼고
배와 다리로만 버텨 보세요.
전보다 더 쉽고 유연하게 버틸 수 있습니다.

기습 공격에서 살아남기

누군가가 갑자기 밀 수도 있습니다. 기습 공격이 발생한 것입니다. 원래 인생은 예상하지 못한 일들이 계속 벌어집니다. 살다 보면 갑자기 사고를 당할 수도 있고, 모욕이나 무시를 당할 수도 있고, 오해를 받을 수도 있습니다. 이런 힘든 일을 당할 때 그냥 주저앉거나 밀려나거나 정신을 못 차리는 경우가 얼마나 많은가요? 그래서 인생의 무대에서는 상체의 힘을 빼고 유연하게 대처하면서도 하체는 절대로 물러나지 않고 버티는 근성이 필요합니다. 목, 어깨, 얼굴 근육이 긴장하게 되면 상황에 유연하게 대처하지 못합니다. 근육이 뭉쳐서 만성 근육통과 두통에 시달리게 되기도 합니다. 하체는 물살이 센 강에서도 떠내려가지 않는다는 느낌으로 굳건하게 버텨 주고, 상체는 강에서 편안하게 부유하는 느낌으로 풀어 주는 것을 습관화해 보세요.

기습 공격이 있을 때 밀려나지 않기 위한 가장 중요한 것은 '나는 버텨 낼 것이다'라는 의지입니다. 몸에 그 의지를 심고, 어떻게든 버티는 좋은 고집을 부려 보세요.

좋은 고집 부리기

사람들은 흔히 고집을 부리는 것이 좋지 않다고 생각합니다. 고집 부리다가 어렸을 때 야단을 많이 맞은 기억도 있고, 대인 관계에서 너무 고집을 부리면 혼자 외로워질 것 같다는 두려움도 있고요. 누군가에게 대항하고 버티는 것은 두려운 일입니다. 그렇기 때문에 사람들은 쉽게 포기하고 휩쓸려 갑니다.

우리가 부려야 할 고집을 다시 한 번 알려드릴게요. 바로 '잘 살 거야!' 하는 고집입니다. 인생의 무대에서 우리를 미는 것은 삶에서 오는 스트레스입니다. 밀리지 말고 소리 내어 "저는 잘 살 거예요!"라고 이야기해 보세요. 스트레스가 계속 밀려오더라도 밀리지 말고 버텨서 이야기해 보세요.

"나는 무슨 일이 있어도 잘 살 거예요!"

"나는 무조건 잘 살 거예요!"

다른 사람들도 도와줄 거예요!

"잘 살아서 뭐하시게요?"

이 질문에 빠르고 정확하게 대답하기는 쉽지 않습니다. 반사 신경처럼 무의식적으로 나올 수 있게 우리는 답을 외워 버립시다. 자다가 깼을 때도 바로 튀어나와야 할 반사적인 대답은 "다른 사람도 잘 살게 도와주려고요!"입니다. 앞서 이야기했던 것처럼 나 혼자 잘 먹고 잘 살고, 보란 듯이 다른 사람을 밟고 올라가서 성취감을 느끼는 것이 절대 목표가 되어서는 안 됩니다. 바로 내가 잘 사는 이유의 더 큰 목적은 다른 사람도 잘 살게 하기 위해서입니다. 다른 사람도 건강하고 행복하게, 활기차고 재밌게, 잘 살도록 돕는 것입니다.

이 고집은 얼마든지 많이 부려도 괜찮은 고집입니다. 이 선한 욕심을 더 많이 부리는 것은 나뿐만 아니라 다른 사람까지 이롭게 만드는 것이니까요. 이런 선한 고집을 많이 피울수록 자신이 건강해지고, 다른 사람들도 건강해집니다. 좋은 고집을 지키면서 다리와 골반에 더 힘을 주고 당당히 버텨 보기로 해요.

나는 불행을 선택하지 않는다

많은 분들이 잘 살고 싶어 하지만 대인 관계, 업무 스트레스 등 여러 가지 이유로 힘들어합니다. 그럴 때 저는 문제를 하나씩 어떻게 풀지를 고민하기에 앞서서 이렇게 선언해 보라고 합니다.

"어느 누구도 나를 불행하게 할 수는 없어!

오직 나만이 나를 불행하게 할 수 있어!

하지만 나는 불행을 선택하지 않을 거야!"

더 이상 우리에게 닥친 일에 대한 피해자가 아니고 선택할 수 있는 사람들이라는 자신감을 갖는 겁니다. 오늘도 내일도 새로운 문제는 계속 발생하겠지만 방금 한 말처럼 내가 불행하기를 선택하지 않는다면 나는 자유롭습니다. 아직 머리로는 동의하지 않더라도 이 말을 스스로 선언하는 순간 우리는 변하기 시작합니다.

소리 내어 말하는 것은 엄청난 의미가 있습니다. 당장은 믿기지 않고 이해되지 않는 문장이라도 일단 말로 하면 몸이 달라집니다. 그리고 그 말을 귀가 듣고 뇌가 통합해서 새로운 행동을 할 수 있도록 몸을 움직여 줍니다.

표정을
바꾸면
삶이 바뀐다

얼굴만 봐도 짜증나

엄마 얼굴만 봐도 짜증 난다는 청소년들이 많습니다. 잘되라고 도와주는 사람들과도 좋은 관계를 맺지 못한다면 다양한 사람들과 만나게 될 미래의 사회생활은 어떻게 될까요? 잦은 불화, 분노 폭발, 불안정한 대인관계로 힘들어질 수 있습니다. 아이가 쳐다보지도 않고 대화를 거부하며 못된 성질을 부릴 때 부모는 상처받습니다. 야단도 치고 화도 내 보지만, 사이는 더 멀어지고 상황은 더 악화될 뿐입니다. 물건을 부수거나 부모에게 폭력을 행사하는 아이들도 있습니다. 어디서부터 잘못된 걸까요?

왜곡된 관계를 풀어 나가려면 일단, 부모님의 표정을 돌아볼 필요가 있습니다. 잘 먹고 잠자는 것만으로도 사랑스럽던 어린 시절에 짓던 뿌듯한 엄마 아빠의 미소가, 언제부턴가 "왜 이것밖에 안 되니? 왜 이렇게밖에 못하니?" 등의 비난과 함께 못마땅한 표정으로 바뀐 것은 아닌지요. 아이들은 부모님의 강압적인 표정을 보는 것이 괴롭습니다.

상담하러 오는 아이들과 부모님의 표정은 놀랍게 서로 닮아 있습니다. 미간에 내 '천(川)'자가 있거나 지치고 힘든 표정입니다. 한집에서 살아가면서 서로의 얼굴을 볼 때마다 서로 짜증이 가중되는 악순환을 깨려면 더 건강한 사람이 이끌어 주어야 합니다. 좀 더 성숙한 어른인 부모님이 먼저 얼굴 표정을 바꾸어 보세요. 아이를 잘 살게 도와주려면 편안하게 다가갈 수 있어야 합니다. 그래서 더욱 표정이 중요하지요. 걱정 어리고 못마땅한 표정, 어두운 표정으로 다가가는 사람을 아이들은 피하려고만 할 테니까요.

성공하는 집은 얼굴이 밝다

교육열이 뜨거운 대치동 한가운데서 상담을 하면서 확실히 알게 된 '아이들이 잘되는 비결'이 있습니다. 아이들이 잘되는 집은 부모님들의 표정이 밝다는 것이죠. 이런 이야기를 하면 어떤 분들은 "아이들이 공부를 잘하니까 엄마 표정이 밝죠"라고 말합니다.

하지만 엄마 표정이 밝아야 아이의 능력과 가능성이 올라갑니다. 서로 인상 쓰고 폭력적인 말과 행동이 오가는 가정은 아이의 공부도 인성도 다 놓칩니다. 아이가 공부를 못하더라도 얼굴이 밝고 서로 오순도순 살아가는 집은 공부를 떠나 이미 잘된, 성공한 가정입니다. 이런 가정의 아이들은 뭐든 잘 해낼 자신감이 있습니다. 공부만 잘하고 사회성이 부족한 무표정한 아이들보다 훨씬 건강하고 능력이 많습니다.

상담 과정에서 부모님의 표정에 대해 피드백을 드리면 본인도 깜짝 놀랍니다. 자신이 그렇게 만성적으로 인상을 쓰거나 무표정인지 모르는 경우가 대부분입니다. 내가 어떤 얼굴 표정을 주로 짓는지를 알아채는 것부터 시작입니다. 그리고 다양한 표정을 지을 수 있는 삶이 건강하고 행복한 삶이라는 것을 깨달아야 합니다.

얼굴

우리말로 '얼'이 들어오고 나가는 '굴'과 같은 곳, 혹은 뼈대^{골, 骨}와 같은 곳이라서 '얼굴'이라고 한다는 말이 있습니다. 입을 벌리고 있거나 표정이 없고 눈빛이 흐리면 '얼'이 빠진 사람처럼 보입니다. 정신을 차리면 얼굴부터 달라집니다.

얼굴은 눈, 귀, 코, 입과 같은 중요한 감각기관이 모두 모여 있는 곳이기도 합니다. 눈치코치가 없는 사람은 같은 걸 보고 들어도 알아채지 못합니다. 다른 사람의 기분이 좋은지, 화가 나 있는지, 어떤 상황인지를 살필 수 있어야 대인 관계와 사회생활을 잘할 수 있습니다. 사람의 감정은 표정으로 드러납니다. 다른 사람의 표정을 인식하고 반응하는 것은 살아가는 데 꼭 필요한 능력입니다.

화안시

어떤 이가 석가모니를 찾아가 물었습니다.

"하는 일마다 제대로 되는 일 없는데 왜 그럴까요?"

"그건 네가 남에게 베풀지 않기 때문이다."

"저는 가진 게 없어서 남한테 줄 것이 아무것도 없는데요?"

"가진 게 없어도 다른 사람에게 줄 수 있는 일곱 가지가 있다."

석가모니가 말해 준 이 일곱 가지가 바로 화안시, 안시, 언시, 심시, 신시, 좌시, 찰시입니다. 이를 무재칠시無財七施라고 합니다. 화안시和顏施는 부드럽고 좋은 얼굴로 다른 사람을 대하는 것, 안시眼施는 호의를 담은 좋은 눈길로 다른 사람을 보는 것, 언시言施는 격려, 칭찬, 위로 같은 좋은 말을 다른 사람에게 베푸는 것, 심시心施는 따뜻한 마음을 주는 것, 신시身施는 다른 사람을 몸으로 도와주는 것, 좌시座施는 자리를 양보하는 것, 찰시察施는 다른 사람의 마음을 관찰하고 헤아려 도와주는 것입니다.

몸으로 다른 사람을 도울 수 있는 일이 정말 많지요? 밝은 표정으로 다니는 것 자체만으로 다른 사람을 도울 수 있습니다.

표정에서 제일 중요한 입

입은 표정에서 무척 중요합니다. 동그라미를 그려 놓고 입 모양만 다르게 그려도 우는 표정과 웃는 표정으로 바뀌지요. 입은 신체 중에서 뚫려 있는 부분 중 가장 큰 곳입니다. 동양의학에서는 우리 몸 정중앙에 흐르는 경락을 입 위로는 독맥, 아래로는 임맥이라고 합니다. 독맥督脈에서 '독督'자는 감독할 독 자입니다. 입꼬리를 올리면 즐겁고 경쾌한 느낌을 주지만, 입꼬리를 처지게 하면 어둡고 누르는 듯한 인상을 줍니다. 지금 자신의 입꼬리가 기본적으로 위를 향하는지 아래를 향하는지를 살펴보세요. 습관적으로 입에 힘을 주는 분들은 걱정거리가 있거나 목과 어깨가 같이 긴장해 있는 경우입니다.

틈나는 대로 입꼬리를 올리는 훈련을 해 보세요. 스튜어디스들이 많이 하는 훈련이지만 모든 사람들이 다른 사람을 웃는 표정으로 만나기 위해 해야 할 좋은 훈련법입니다. 기분이 나쁠 때 입 모양만 고쳐도 마음이 달라집니다.

입 운동 연습

틈나는 대로 입 운동을 하면 도움이 많이 됩니다. 얼굴 표정 근육 운동facial exercise은 우리가 건강하게 살아가기 위해 해야 할 운동 중에서 꼭 필요한 운동입니다.

대표적인 입 운동 몇 가지를 가르쳐 드릴게요. 먼저 배를 쭉 펴고 바른 자세를 취한 상태에서 우리가 배운 알렉산더 테크닉처럼 머리를 가볍게 느끼면서 입을 크게 벌렸다 다물기를 다섯 번 정도 해 주세요. 이는 턱관절 장애 예방에도 도움이 됩니다.

그다음엔 턱을 약간 벌린 상태에서 입술을 오므렸다가 펼쳐 줍니다. 이 입 운동도 다섯 번 정도 해 봅니다.

이번엔 입을 다문 채 혀로 시계 방향과 반시계 방향으로 각각 다섯 번씩 둥글게 치아 바깥쪽을 훑어 주세요. 발음이 부정확한 아이들을 위해서도 입 운동과 혀 운동은 매우 효과적입니다.

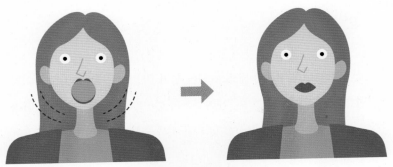

입을 크게 벌렸다 다물기

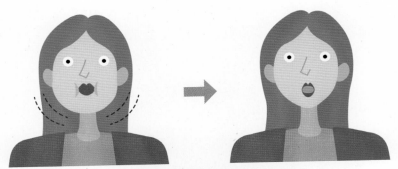

턱을 약간 벌린 상태에서 입술을 오므렸다 펼쳤다 하기

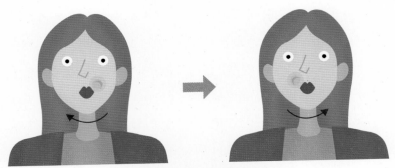

입을 다문 채 혀로 치아 전체를 훑어 주기

광대 승천

신기하게도 입꼬리를 올리고 숨을 쉬어 보면 코로 숨이 더 잘 쉬어지는 걸 알 수 있어요. 입꼬리를 올리고 미소를 머금어 보면 입천장도 올라가고, 비강도 더 넓어집니다. 얼굴 근육에서 중앙 부위인 코 주위의 근육이 위로 올라갑니다. '광대 승천'이라는 표현이 바로 이런 것이죠. 광대뼈를 주위로 모든 근육들이 위로 올라간다는 말입니다.

기쁘고 만족스러울 때 사람들은 코로 숨을 들이마시면서 몸을 확장시키고 복식호흡을 하면서 온몸에 숨을 채웁니다. 이렇게 밝은 숨을 쉬면 얼굴 자체가 밝아질 수밖에 없습니다.

아이들을 바라보는 따듯한 눈

시선 공포증 때문에 치료를 받는 아이들이 있습니다. 시선 공포 증상은 대인 공포증, 사회 공포증에서 많이 나옵니다. 다른 사람과 있으면 불편하고 불안해 눈을 어디다 둘지를 모릅니다. 눈뿐만 아니라 얼굴 표정도 같이 불안해집니다. 시선 공포를 가진 아이들의 속마음을 들여다보면 다른 사람을 적으로 인식하는 마음이 있습니다. 자신이 다른 사람을 볼 때 평가하고 판단하는 것처럼 다른 사람도 자신을 평가하고 싫어할까봐 겁이 나는 겁니다.

시선 공포로부터 벗어나는 방법은 주변 사람들을 같은 편이라고 인식하는 것입니다. 그리고 다른 사람의 눈치를 보고 평가받는 입장이 아니라, 다른 사람에게 에너지를 주는 사람이라고 스스로 인식하는 것이 중요합니다. 다른 사람의 시선과 눈을 두려워하고 무서워하는 소극적인 사람이 아니라, 다른 사람을 따뜻한 눈으로 바라보면서 돕고 에너지를 주는 적극적인 사람으로 스스로를 느끼는 겁니다.

마음의 눈 열기

눈 감으면 코 베어 가는 세상이라며 두 눈을 부릅뜨고 긴장해도 정작 봐야 할 것은 놓치게 되는 경우가 많습니다. 도리어 두 눈의 사이에 눈이 하나 더 있다고 상상하고, 그 눈을 크게 확장한다고 상상해 보세요.

제3의 눈, 바로 마음의 눈입니다. 그 상상만으로도 사람들은 미간의 내 '천(川)'자를 펴게 됩니다. 많은 사람들이 상상하는 동안 뇌 안에 있는 어느 부분이 열리는 것 같은 느낌을 받습니다.

우리가 공부했던 사이뇌에서 뇌하수체 뒤로 달려 있던 송과체를 상상해 보세요. 이제부터 뇌 속에 있는 그 눈으로 세상을 본다 생각하고 양미간을 확장해 보세요. 눈이 피로할 때도 제3의 눈을 생각하면 과다한 자극으로 눈이 아프던 증상이 나아지는 느낌을 받을 수 있습니다. 두 눈의 자극을 줄이고 마음의 눈으로 새롭게 주변과 몸의 감각을 느껴 봅니다.

얼굴 살리기

자신의 얼굴을 보기 싫어하는 사람이 많습니다. 사진을 찍는 것도 꺼려하고 거울을 보는 것도 싫어합니다. 마음에 들지 않는 모습을 확인하게 되어 당황스럽고 자존감이 떨어져서입니다. 그러나 어떤 외모이든 그러한 대로 나를 사랑하고 살려야 하는 것이 우리의 의무입니다. 그런 마음이 외모를 아름답게 바꾸고 좋은 인상을 갖게 합니다.

얼굴 표정을 다양하게 짓는 얼굴 근육 운동을 몇 가지 더 해 볼까요? 눈을 크게 떴다 제자리로 돌아오기를 다섯 번 합니다. 코 찡긋거리기도 다섯 번 합니다. 그다음 눈동자를 위아래, 좌우, 대각선 방향으로 천천히 직선으로 움직이고, 시계 방향과 반시계 방향으로 원을 그리며 눈을 돌려 봅니다.

머리에는 얼굴만 있는 것이 아니라 두피가 있지요? 얼굴 근육도 쓰다듬어 주고, 자신의 머리도 두드리고 쓰다듬어 주세요. 귀 바로 위에 있는 부분은 측두근으로 턱과 목 근육과 함께 긴장을 많이 하는 곳입니다. 이 부분을 손가락으로 톡톡 두드려 주세요.

손가락을 세워 얼굴과 머리 전체를 두들기다 보면 유난히 시원한 곳이 있습니다. 그곳을 더 사랑을 담아 두드려 주세요. 귓구멍을 손가락으로 막고 꼭 눌러 주거나 귀를 만지면서 마사지하면 시원한 느낌이 듭니다. 뒷목도 손으로 주물러 주세요. 시원함을 느끼면 자기도 모르게 코로 숨을 들이마시게 되고, 얼굴이 밝아집니다.

이렇게 얼굴 안테나를 최대한 밝게 펴 보세요. 우리의 얼굴이 좋은 정보를 주고받을 수 있는 곳으로 기능할 수 있도록 도와주세요. 아이들은 밝고 따듯한 표정이 있는 얼굴을 회피하지 않을 겁니다. 기억해 주세요. 아이들을 돕는 첫 번째 문은 나의 밝은 표정이라는 것을요.

숨의 비밀

모든 사람에게는 음악이 흘러나온다

치유의 비밀 중 하나는 바로 숨 바꾸기입니다. 숨을 바꾸는 것은 우리 몸의 리듬^{박자}을 바꾸는 중요한 방법입니다. 사람에게는 리듬이 있습니다. 가만히 있을 때도 심장이 뛰거나 숨을 쉬는 리듬이 있고, 눈을 깜박이거나 기침을 하고 침을 삼킬 때도 일정한 리듬이 있습니다.

이런 리듬은 우리가 의식적으로 조절하는 것은 아닙니다. 1층 뇌의 반지하 층에 있다는 숨뇌에서부터 자연스럽게 나옵니다. 잠을 자고 깨는 것, 생리 주기, 배설 주기 모두 리듬에 해당하고, 이런 리듬을 담당하는 곳은 사이뇌를 포함한 1층 뇌입니다.

앉아 있을 때도 자세를 고쳐 앉는 리듬과 다리 떨기 같은 리듬이 있고, 움직임에 있어서도 얼굴 표정, 팔과 다리의 보폭, 걷는 움직임 등의 리듬이 있습니다. 말을 하고 노래하거나 춤을 출 때는 더욱 리듬이 눈에 떠지요. 사람이 경직되었다고 느껴지는 경우에는 이 리듬이 원활하지 않아서 생기가 없고 늘어져 보입니다. 뇌파나 심전도, 근전도 같은 검사는 우리 몸에서 전기 신호가 나오는 뇌와 심장, 근육의 파장을 전기적으로 기록해서 몸의 상태를 보는 것입니다. 우리는 일상생활에서도 다른 사람의 파장과 리듬을 느낄 수 있습니다.

사람마다 다른 노래와 음악

사람들을 가만히 바라보고 있으면 각자의 노래가 연주되어서 흘러나오는 것을 볼 수 있습니다. 가만히 있을 때에도 움직일 때에도 자신만의 에너지와 노래가 흐릅니다. 양자역학에서는 모든 물질의 근본은 파장이고, 서로가 서로에게 영향력을 주며 마치 거미줄처럼 세상의 일이 얽혀 있다는 관점에서 물리 현상을 봅니다. 에너지는 파장이고 파장은 노래처럼 리듬입니다. 어떤 파장을 가지고 있는가에 따라, 세상에 어떤 파장을 보내는가에 따라 삶이 달라집니다.

어떤 사람에게는 종달새처럼 지저귀는 밝은 노래가 나옵니다. 어떤 사람은 "어~ 이, 어~이" 하는 상여 소리처럼 서글픈 소리가 들리기도 합니다. 행진곡 같은 노래가 나오는 사람도 있고, 왈츠같이 우아한 음악이 나오는 사람도 있어요. 이렇게 각자 박자가 있기 때문에 만나면 공명이 되고 동조가 되어서 서로 영향을 주고받습니다. 가까이 가면 왠지 기분이 가라앉는 사람도 있고, 같이 즐거워지는 사람도 있습니다. 건강한 사람은 옷을 바꾸어 입듯이 상황에 따라 적절하고 유연하게 여러 레퍼토리로 연주하고 다른 사람과 합주도 잘합니다.

박자를 이끄는 강조 박자

보통은 빠른 박자가 경쾌하고 생동감 있게 느껴지지만 항상 그렇지는 않습니다. 도리어 몰아치기만 해서 숨을 못 쉬겠고, 급하기만 해서 이도저도 아닌 박자도 있습니다. 느린 박자를 가진 사람도 여유롭고 우아하게 느껴지는 경우가 있는가 하면, 축축 처지고 힘이 빠져서 기분이 나빠지는 느낌이 드는 경우도 있습니다.

박자의 빠르고 느리기뿐 아니라 악센트를 어디다 두느냐에 따라 생동감이 올라가기도 하고 어색해지기도 합니다. 아이들의 행동을 바꿀 때에도 행동은 박자이기 때문에 박자를 고치면 도움이 많이 됩니다. 급한 아이들은 좀 더 참을 수 있게, 느린 아이들은 좀 더 경쾌하게 자기 리듬을 느끼고 행동하게 하면 좋겠지요.

말에 들어가는 악센트

말을 이끌어 가는 박자도 있고, 자꾸 처지게 하는 박자도 있습니다. 글자 앞에 악센트를 주어서 말을 하게 되면 앞으로 끌어 올리는 느낌이 납니다. '그런데' 라는 똑같은 말을 '그'에 악센트를 두고 말을 할 때와 '런'에 악센트를 줄 때 다르게 들립니다. '그'에 악센트를 둘 때는 사람을 당기고 뭔가를 말하려는 느낌이 나지만, 두 번째 음절인 '런'에 악센트를 줄 때는 약간 뒤로 물러나면서 다른 이야기가 있다는 듯이 들리지요?

말을 어떻게 하느냐에 따라 성격도 바뀝니다. 감정과 생각이 아닌 박자만 바꾸어도 사람의 성격이 달라질 수 있다는 걸 알면, 마음 치료에 앞서 몸을 만들고 박자를 만드는 일을 하는 것이 얼마나 중요한가를 알 수 있습니다. 저는 축축 처지게 말을 하는 아이들에게는 노래를 하듯이 경쾌하게 말하는 것을 연습시킵니다.

박자와 박자 사이

춤을 배워 본 적이 있다면, "one two three four" 하고 박자를 맞출 때 "one and two and three and four" 하는 식으로 'and' 박자를 넣는 것을 들어 보았을 거예요. 정박자 사이에 존재하는 사이 박자를 찾아 사용한 것입니다. 김연아 선수가 피겨스케이팅 경기를 할 때 다른 선수들보다 유달리 아름다워 보이는 것은 동작을 할 때 정박자를 넘어서서 사이 박자를 충분히 알고 쓰기 때문입니다. 한국인의 춤사위가 아름다운 이유도 2박자가 아닌 3박자의 요소 즉 중간 박자가 있어서라고 하는 분석을 본 적이 있습니다. 로봇의 움직임이 사람의 움직임과 달리 뻣뻣해 보이는 것은 바로 이런 박자와 박자 간의 부드러움을 충분히 살리지 못하기 때문입니다. 우리 몸의 관절도 시간 차를 두고 서로 조화롭게 움직이기 때문에 편안해 보이고 아름다워 보입니다. 딱 정박자에만 맞춰 움직인다면 엄청 딱딱해 보이고 뻑뻑해 보이겠지요.

이 박자와 박자 사이 안에는 우주가 들어 있습니다. 이 사이를 충분히 즐기고 운용할 때 더욱 균형을 잡을 수 있습니다. 수영을 할 때 박자와 박자 사이를 부드럽게 운용하는 사람은 물살을 타고 아름답게 헤엄을 칩니다. 초보는 마음이 급해서 팔과 고개를 돌리기에 바쁘지만 고수가 될수록 여유있게 사이 박자를 이용합니다.

조절이 가능한 우리 안의 박자

사람 안에 있는 많은 박자를 우리가 긍정적으로 바꾸고 조절할 수 있는 버튼은 생활 습관 안에 있습니다. 늦게까지 스마트폰이나 텔레비전을 보는 대신 규칙적으로 뇌를 쉬어 주면서 일찍 잠자리에 드는 습관이 건강한 박자를 만듭니다. 또한 불규칙적으로 식사를 하거나 과식하지 않고 적절하게 먹을 수 있으면 좋겠지요. 배변도 규칙적으로 할 수 있으면 도움이 됩니다. 그중에서도 특히 숨은 우리의 리듬을 바꾸는 중요한 통로입니다. 사람들은 생체리듬이 깨져 불편함을 느낄 때, 스스로 조절해서 편해지려는 노력을 합니다. 그런데 잘못하면 이런 노력이 특정 증상을 만듭니다. 틱 행동처럼 음성으로 소리를 내거나 몸을 움직이게 되는 것이지요.

저는 내담자를 만날 때 진료실에 들어와 앉고 말하는 모습, 자세, 걸음걸이, 표정, 제스처를 가만히 지켜보면서 이 박자를 읽으려고 합니다. 움직임 사이의 박자와 강조 박자를 보고, 얼마나 조화롭게 몸을 쓰면서 어떤 음악을 연주하고 있는지를 보는 것입니다.

특히 관심 있게 관찰하는 것은 바로 '숨'입니다. 사람의 박자는 무엇보다 숨에서 잘 드러납니다. 숨은 우리가 태어나는 순간에 시작되어서 지금 이 순간에도 자연스럽게 일어나는 현상입니다.

숨 들여다보기

숨을 조금 더 들여다볼까요? 들숨은 살려고 쉬는 숨입니다. 정보를 들이마시고 받아들일 때도 우리는 들숨을 쉽니다. 몸을 열어서 밖에 있는 것들이 안으로 들어오게 하는 숨입니다. 살기 위해 에너지를 흡입하는 순간이지요. 우리 몸에 생기와 의욕을 불어넣기 위해서는 시원하고 자연스럽게 숨을 들이마실 수 있어야 합니다. 수영을 잘하는 사람도 순식간에 숨을 "파" 하고 뱉고 "하" 하고 들이마시지요? 뭔가를 보고 너무 좋을 때, 정말 받고 싶은 선물을 받았을 때도 감탄하고 좋아서 순간적으로 숨을 들이마십니다. 좋은 곳에 가서 좋은 향을 맡을 때도 몸을 이완하면서 숨을 깊이 들이마십니다. 숨을 들이마시면 두개골이 좌우로 확장되고 척추가 길어지면서 엉덩이의 꼬리뼈 쪽 천골이 안쪽으로 약간 말립니다. 횡격막은 내려가고 등의 뇌척수액이 뇌 쪽으로 부드럽게 이동하면서 전신에 변화를 일으킵니다.

한편 날숨은 에너지를 밖으로 발산합니다. 말을 하고 노래를 부를 때는 숨을 내쉬게 됩니다. 그런데 제대로 숨을 내쉬지 않으면 제대로 숨을 들이마시기도 어려워 들숨과 날숨 모두가 자연스럽게 쉬어지지 못합니다.

비워야 채워진다는 말이 있습니다. 종종 한숨을 쉰다고 야단맞는 아이들은 한숨을 쉬어서라도 자기 숨을 찾으려고 노력하는 것입니다. 그것마저 못하게 하면 아이들은 정말 힘들어집니다. 아이들에게 마음의 병이 생기는 것도 숨이 죽기 때문에 나오는 현상입니다. 평상시에 편안하게 이완하고 깊고 상쾌한 숨을 쉴 수 있게 도와주세요.

숨의 패턴

악취가 나는 쓰레기장을 지난다고 상상해 보세요. 사람들은 어떤 표정을 짓고 어떤 숨을 쉴까요? 코를 막거나 숨을 쉬지 않고 얼굴을 찡그리거나 무표정이 되면서 몸을 긴장하게 되겠지요. 전에 있었던 나쁜 일을 상상할 때, 싫어하는 사람을 떠올릴 때도 우리는 숨을 들이마시지 않습니다. 마치 그 기억이 내 안에 들어오기를 원치 않는다는 듯이 숨을 들이마시는 것을 거부합니다. 심리적으로 힘들 때는 이렇게 숨이 바뀌게 됩니다.

반면 기분 좋고 주변 환경에 만족할 때 쉬는 숨의 패턴도 있습니다. 피톤치드가 많이 나오는 숲속에 가서 맑은 공기를 마신다고 상상해 보세요. 코를 사용해서 좋은 향기를 맡으면서 가슴 깊이, 배 속 깊이 숨을 들이마실 겁니다. "음, 행복해" 하는 말을 하면서 뭔가를 뿌듯하게 느낄 때도, 과거에 좋았던 것을 상상하거나 좋아하는 사람이나 닮고 싶은 사람을 떠올리면 우리는 숨을 들이마시게 됩니다. 그 사람의 어떤 좋은 모습을 간직하고 싶을 때에도 마찬가지입니다.

기쁜 숨, 뿌듯한 숨

좋아하던 사람에게 고백을 받고 온 세상이 다 내 것만 같은 행복감을 느낄 때를 상상하면서 숨을 쉬어 보세요. 이런 기쁘고 뿌듯한 숨을 일상생활에서 자주 쉬게 되면 삶이 달라집니다. 좋은 생각을 자주 하고 좋은 숨을 쉬는 사람은 표정도 밝고, 나쁜 일이 있어도 잘 극복해 내는 힘을 기를 수 있습니다. 아이들을 도와주는 사람들은 스스로 기쁘고 뿌듯한 좋은 숨을 쉬고 아이들에게도 그런 숨을 쉬도록 가르쳐 줄 수 있어야 합니다.

불안하고 답답한 우울증이 잘 치유돼서 마음이 편해지면 그전과 달리 숨이 어떻게 바뀔지 상상해 보세요. 우울증을 치료할 때 좋은 숨을 쉬게 도와준다면 빨리 건강을 회복할 수 있지 않을까요? 우리가 도달해야 하는 좋은 몸과 숨의 상태를 이미 만들어서 가질 수 있다면 치료에 도움이 될 겁니다.

저는 내담자들을 도울 때 불규칙적이고 막혀 있는 숨을 관찰해서 피드백을 하고, 다르게 숨 쉬는 것을 함께 해 보곤 합니다. 숨을 바꾸는 것은 나쁜 기억을 극복할 때도, 그리고 미래에 닥칠 것에 대한 불안을 극복해 내는 데도 효과적이기 때문입니다.

숨의 균형이 깨지다

숨은 마음 상태에 따라 변합니다. 생각과 감정이 변할 때마다 숨도 달라집니다. 그러나 자신만의 고유한 호흡을 유지할 때 건강할 수 있습니다. 균형이 깨지고, 자기 리듬을 잃어버릴 때는 병이 납니다. 심리적으로 고통받는 내담자들을 보면 낮고 답답한 숨을 쉬는 분들이 많습니다.

우울증으로 고통받는 내담자들과 상담해 보면 숨을 거의 쉬지 않는 듯 쉬고 있다는 것을 알 수 있습니다. 시원한 숨이 아니라 갑갑한 숨을 쉽니다. 말소리에도 악센트가 없고 생동감이 없으며 목소리도 작고 힘이 약합니다. 강박증을 가진 내담자들은 반대로 날숨을 길게 많이 쉬면서 긴장을 하고 입을 다뭅니다. 이들은 자신을 짓누르는 숨을 쉬는 경우가 많습니다. 주변 사람들까지 긴장하고 답답하게 만드는 숨을 쉬는 거지요. 불안증으로 힘들어하는 분들은 짧게 숨을 내쉬고, 숨을 충분히 들이마시지 않습니다. 옆에 있으면 같이 조급해지고 불안해집니다.

다른 사람을 배려하지 않고 이기적인 사람은 넓게 멀리 펼쳐지는 날

숨 대신 좁고 짧은 날숨을 꽉 쥐고 있습니다. 몸과 마음 상태가 좋아진다는 것은 숨이 편안하게 쉬어진다는 것을 뜻합니다. 마음이 바뀌면 박자와 숨이 바뀌고, 반대로 박자와 숨이 바뀌면 마음이 바뀝니다.

숨은 쉼이다

무언가를 열심히 했다면 중간에 적절히 쉬어 주며 숨을 돌려야 합니다. 숨을 돌려야 하는 박자를 놓치면 병이 나는 경우가 많습니다. 리듬 조절, 페이스 조절에 실패한 거지요.

숨을 돌릴 때는 눈도 쉬고 마음도 쉬고 몸도 쉬면서 새로운 힘을 충전해야 합니다. 마음 건강을 위해서는 바깥 자극으로부터 벗어나 나를 찾는 과정이 필요합니다. 정신 차려서 나의 상태를 알아차려야 합니다. 나를 찾는 간단한 방법으로 저는 숨을 관찰해 보라고 권합니다. 내 콧구멍에서 숨이 나가고 들어오는 것만 인식해도 신체 감각과 몸의 상태를 느끼고, 현재의 시간을 느낄 수 있습니다. '지금 여기'로 돌아올 수 있습니다. 정신을 차리기 힘들 때 이렇게 숨을 관찰하고 집중하는 것으로 우리는 몸과 마음의 중심을 잡을 수 있습니다.

숨은 감정이다

엄마가 칭찬을 별로 안 해 준다고 불평하는 아이를 상담한 적이 있습니다. 그런데 아이 엄마한테 물어보니 본인은 칭찬을 많이 한다고 합니다. 그래서 실제로 어떻게 하냐고 한번 해 보라고 했더니 숨 없이 평이한 어조로 "참 잘했네"라고 합니다. 영혼 없는 칭찬인 거지요. 그렇게 하면 듣는 사람은 충분히 칭찬을 받는다고 느끼지 못합니다.

우리의 감정은 숨과 밀접한 관련이 있습니다. 배우가 국어책 읽듯이 대사를 한다면 숨이 말과 따로 노는 것입니다. 감정을 온전히 느끼면 숨이 달라지고, 반대로 숨이 달라지면 감정이 달라집니다. 감정이 무뎌질 때는 새 숨을 쉬어 감정을 불어넣어야 하고, 감정이 너무 급해서 조절이 필요할 때도 숨을 돌리고 이야기해야 합니다. 그렇게 숨을 돌려야 급한 박자를 제대로 잡고 균형을 회복할 수 있습니다.

숨으로
치유하기

숨통 트여 주는 선생님

임용고시를 준비하다가 힘들어서 상담을 받으러 온 예비 교사에게 어떤 선생님이 되고 싶으냐고 물었더니 "아이들의 숨통을 트여 주는 선생님이 되고 싶어요"라고 해서 감동한 적이 있습니다. 그런데 그분은 우울증과 불안증으로 자기 숨통도 막힌 분이었어요. 어떻게 하면 본인도 숨통이 트고 아이들의 숨통까지 트이게 도와줄 수 있을까요?

아이들을 '살리는' 일을, '숨통을 트여 주고 숨을 살려 주는 일'이라고 보면 스스로가 좋은 숨을 쉴 수 있어야 합니다. 지식은 책이나 인터넷을 통해서 얻을 수 있지만, 학교와 가정에서는 사람과 사람이 접촉을 합니다. 사람이 만나면 서로 소통하게 되고 숨의 교환이 일어납니다. 아이들을 교육시킨다는 건, 좋은 숨을 쉬고 소통하는 것을 가르쳐 주는 일이라고도 할 수 있습니다.

숨 막히게 하는 사람

혹시 같이 있으면 답답해지거나 불안해지는 사람이 주변에 있지 않나요? 박자와 숨은 전염이 됩니다. '저 사람만 만나면 왠지 나도 우울해져' 하고 느껴지는 경우도 있을 겁니다. 자세히 관찰해 보면 그 사람의 숨의 리듬과 크기가 답답하고 힘든 상태라는 걸 알 수 있습니다. 답답한 숨을 쉬면 자신을 죽이고 다른 사람의 호흡까지 억압하게 됩니다. 마치 울리는 컵 옆에 놔둔 컵이 비슷한 주파수로 공명하게 되듯이, 우리는 다른 사람의 리듬에 동조되기가 쉽습니다. 고유한 리듬과 파장을 가진 '나'라는 악기가 제대로 숨 쉬면서 소리 내지 않으면, 다른 악기에 쉽게 영향을 받게 됩니다.

심리적으로 우울하거나 불안한 사람들을 많이 만나는 일을 직업으로 하는 저에게, 많은 분들이 어떻게 스스로 정신 건강 관리를 하는지 묻습니다. 계속 힘든 이야기를 듣다 보면 같이 우울해지지 않느냐고요. 힘든 사람들을 돕는 직업을 가진 사람들은 자기 정신 건강을 위해서도 노력해야 하는 것을 매번 느낍니다. 잘못하면 둘 다 물에 빠져서 허우적거릴 수 있거든요.

나쁜 에너지와 박자에 동조되지 않고, 건강한 에너지와 박자를 만들어 다른 이에게 전파해서 변화시키려면 자기 자신의 중심이 바로 잡혀야 합니다. 그러기 위해서 스스로 얼마나 건강해야 하는지를 생각해 보세요. 부모로서 선생님으로서 아이들을 돕는 자리가 축복이 되려면 내 영혼이 먼저 건강해져야 합니다.

나를 찾는 길

바깥의 자극에 두 눈을 뺏길 때, 밖에서 나는 소리에 두 귀를 뺏길 때, 우리는 숨을 감지하는 '마음의 눈'을 감아 버립니다. 마음의 눈은 무엇보다 먼저, 나의 움직임을 보고 듣는 눈입니다. 우리 몸에서 일어나는 여러 가지 감각을 알아채는 눈입니다. 두 눈에서 들어오는 자극에 우리 마음을 뺏기지 않을 때, 이 마음의 눈이 잘 작동하기 시작합니다. 이 외부 자극에 대해 잠깐 신경을 끊고 내면으로 눈을 돌려야 합니다.

나의 내면으로 돌아오는 좋은 방법은 바로 숨을 관찰해 보는 것입니다. 숨의 변화를 인식하고 좋은 숨을 쉴 수 있게 된다면 마음의 병이 나는 것을 미리 방지할 수 있습니다. 건강한 숨, 깊은 숨, 기쁜 숨을 쉬고 있는지 살펴보고 문제가 생기기 전에 미리미리 균형을 되찾으면 됩니다. 이 '알아차림'이 중심과 균형을 맞추는 핵심입니다.

숨으로 박자 바꾸기

마음의 병이 깊어서 잘 낫지 않는 분들을 도울 때 저는 일단 몸의 구조와 박자부터 바꾸는 것을 시도합니다. 구조를 바꾸는 것은 자세를 살리고, 몸의 중심을 잘 잡고, 표정을 바꾸는 것입니다. 박자 바꾸기는 숨 바꾸기입니다. 마음 상태를 건강하게 하는 우리 몸의 건강한 박자는 타고난 자연스러운 박자입니다. 심장 박동을 자기 맘대로 바꾸기 어려운 것처럼 자율신경계가 관장하고 있는 몸의 리듬을 바꾸기는 어렵습니다. 호흡을 억지로 바꾸려고 노력하면 도리어 호흡 강박증에 걸리고 혼란스러워집니다. 자연스럽게 하던 혀 움직이기, 침 삼키기, 숨쉬기를 의식적으로 신경 쓰다 보면 갑자기 모든 게 어색하게 느껴집니다. 혀를 자연스럽게 어떤 위치에 놓아야 하는지 잊어버려서 당황스럽다는 사람도 있습니다. 자연스러운 호흡 리듬을 살리면 우리 몸의 1층이 살아나고, 리듬과 박자가 제 기능을 찾습니다. 그렇게 되면 뇌를 통해서 감각 통합계, 면역계, 내분비계도 제 박자를 찾게 됩니다.

숨을 이용한 감각 통합

감각 통합 치료는 적절한 신체 활동을 통해서 뇌가 정확히 인식하지 못하는 여러 감각들을 깨워 주고 조절해 주는 과정입니다. 우리 몸에 있는 여러 고유 감각과 전정 감각을 정확하게 뇌가 인식하도록 도와줍니다.

자연스러운 호흡과 심장 박동의 감각을 되살려 주는 것도 일종의 감각 통합으로 볼 수 있습니다. 숨을 이용해 뇌가 좋은 박자를 인식하도록 도와주고 호흡 근육횡격막, 늑간 근육, 복근, 골반저 근육, 목 근육, 등 근육 등을 적절하게 쓸 수 있도록 도와주는 과정입니다.

자꾸 말을 더듬어요

말을 더듬는 것도 박자와 몸의 문제로 생각하고 접근하면 더 빨리 쉽게 고칠 수가 있습니다. 말을 더듬는 증세가 심한 아이들이 노래할 때는 더듬지 않는 경우가 많습니다. 박자에 맞춰 노랫말을 부르기 때문이지요. 대부분 말을 더듬는 아이들은 생각이 빠른 대신 몸이 늦습니다. 머릿속에서 말하고 싶은 생각이 3층 뇌에서는 튀어나오려고 하는데, 박자 뇌인 1층 뇌와 조화롭게 연계되지 않아 삐걱거립니다. 말하는 것도 행동이고, 몸이 하는 것입니다. 말할 것은 많은데 몸이 느리다면, 말이 원활하게 표현되지 않아 더듬을 수밖에 없습니다. 말을 더듬는 아이들은 대부분 기본적인 감각 통합이 잘 되지 않는 경우가 많습니다. 감각 평가를 통해서 어떤 부분에 어려움이 있는지 살피고, 몸을 더 구조적으로 튼튼하게 만들어 주면서 적절한 박자에 맞추어 몸을 쓰도록 도와주면, 말을 더듬는 증상이 좋아집니다. 또 호흡을 강화시켜서 힘차게 숨을 들이마시고 내쉬면서 소리와 결합을 하는 훈련을 하면, 소리를 내는 데 주눅 들지 않고 자신감을 가지게 됩니다.

틱 장애

틱 장애의 치료도 마찬가지입니다. 틱 증상은 눈을 깜박이거나 코를 찡긋거리는 버릇, 어깨를 들썩이거나 몸통을 뒤트는 행동, 머리를 흔들거나 뛰어오르는 행동까지 다양합니다. 헛기침을 하거나 소리를 내고, 심한 경우 욕을 하는 음성 틱 증상도 있습니다. 특히 불수의적으로 원하지 않는데 갑자기 툭 튀어나오는 틱 증상은 자기 박자를 잃어버린 것에 대해 나름 새로운 박자를 만들려는 시도로 해석할 수 있습니다. 틱 증상을 하지 않아도 되도록 건강한 리듬과 움직임을 뇌와 몸속에 만들어 주면 도움이 됩니다.

틱 증상이 심한 경우는 사회성에도 문제가 생기기 때문에 일단 약물 치료를 통해서 병적인 움직임의 박자를 줄여 주는 게 좋습니다. 그 후 몸을 훈련해서 좋은 박자의 움직임을 훈련해 주면 효과적입니다. 중심 근육에 힘을 주고, 쓸데없이 힘이 들어갈 필요가 없는 곳은 이완시켜서 몸의 고유한 박자를 찾도록 도와주면 틱 증상 감소에 도움이 됩니다. 특히 강조 박자를 기쁜 들숨으로 맞추어서 몸을 움직이게 하는 신체 훈련은 많은 도움이 됩니다.

불안증과 우울증

불안한 사람들은 숨을 편안하고 길게 여유를 가지고 들이마시지 않습니다. 당장 뭔가 일어날 것만 같기 때문에 여유롭게 숨을 들이마실 여유가 없지요. 항상 재난과 최악의 상태에 대비해야 하는 것처럼 살고 있습니다. 저는 불안증을 해결할 때 일부러 숨을 아주 크게 쉬는 것을 진료실에서 같이합니다. 눈동자를 움직여 트라우마를 치료하는 일종의 감각 통합 기법인 EMDR^{Eye Movement Desensitization and Reprocessing. 안구 운동 민감 소실 및 재처리 요법} 치료를 할 때도 간간히 크게 숨을 들이마시고 내쉬라고 이야기해 줍니다. 불안한 에너지를 숨으로 녹여 낼 수 있도록 큰 숨으로 몸을 확장시키는 것이지요.

만성 중증 우울증으로 괴로워하는 사람들을 도울 때도 몸의 구조와 숨을 조절하는 방법을 반드시 병용합니다. 인지 행동 및 심리 치료를 할 때도, 몸을 바꾸면 효과가 크기 때문이죠. 숨을 트기 위해서는 50m나 100m를 전력 질주하면서 숨을 헐떡이도록 쉬는 것을 권합니다. 가장 건강하고 자연스러운 호흡은 바로 이렇게 아이처럼 뛰고 나서 나옵니다.

숨을 회복하게 되면, 불면증, 폭식증, 강박증도 해결하기가 쉽습니다.

그런데 우울증이 심해지면 운동하기도 쉽지 않고 움직이기도 싫어하죠? 가족이 채근하고 챙겨도 산책도 잘 하지 않지요. 그럴 때 저는 진료실에서 간단하게 숨 바꾸는 훈련을 직접 같이합니다. 우울증이 심할 때는 지독하게 모든 것을 거부하게 되기 때문에 진료실에서 조금씩 이렇게라도 움직이고, 기쁜 들숨을 쉬도록 유도하지요. 점차 기운을 회복하고 나가서 운동할 수 있는 힘을 얻게 하려고 하는 것입니다.

기쁘게 놀라는 숨 연습

기쁜 일로 놀라게 되었을 때 자신도 모르게 들숨이 나옵니다. "진짜?" 같은 추임새를 할 때 숨 없이 그냥 말을 하면 별로 관심없거나 의심하듯이 들립니다. 그런데 앞에 숨을 한 번 들이마시면서 이야기를 하면 정말 관심이 있고 재밌어하는 듯이 들립니다. 짧게 숨을 들이마시고 "진짜?" 하고 다시 이야기해 보세요.

아주 좋은 것을 선물로 받았을 때 우리는 놀라서 순간적으로 "와!" 하며 입을 벌리고 숨을 들이마십니다. 파란 하늘이 너무 예쁠 때도 숨을 마시고 "아, 너무 좋다!", 또 강아지가 너무 귀여울 때도 숨을 마시고 "와, 귀엽다!" 하게 됩니다. 진짜로 감격하고 좋을 때는 이렇게 숨을 마시고 표현하게 되어 있습니다. 수영을 해 본 분들은 아시겠지만, 물 밖에서 숨을 재빠르게 내쉬고, 다시 잠수할 때 짧은 순간에 들이마시는 숨과 유사합니다.

'기쁜 들숨'을 함께 연습해 봅시다. 들숨을 소리나게 "하" 하고 쉬면서 뛰어 보세요. "one, two, three, four" 박자에 맞추어 웃는 얼굴로 가볍게 뛰면서 'four' 박자에 숨을 소리 내어 들이마시는 훈련입니다. 동작을 계속 훈련하면 기쁜 들숨을 몸에 자연스럽게 익힐 수 있습니다.

아이들이 건강한 숨을 쉬게 하기 위해서는 선생님 스스로도 건강한 숨을 쉬어야 합니다. 아이들이 건강한 숨으로 바르게 호흡할 수 있도록 도와주세요. 또한 선생님들의 몸에도 기쁜 들숨이 자연스럽게 깃들면 좋겠습니다.

소리 에너지
살리기

생각은 많은데 말을 못해요

아이들을 살리는 작업을 하면서 아이들의 '소리'를 키우고 스스로 조절하는 능력을 갖도록 도와주는 것이 얼마나 중요한지 매번 깨닫곤 합니다. 우리가 하는 일은 아이들이 좋은 에너지를 가지고 다른 사람과 소통하여 다른 사람도 잘 살게 좋은 에너지를 전하도록 이끄는 일입니다.

에너지는 광음파光音波, 즉 빛과 소리와 파장이라는 뜻입니다. 에너지를 살리는 방법에 대해 이야기할 때 목소리를 빼놓을 순 없습니다.

생각이 깊어도 말을 잘 못하는 아이들이 많습니다. 생각하는 뇌와 말하는 뇌의 위치가 다르기 때문입니다. 머릿속에 지식과 생각이 많더라도 말로 표현해 보지 않으면 말하는 뇌가 잘 발달하지 않습니다. 또 말을 너무 오랫동안 하지 않으면 말하는 것이 매우 어려워집니다. 말을 담당하는 뇌가 부드럽게 작동하지 않기 때문이지요. 그래서 타국에서 살면서 모국어를 오랫동안 쓰지 않으면 말을 잊어버리게 됩니다. '구슬이 열 말이라도 꿰어야 보배'라고 했습니다. 속에 많은 걸 가지고 있어도 적절하게 밖으로 표현하고 소통할 수 있어야 합니다.

말문을 닫는다는 건

아이들과 대화할 때 무슨 말을 하는지 잘 안 들려서 답답한 경우가 있으시죠? 발음이 부정확하거나 웅얼거리며 흘리듯 이야기를 합니다. 정확히 자기 생각을 전달하려는 의지가 없어 보입니다. 뭘 물어도 적절한 대답이 없습니다. 질문하는 사람 입장에서는 '얘가 나를 무시하나, 나하고 말하고 싶지 않은가, 나한테 반항하는 건가?' 하는 생각이 들기도 해요.

말의 문이 닫히는 건 그 사람의 소통과 표현 창구 하나가 닫히는 겁니다. 게다가 요새 아이들은 몸의 에너지를 발산하는 운동 표현의 창구도 닫힌 경우가 많지요. 말도 운동이기 때문에, 말을 제대로 하지 않는 아이들은 몸의 움직임도 닫히고, 호흡이 닫힙니다. 이런 경우 무기력증과 우울증에 빠지기도 쉽습니다.

우울증은 에너지가 가라앉고 소진되어 살아갈 만한 의욕과 동기가 줄어든 상태입니다. 에너지를 발산하지 못하고 정체된 상태에서는 쓸데없이 감각이 과잉되어 예민해지고 강박 증상이 생깁니다. 시선 공포가 생기거나 작은 움직임 또는 소리에 예민한 노이로제 상태에 빠지기도 해요. 또 말이 닫히면 생각이 불필요하게 많아집니다.

내 귀는 자연스럽고 좋은 내 목소리를 들어야 한다

소리를 내고 그 소리를 듣는 것 자체가 뇌에서의 감각 '밥'이라는 걸 잊지 마세요. 종교 의례에서도 소리를 내어 기도하거나, 성가를 부르면서 마음을 표현합니다. 유럽 수도원에서 묵언 수행을 하던 수도사들에게 성가를 부르는 시간을 줄였더니 집단 우울증이 생겼다는 보고가 있습니다. 성가를 부르면서 자기 목소리를 내고 이 소리를 듣는 과정을 통해서 몸과 마음을 치유했던 거지요.

소리를 내지 않고 듣지 않으면 정신 건강 상태의 균형이 깨집니다. 우리의 귀는 자신의 목소리를, 특히 긍정적인 좋은 목소리를 들을 권리가 있습니다. 나의 귀와 뇌는 나의 목소리라는 에너지 밥을 먹어야 건강합니다.

공부만 하는 모범생 아이들에게 심리적인 문제가 생길 때 저는 이 '소리'의 관점에서도 아이들을 바라보고 그 창구를 열어 주려는 생각을 합니다. 모범생 아이들 중에는 선생님 말을 한 자도 빠지지 않고 들으려다가 탈이 나는 경우가 있습니다. 강박적으로 청각에 에너지를 쏟기 때문에 오히려 혼란스러워집니다. 흘려듣기와 집중해서 듣기가 균형을 이루어야 하는데, 모든 말을 집중해서 들으려 하니 힘들어진 것이지요. 미국에 유학을 간 청년이 하도 영어가 안 들려서 하루 종일 영어 듣기 평가를 하는 것처럼 집중해 들었더니 정신이 돌아 버릴 것 같다고 하더라고요. 귀는 자연스럽게 말을 들어야 하고 입은 자연스럽게 터져 나오는 말을 해야 합니다.

목소리 조절이 안 되는 아이들

반면에 목소리가 너무 큰 아이들도 있습니다. 목소리가 너무 튀어서 귀가 아프기도 해요. 목소리 조절이 안 되는 거지요. 마치 귀가 잘 안 들리는 할아버지가 큰 소리로 이야기하듯이 해서 지적을 받습니다. 실제로 이 아이들 중에는 소리가 뇌까지 전달되지 않는 경우가 많습니다. 귀에서는 소리가 들리고 감지되지만 뇌에서 처리되는 과정에서 잘 안 들리기 때문에 중추 청각 정보 처리 장애central auditory processing disorder라고 합니다. 질문을 하면 "네?"라는 말을 반복하는 아이들도 청각 정보가 뇌에서 잘 처리되지 않기 때문입니다. 듣는 것을 잘 조절하지 못하는 것처럼, 말을 하는 것도 적절한 톤과 크기로 조절이 안 되어 목소리가 커집니다. 듣고 말하는 박자를 잘 맞추지 못해, 남의 말이 끝나기도 전에 성급하게 자기 말을 하기도 합니다. 이런 성향을 보이는 아이들도 숨과 박자를 행동과 적절히 결합해 조절하는 훈련을 해 주면 좋습니다.

좋은 에너지 살리기

치유 상담이란 나쁜 에너지를 풀어내고 좋은 에너지를 형성해서 잘 살게 돕는 과정입니다. 풀지 못한 감정은 화가 되고 공격성이나 우울감 같은 '증상'으로 나오게 됩니다. 상담은 우리 몸에 맺힌 사연과 감정을 주로 말로 풀어내는 과정입니다. 그런데 상담을 하다 보면 말의 길이 막힌 아이들이 너무나 많습니다. 지금까지 자신의 절절한 속 이야기를 들어주는 사람이 주변에 없었고, 말할 기회도 없었다는 생각이 듭니다. 적절하게 말로 표현하고 풀 수 있었다면 마음 건강 상태가 그렇게 나빠지지도 않았겠지요.

말 표현을 너무 못하고 닫혀 있는 아이들은 상담에서도 말을 하지 않기 때문에 몸을 열리게 해서 말문을 트여 줄 필요가 있습니다. 평상시에 적절하게 소리를 내고 말하도록 하는 것은 마음 건강을 위해서 중요한 일입니다.

소리 에너지 살리기

아이들을 좋은 길로 인도하려면 먼저 선생님과 부모님의 자세와 소리가 건강해야 합니다. 제가 아는 언어 치료 선생님은 하루 종일 아이들과 말을 하는데 어떤 때는 목이 쉬어서 말이 안 나오기도 합니다. 많은 아이들을 꾸준히 도와주어야 하는 선생님의 목소리에 무리가 가면 안 되겠지요? 선생님들도 수업을 하면서 목소리를 많이 써야 하는 경우가 많으실 거예요. 목이 아프지 않고 상하지 않도록, 목에 힘을 주지 않고 배를 사용해서 목소리가 나오게 하는 방법을 연습하면 좋습니다.

아이들도 마찬가지입니다. 좋은 목소리, 적절한 목소리를 내는 능력을 길러야 합니다. 적절한 내용을, 적절한 때에, 적절한 태도로 말할 수 있도록 기회를 만들어 주세요. 작은 변화가 아이들을 바꿉니다. 수업 시작 전과 후에 "안녕하세요", "감사합니다"와 같은 인사를 큰 소리로 할 수 있는 기회를 주세요.

숨과 소리를 결합한 훈련

앞서 언급했던 기쁘게 놀라는 숨인 '기쁜 들숨'에 소리를 붙이는 숨 연습을 해 보겠습니다. "one, two, three, four"라는 박자에 PT체조를 하면서 'three' 박자에 양팔을 높이 들어 기쁜 들숨을 쉬세요. 그리고 그 숨을 이용해서 소리를 던지듯 'four' 박자에 큰 소리로 "하나!" 하면서 숫자를 세는 겁니다. 반복해서 여러 차례 연습해 봅니다.

이 훈련이 잘되면 말을 시작할 때 기쁜 들숨을 쉬고 그 탄력을 받아 소리를 내는 훈련을 해 봅니다. 갑자기 목소리가 커지고 생동감이 느껴질 거예요. 온몸으로 큰 숨을 쉬기 때문에 에너지가 커지고, 목소리에도 에너지가 실려서 전달이 더 잘됩니다. 급하게 말하는 아이들도 이 박자 훈련을 통해 숨을 쉬면서 말하도록 이끌면, 급한 가운데 리듬이 생기면서 말을 버벅거리지 않고 잘하게 됩니다.

One

Two

(하)

Three

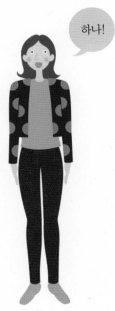

하나!

Four

고마운
약물 치료

약 먹어도 되나?

흔히 정신건강의학과 의사를 심리 상담을 하는 의사라고 알고 있지만, 정확히 말하면 뇌신경계를 다루는 의사입니다. 뇌신경계에 작용하는 약물을 처방하는 전문가들이기 때문입니다.

약 먹기를 좋아하는 사람도 간혹 있지만, 아마 대부분의 사람들은 약 먹는 걸 귀찮아하고 싫어할 겁니다. 특히 아이들에 대해서는 약물 치료를 꺼리는 부모님들이 많으시지요. 약에 대한 편견도 많습니다. 특히 정신과 약은 한 번 쓰면 계속 써야 하고 끊지를 못한다, 중독이 된다, 사람을 둔하게 만들고 졸리게 한다, 마약이다, 약에 의존하게 된다는 등의 편견이 많아요. 모두 사실이 아닙니다. 무슨 약이든 함부로 쓰면 문제가 되겠지요. 하지만 주치의와 상의해서 약물 치료의 목표를 정하고 시작과 끝을 잘 맺으면 전혀 문제되지 않습니다.

필요할 때 필요한 만큼

약은 정말 고마운 존재고 필요할 때 잘 쓰면 약처럼 좋은 것이 없습니다. 정신과 약에 대한 막연한 편견을 가진 분들에게 이렇게 물어봅니다.

"팔에 상처가 나고 곪아 가는 데 항생제를 쓰지 않고 버틸 건가요?"

"뇌 손상이 올 정도로 잦은 경기로 인해 고통받는 데도 약물 치료를 하지 않을 건가요?"

정신과 약도 마찬가지입니다. 뇌신경계가 잘못된 신호로 혼란스럽고 괴로워하는데 가만히 두고 보는 것은 그 사람의 인격을 파괴하기도 합니다.

물론 약에만 의존하는 것은 절대 반대입니다. 약은 본인이 건강해지겠다는 의지를 가지고 노력할 때 적절히 돕는 방법이지요. 약물 치료를 시작할 때는 어디로 가겠다는 방향과 의지를 확실하게 갖는 것이 중요합니다.

저는 약을 오랫동안 많은 용량을 쓰고 있는 상태로 내원하는 분들은 되도록 약을 줄이고 끊을 수 있도록 돕습니다. 그런데 약을 끊을 수 있으려면 사람이 바뀌어야 합니다. 그렇지 않고 별다른 대책이 없으면서 약을 줄이거나 끊으면 상태가 더 나빠지거나 다른 문제가 생길 수 있지요.

필요할 때는 약물 치료를 하지만 몸과 마음의 균형을 찾아 더 이상 약물이 필요 없는 상태로 가는 게 제일 좋습니다. 불균형이 심한 급박한 상태에 빠른 도움을 주려고 약을 쓰더라도 점차 몸과 마음을 바꾸고 주변 사람들과의 관계를 개선하여 건강을 찾아야 합니다. 더 이상 약을 쓰지 않아도 되는 상태를 만드는 것이 중요합니다.

부작용은 No!

저는 약을 많이 처방하지 않는 의사입니다. 약을 쓰더라도 되도록 부작용이 없게 소량을 쓰려고 합니다. 하지만 약에 반대하거나 약을 전혀 쓰지 않는 것은 아닙니다. 필요할 때는 꼭 쓰도록 권하고 약에 대해 자세히 설명하면서 앞으로 어떻게 조절할지 알려 줍니다. 어떤 부작용이 있을 수 있는지 안내하고 조금이라도 불편한 점이 있으면 의사에게 꼭 알리라고 합니다. 더 잘 살게 도우려고 먹는 약 때문에 부작용에 시달리는 일이 있으면 절대로 안 된다고 설명해 줍니다.

약을 처음 시작할 때는 되도록 주치의를 자주 만나서 이야기해야 합니다. 어떤 효과를 보고 있는지, 혹시라도 불편함이 없는지 잘 살피며 용량을 조절해 가야 합니다. 특히 청소년들의 경우에는 자신들의 뜻대로 하고 싶은 성향이 강하기 때문에 직접 잘 설명해 주고 동의를 얻는 게 좋습니다.

142

언제까지 약을 먹어야 하죠?

약을 쓸지 말지의 선택권은 내담자와 보호자에게 있습니다. 의사는 어떤 치료 방법이 있는지 정확하게 잘 설명해 주고 권해 주는 역할을 할 뿐, 어떤 치료든 받을지 말지는 본인이 결정하는 것이지요. 수술이 필요한 상황에서 동의가 없으면 수술할 수 없는 것과 마찬가지입니다. 하지만 약에 대해서 잘 모르거나 편견을 가지고 있어서 자신에게 맞는 치료를 못 받는 경우가 있으면 안 되니까 의사는 적절하게 설명해 주어야 합니다.

증상을 좋아지게 하고 더 건강하게 잘 살도록 도와주는 것이 의사의 일이고, 약물은 많은 치료 방법 중 하나일 뿐입니다. 약물 치료를 하는 동안, 더 이상 약물이 필요 없어도 되도록 몸과 마음을 회복시켜야 합니다.

여러 번 설명을 들어야 해요

주의력 결핍 치료제의 대표적인 부작용으로는 입맛이 줄어서 잘 먹지 않거나, 각성 효과가 있기 때문에 밤에 잠을 잘 못 자는 증상이 있습니다.

주의력 약을 오랫동안 복용해 왔다는 아이의 엄마에게 "아이가 식사를 잘 하나요?"하고 물었더니 약을 먹으면 밥을 통 안 먹는다고 합니다. "그전 주치의 선생님께 말씀드려서 약 용량을 조절하지 그러셨어요?" 했더니 잘 먹지 않는 것이 부작용인 줄 몰랐다는 것입니다.

약물 치료를 처음 시작할 때 환자와 보호자는 약에 대한 설명을 잘 들을 필요가 있습니다. 또 의사는 진료할 때마다 반복적으로 환자와 보호자가 잘 이해하고 있는지 확인할 필요가 있습니다. 많은 부모님들이 아이한테 약까지 써야 하나, 상태가 그렇게 나쁜가, 하는 생각에 혼란스러워 의사가 설명을 했더라도 놓치는 경우가 많기 때문입니다.

약물 치료의 진화

제가 소아청소년 정신과 연수를 했던 프랑스 파리의 피티에-살페트리에르 병원Pitié-Salpêtrière은 정신 치료 분야의 역사상 뜻깊은 곳입니다.

병원 정문 앞 광장에는 환자들을 쇠사슬에서 풀어내는 정신과 의사 필립 피넬^{Philippe Pinel, 1745~1826}의 동상이 있습니다. 필립피넬은 1795년 이 병원에 부임한 후 열악한 환경 속에서 수용되어 있던 정신병을 앓는 사람들에게 따뜻한 목욕과 자유로운 산책을 허용하는 치료를 시작했습니다. 이런 인도주의적 의사들이 치료 방법을 발전시키는 데 획기적인 도움을 준 것이 바로 정신과 약물입니다.

1950년대부터 정신적인 문제를 치료하는 약물이 개발되기 시작해 점점 진화해 왔습니다. 1987년에 개발된 의약품 프로작^{prozac}은 우울증을 치료하는 데 획기적인 역할을 했습니다. 지금은 이 프로작이 과거의 약이 될 정도로 더 효과가 좋고 부작용이 없는 항우울제들이 많이 나왔습니다. 1990년도에는 ADHD 치료제가 나오면서 집중력이나 행동 조절의 문제로 학교에서 수업받기가 어려웠던 아이들도 많은 도움을 받았습니다.

피티에−살페트리에르 병원 프랑스 파리의 역사 깊은 병원으로 병상 수가 1천 6백여 개에 달할 정도로 규모가 크고 의료 수준 또한 명성이 높다.

필립피넬 실증적 의학관과 그리스도교적 박애관에 따라 정신 질환자들을 치료하여 현대 정신 치료법을 확립한 프랑스 의사.

귀신 떼는 약

귀신 들린 듯 이상한 말과 행동을 하고 미쳐 날뛰던 사람이 정신과 병동에 입원을 하면 바로 며칠 만에 정신이 돌아오는 경우가 많습니다. 약물치료 덕분입니다. 일명 '귀신 떼는 약'으로 불리기도 합니다. 사람을 흥분하게 하고 착각하게 하는 급성 정신증 상태를 치료하는 정신과 약물이 없었다면 지금도 묶어 놓고 감금하는 식의 전근대적 치료가 이어지고 있을지 모릅니다. 수많은 조현병 환자들도 조기 발견과 조기 치료로 더 이상 악화되지 않고 학업도 마치고 직장 생활도 하고 가정도 잘 꾸리는 경우가 많습니다. 의처증이나 망상증에도 약물 치료가 도움이 많이 됩니다. 우리의 행동은 뇌신경계에서 조절되어 나오는데 여기에 불균형이 있을 때 균형을 찾도록 도와주기 때문에 가능한 일입니다. 환청이 들리거나 쓸데없는 정보에 자꾸 신경이 쓰일 때는 무엇보다도 1층 감각 뇌의 작용에서부터 문제가 생기기 시작한 것입니다. 약물로 신경 전달 물질에 균형을 맞춤으로써 뇌의 전체 작용에 균형을 맞춰 주면 증상이 줄어들게 됩니다.

아이들을 위한 뇌신경계 약물 치료

감정 조절제와 우울증 약은 감정 기복이 심하고 그 감정에 치우쳐 극단적인 행동을 하지 않도록 아이들을 보호해 줍니다. 정신을 건강하게 해 주는 약을 잘 쓰면 아이들이 엇나가지 않고 잘 크게 도와줄 수 있습니다. 주변에 현재 약을 복용하고 있는 아이들도 있고, 약물 치료로 증상이 좋아져 학교에 잘 다니는 아이들도 많을 것입니다. 약에 대해 잘 알아야 선생님들도 학부모님들께 적절한 조언을 해 드릴 수 있습니다. 학교 현장에서 약이 아이들에게 어떤 도움을 주는지 한번 살펴볼까요?

산만한 아이들

초등학교 1학년이 시작되면 30명 정도 되는 반 아이들 중에서 유달리 눈에 띄게 행동 조절이 안 되는 아이들이 있습니다. 장애가 있거나 지적인 능력에 문제가 있는 경우도 있겠지만, 선생님 말을 충분히 알아들을 수 있는 아이인 것 같은데도 자리에 앉지 않고 돌아다닌다거나 다른 아이들을 때리거나 다툼을 일으킵니다.

고집이 세고 말이 많아서 반복적으로 수업 분위기를 망치는 아이들도 있습니다. 이러한 아이들을 그대로 두면 다른 이들의 핀잔과 야단 속에서 자존감이 떨어지고 사회성 발달에도 문제가 생깁니다. 부모님과 선생님이 아무리 타이르고 달래어 그러지 않겠다고 다짐을 받아도 행동 조절이 쉽지 않은 건 왜일까요? 바로 뇌신경계의 조절이 아직 미성숙한 상태이기 때문입니다. 이럴 때 행동 조절약이나 주의력 약을 복용하게 되면 놀랍게도 행동이 쉽게 잘 조절되는 경우가 많습니다.

또 행동이 너무 느리고 집중력이 부족해 수업을 따라가기 버거워하는 아이들에게도 소량의 약물 치료가 도움이 됩니다. 차차 감각 통합 치료나 심리 치료 등으로 근본적으로 뇌신경계를 조절하는 과정이 필요하지만 시간이 걸립니다. 그때까지 아이의 행동을 조절하는 데는 약물 치료가 큰 도움이 됩니다.

감정 조절이 안 되는 아이

다른 아이들을 때리고 난폭한 행동을 하는 아이들은 감정 조절이 안 되는 경우가 많습니다. 주로 어릴 적 학대나 부모님과의 불안정한 애착 관계가 원인입니다. 심리적인 문제를 풀기 위해 치료를 하는 동안에 반복되는 문제 행동 때문에 아이가 소외감을 느끼고, 상처도 반복해서 생길 수 있습니다. 또 다른 아이들도 단체 생활에서 피해를 보기 때문에 아이의 문제 행동을 신속히 조절해 주는 게 필요합니다. 이때도 감정 조절제와 충동 조절제는 큰 도움이 됩니다. 몸이 아플 때 해열제와 항생제를 먹듯이 마음 조절이 안 될 때는 신경계 약의 도움을 받도록 도와줘야 합니다.

뇌신경 전달 물질인 도파민과 세로토닌의 균형을 잡아 주는 DSS Dopamine Serotonin Stabilizer 계열의 약물은 행동 조절에 많은 도움이 됩니다. 사춘기를 심하게 앓는 중2병 아이들은 걷잡을 수 없는 충동적인 행동으로 부모님이나 선생님에게 난폭하게 굴거나 자주 친구들과 싸우게 됩니다. 이런 심한 감정 기복과 반항심, 공격적인 행동 조절에도 감정 조절제 약물 치료가 도움이 됩니다. 때로 중·고등학생 아이들 중에서 아파트에서 뛰어내리는 등의 극단적인 선택을 하는 경우가 있습니다. 항우울제나 항불안제, 감정 조절제를 복용했다면 이 아이들이 살 수 있었다는 생각을 하곤 합니다.

죽을 정도로 심각한 마음의 상태를 겪고 있지만 주변 사람들은 그렇게 힘들 거라고 짐작하지 못하는 경우도 많습니다. 하지만 생각보다 많은 사람들이 마음의 고통으로 극단적인 생각을 하는 경우가 있다는 것을 기억해야 합니다. 정신과 약물은 부정적인 생각과 극단적인 선택을 막는 뇌의 영양제라고도 볼 수 있습니다.

불안한 아이

불안감이 심한 아이들도 많습니다. 분리 불안이 심해 학교에 가려 하지 않고, 엄마한테 수십 통의 문자 메시지를 보내는 아이들도 소량의 항불안제를 복용하면 훨씬 편안해합니다. 반복적으로 심한 불안감과 공포심이 지속되면 성격이 소심해지고, 스스로 바보 같다고 여겨 자신감이 떨어집니다. 주변 사람들이 자신을 이해해 주지 못한다고 생각하면 우울해지고 더욱 불안해집니다. 뇌신경계가 느끼는 심한 불안감을 일단 약물로 조절해 주면 다른 근원적인 문제도 치료하기가 더 수월합니다.

강박증을 가진 아이들도 마찬가지입니다. 눈에 머리카락이 들어갈지도 모른다는 생각이 반복되거나 몸이 다칠까 봐 두려워하는 등 여기저기 쓸데없는 일에 지나치게 신경 쓰는 아이들도 학교생활이 어렵습니다. 이럴 때 뇌에서 세로토닌의 균형을 맞추어 주는 강박증 치료제로 증상이 좋아질 수 있습니다.

수능이나 학교 시험이 끝나면, 시험 때 받은 충격으로 클리닉을 찾아오는 경우가 많습니다. 심하게 긴장을 해서 아는 것도 틀리거나 머리가 하얗게 되면서 아무 생각도 나지 않았다고 합니다. 때로는 숨을 못 쉴 것 같은 공황 발작에 시달리기도 합니다. 시험지가 땀으로 젖거나 손을 너무 떨어서 OMR카드 마킹이 어려운 아이들도 있습니다. 시험 불안을 조절하는 심리 치료 방법은 다양한데, 소량의 항불안제도 그중 하나입니다. 시험 전날에 극도로 불안해서 잠들지 못하거나 중요한 실기 시험 전날 컨디션을 조절하는 데도 도움이 됩니다.

틱 증상을 보이는 아이들도 약물 치료로 도움을 받을 수 있습니다. 물론 약물 치료가 절대적인 해결책이 될 수는 없습니다. 보다 근본적인 치료가 반드시 필요합니다. 하지만 증상을 즉각적으로 조절할 때는 약물 치료가 효과적입니다. 그 밖에도 낮과 밤이 바뀌어서 늦게 자고 아침에 제때 일어나지 못해서 학교에 지각이 잦은 경우, 수면을 당겨서 조절해 주는 수면 유도제를 며칠만 복용하면 수면 리듬을 바로잡는 데 도움이 됩니다.

이렇게 적절한 시기에 적절한 방법으로 약물 치료를 하면 많은 효과를 볼 수 있습니다. 부모님들과 선생님들이 뇌신경계 약물을 바르게 이해하여 아이들을 잘 이끌어 주시면 좋겠습니다.

아이들
마음
살리기

아이들의 행동을 바꾸려면
마음을 움직여야 하고,
아이들의 마음이 움직이려면
아이들이 판단할 때
가치 있는 것이어야 합니다.
마음이 살아 움직여야
아이들이 바뀝니다.

마음의
필터를 바꾸는
심리 치료

마음은 어떻게 생겼나?

153

이동수 마음 돌이기

이제 마음의 치유를 통해서 아이들을 변화시키고 도와주는 방법을 함께할 것입니다. 살아가면서 겪는 고통스러운 마음 문제에서 어떻게 자유로워질 수 있을까요? 어떻게 해야 상처를 치유할 수 있을까요?

우리에겐 의식할 수 있는 마음이 있고 의식하지 못하는 마음이 있습니다. 의식과 무의식의 영역이 있지요. 우리가 알고 인식하고 의식하는 마음은 작은 부분에 불과합니다. 물 위로는 조그맣게 보이는 얼음덩어리지만 물속으로 엄청난 양이 잠겨 있는 빙산처럼요. 또 바다 밑으로 깊이 들어가 보면 육지와 연결되어 있는 섬처럼 심연의 무의식으로 사람들의 마음은 서로 연결되어 있습니다.

생명을 가지고 있는 모든 것들이 우주적으로 함께 연결되어 있다고 상상하면서 이런 집단 무의식을 이해하면 좋습니다. 어떻게 마음을 인

식하고 바라보고 다루어야 심리적으로 더 자유롭고 건강하고 행복해질
수 있을까요?

의식과 무의식의 균형

사람들은 의식하면 괴로운 것들을 무의식 쪽에 밀어 넣곤 합니다. 일
단 눈앞에 보이지 않으면 편하기 때문이죠. 하지만 억지로 무의식 영역
에 밀어 넣은 억압된 감정, 기억, 생각들은 어떻게든 의식의 영역으로 올
라오려고 합니다. 그리고는 결국 불편한 증상을 만들어 내서 자신을 풀
어 달라고 신호를 보냅니다.

심리 치료는 이런 무의식적인 마음을 알아차리고 해결할 일들을 정
리해 가는 과정입니다. 의식해야 할 것을 알아차리지 못하고, 자신이 해
야 할 일을 잘 못하게 된다면 건강할 수 없지요. 굳이 의식하지 않아도 되
는 것을 의식하면서 괴로워하는 것도 병적인 상태입니다. 걸러지지 않
는 무의식적인 마음이 의식으로 마구 올라오면, 미칠지도 모른다는 두
려움에 사로잡히게 됩니다. 그러다가 자기 조절이 어려워지면 상황에
맞지 않는 말과 행동을 하는 정신병 증상을 보이게 되기도 합니다.

생각과 느낌

마음을 풀어서 보면 '생각'과 '느낌' 두 가지로 볼 수 있습니다. 인지
행동 치료와 각종 심리 치료는 바로 생각과 느낌을 변화시켜서 우리의

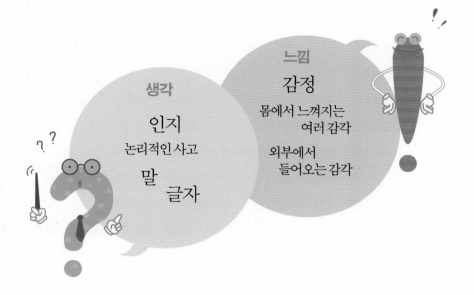

마음을 바꾼다고 볼 수 있습니다. '생각'은 인지, 논리적인 사고, 말, 글자 같은 영역으로 이해하면 쉽습니다. '느낌'은 감정^{기쁨, 슬픔, 속상함, 화, 짜증 등}과 몸에서 느껴지는 여러 감각^{간지러움, 날아갈 것같이 가벼움, 더러움, 아픔 등}과 외부에서 들어오는 감각^{시각, 청각, 후각 등}을 뜻한다고 이해해 주세요. 감각은 1층 뇌, 감정은 2층 뇌, 생각은 3층 뇌의 영역인 걸 기억하시지요? 감각과 감정과 생각을 바꾸는 일이 바로 우리의 마음을 바꾸는 과정입니다.

신경 안 써도 되는데

우리 몸은 엄청난 양의 감각 정보를 뇌에 올려 주고 있습니다. 그런데 우리가 실제로 의식적으로 인식하는 것은 아주 적은 양의 정보들입니다. 정보를 걸러서 위로 올리거나 차단하는 역할을 하는 뇌가 있기 때문이지요.

이런 거름망 기능을 마음의 필터라고 해 볼까요? 필터를 체처럼 정보를 거르는 망이라고 생각해 보세요. 우리 몸과 마음을 감각 통합 기계라고 한다면 이 기계 곳곳에 필터가 들어 있다고 상상해 보세요. 무의식의 정보, 기억의 정보, 현재 바깥에서 들어오는 감각 정보들이 이 필터를 통과해서 위로 올라갑니다. 이 중에서 뇌가 인식하는 정보가 있고, 걸러지는 정보가 있습니다. 필터가 너무 촘촘하면 올라오는 정보가 적고, 너무 성기면 많은 정보가 여과 없이 올라와서 혼란스럽겠지요.

자꾸 흘려듣고 잊어버리는 것은 청각 정보를 필터에 통과시켜 3층 뇌로 올려 보내는 과정에 문제가 있는 것입니다. 반대로 별로 신경 쓰지 않아도 되는 쓸데없는 정보를 거르지 못하는 경우도 있지요. 사소한 자극에 대해 일일이 반응하게 되면 에너지 소비도 많고 힘이 들겠지요? 그래서 감각이 예민한 사람은 까칠하고 성격조차 예민해집니다. 그러지 않아도 된다는 걸 알면서도 특정 자극 정보에 계속 신경을 쓰게 되는 강박증이나 정보를 잘못 해석해서 남을 의심하거나 사실과 다르게 왜곡하는 망상증에 빠질 수도 있습니다. 환청이 들리는 단계가 되어서 조현병으로까지 이어질 수도 있지요.

마음의 필터

정보를 제대로 잘 걸러서 통합하고 정리하지 못하면 정보에 파묻혀서 힘들어집니다. 고장 나고 왜곡된 필터는 좋지 않은 정보를 걸러 내지 못하고 오히려 더 집중해서 2층 뇌와 3층 뇌에 올리는 역할을 합니다. 그렇게 되면 우리 마음은 아주 심란해집니다.

타고난 감각 통합 성향도 후천적인 감각 통합 경험을 통해 달라집니다. 감각 통합 치료는 감각을 통과시키는 시상을 포함한 1층 뇌에서부터 시작되는 뇌의 길을 훈련하는 것입니다. 모든 정보 처리의 박자를 맞춰 주는 북이 1층 뇌에서 울려 퍼진다고 상상해 보세요. 1층 뇌가 튼튼해지면, 감정과 생각 처리도 잘할 수 있는 바탕이 됩니다. 심리 치료는 2층의 감정과 3층의 생각을 바꾸어서 뇌의 길을 바꾸는 방법이라고 볼 수 있습니다. 그런데 생각과 감정과 감각은 서로 함께 어우러져 있습니다. 지우고 싶은 나쁜 기억 속의 한 장면은 생각이기도 하고, 감정이기도 하고, 동시에 시각이라는 감각, 또 그때 들었던 말들의 청각 정보이기도 하니까요. 그래서 생각, 믿음, 이미지, 영상 등 우리 마음 요소들을 바꿔서 표정, 행동, 성격을 건강하게 바꾸고, 필터를 잘 살펴서 건강하게 관리할 힘을 키우게 돕는 과정이 바로 심리 치료입니다.

내 마음의 선글라스는 무슨 색?

정보_{감각, 감정, 생각}를 거르는 마음의 필터를 선글라스라고 상상해 볼까요? 파란색 선글라스를 끼면 세상이 파랗게 보이고, 빨간색 선글라스를 끼면 빨갛게 보이겠지요. 검은색으로는 세상을 어둡게, 무지개 색으로는 찬란하게 볼 거예요. 사람들의 행동, 자주 쓰는 말과 표정, 습관은 모두 마음의 필터의 결과물이라고 생각해도 좋습니다. 마음의 필터가 들어오는 정보의 온도도 변화시키고, 촉감도 변화시킬 수 있다고 상상해 보세요. 정보가 어떤 필터를 통과했느냐에 따라 부드럽고 따스할 수도 있고, 얼음처럼 차갑고 까칠까칠할 수도 있습니다. 결과적으로 우리 몸이 따듯하고 포근해질 수도 있고, 차갑게 얼어붙어 경직될 수도 있습니다.

마음의 모양

필터의 촘촘하게 성긴 망이나 색깔에 대해 생각해 보았다면 이번에는 필터가 끼워져 있는 액자를 생각해 보기로 해요. 마음의 모양을 정하는 액자가 있다고 상상해 보면, 네모 모양의 액자를 가지고 있는 사람은 정보가 통과하면 네모 모양이 되고, 별 모양의 액자를 가진 사람은 별 모양이 됩니다. 하트 모양의 마음 액자를 가지고 있는 경우는 하트 모양이 되겠지요. 똥 모양이라면 어떨까요? 여러분은 어떤 모양의 액자를 가지고 있나요?

윤동주 시인의 〈참회록〉을 보면 '파란 녹이 낀 구리 거울 속에 내 얼굴이 남아 있는 것은 어느 왕조의 유물이기에 이다지도 욕될까'라는 구절이 있습니다. 이렇게 자신을 되돌아보면서 '밤이면 밤마다 나의 거울을 손바닥으로 발바닥으로 닦아 보자'라고 합니다. 〈자화상〉에서는 '외딴 우물을 혼자 찾아가서 가만히 들여다보고 미워하고 돌아서고, 가엾어져서 다시 가고, 또 미워서 돌아가지만 또 그리워진다'고 합니다. 이렇게 자신의 마음을 돌아보고 고치는 과정을 매일 하면서 마음의 틀과 필터를 살펴보고 관리해야겠습니다.

마음의 필터를 아름답게 변화시키는 심리 치료

재밌는 모양의 마음 필터를 가진 사람은 일상생활 속에서 웃음을 터뜨릴 수 있는 것을 쉽게 찾아냅니다. 그래서 얼굴에 항상 웃음이 가득하지요. 여고생들이 굴러가는 낙엽만 봐도 웃는다는 건, 어떤 자극에든 웃음을 터뜨릴 수 있는 준비가 된 마음이 있기 때문입니다. 마음의 필터는 어느 정도 타고나지만 살아가면서 여러 경험을 하면서 변형되고 달라집니다. 다른 사람을 보고 배우고, 스스로 판단하여 선택해 보면서 필터의 모양과 색과 투과성을 바꾸게 됩니다. 교육과 치료는 간단히 말해서 몸과 마음의 필터를 바꾸는 작업입니다.

한편 필터는 현재의 감각뿐 아니라, 과거의 경험 및 미래에도 적용됩니다. 과거에 집착하고 미래에 대해 지나친 걱정을 하는 것도 필터를 바꾸어 해결할 수 있습니다. 건강한 필터는 유연성과 융통성이 있습니다. 항상 북극성의 방향으로 향해 있되 시간과 공간에 따라 필터도 조금씩 수정이 가능해져야 건강합니다. 그럼 이제 사람들에게 흔히 볼 수 있는 필터 몇 가지를 함께 살펴보면서 자신을 돌아볼까요?

모든 걸 경쟁으로 보는 필터 vs 사랑 필터

과거에 나쁜 기억과 상처 때문에, 마음의 필터가 모든 상황에 대해 경쟁적으로 작용하기도 합니다. 다른 사람을 만날 때에도 일단 위에서부터 아래까지 훑어보면서 나보다 잘생겼는지, 좋은 옷을 입고 있는지, 공부는 잘하는지, 돈이 많은지 등으로 점수를 매깁니다. 자기보다 못나면 안심하고, 잘나면 경계하는 식으로 필터가 작용합니다. 모든 사람들을 일단 적대시하는 마음의 틀이지요. 이런 경우 쉽게 불안해지고, 공격적인 행동을 하거나, 피해 의식을 갖게 됩니다.

경쟁 필터가 아닌 사랑 필터를 많이 가지고 있을 때는 재고 판단하기보다 다른 사람의 장점을 찾아내 따뜻한 눈으로 바라보고 함께 웃을 수 있습니다. 얼마나 그 사람이 사랑스러운 미소를 가졌는지, 목소리가 좋은지, 예쁘게 보고 긍정적인 감정을 느끼고 향유합니다.

애개 필터 vs 감사합니다 필터

감사하거나 만족할 줄 모르고, 뭐든지 부족하다고 느끼고 깎아내리는 필터가 있습니다. 무엇을 보든지 듣든지, '애개, 별것도 아니네' 하면서 소중하게 여기지 않고 버립니다. 아이들이 이런 필터를 갖게 되었다면 부모의 영향이 큽니다. 아이들은 부모의 필터를 보고 모방합니다. 부모가 항상 더 높은 기대를 가지고 아이를 대하면 아이가 성취한 것에 대해 기뻐하고 흐뭇해하지 못합니다. 아이 또한 이 필터를 배우고 내면화해서 자신에 대해 늘 불만족한 시선을 보내고 모자라는 부분을 더 확대해서 보게 됩니다.

죽이는 필터 vs 살리는 필터

'살리는' 필터를 가진 사람은 항상 자신이 가진 정보로 주변을 살리는 행동을 합니다. 분위기도 살리고 서로간의 관계도 살립니다. 스스로에게 "잘했어", "괜찮아"라고 자주 말하고, 다른 사람에게도 그런 말을 자주 하며 기를 살려 줍니다.

그런데 '죽이는' 필터를 가진 사람도 있습니다. 사람을 무시하고, 관계를 죽이는 정보를 더 잘 포착하고, 확대 해석합니다. 입버릇처럼 "죽여 버려", "죽여 버릴 거야"라고 되뇌기도 하고, 욕을 하거나 "꺼져", "닥쳐" 같은 나쁜 말을 습관적으로 내뱉습니다. 마음의 틀이 공격적으로 죽이는 방향으로 설정되어 있기 때문에 뭐든 삐딱하게 보고 듣고 행동합니다.

부정적인 필터 vs 긍정적인 필터

부정적인 필터를 사용하는 습관으로 부정적인 뇌의 회로가 많이 돌기 시작하면 자동적으로 모든 정보가 부정적으로 처리되기 때문에 나중에는 그렇게 하지 않으려고 해도 잘 제어가 안 됩니다. 모든 것이 다 틀려버려 망해 가는 것 같고^{생각}, 기분이 우울하고 조급해지고 불안해지고^{감정}, 숨을 쉴 때마다 괴롭고 사는 것조차 힘들다고 느껴지는^{감각} 단계에 이릅니다. 조금 물러나 생각해 보면 정말 그럴 상황이 아닌데도, 부정적인 마음에 사로잡혀서 자살이라는 극단적인 선택을 하기도 합니다. 우울증이 암보다 무섭다고 하는 이유가 여기에 있습니다. 암 환자들은 어떻게든 살아 보려고 노력하지만, 우울증이 심해지면 어떻게든 상황을 더욱 부정적으로 보고 죽으려 노력합니다. 이런 상황에 이르지 않도록 평소에 자신의 필터를 살펴보고 균형을 맞추며 잘 닦아 주는 과정이 필요합니다.

마음의
면역력 키우기

마음의 힘을 기르다

어려움을 겪을 때 사람마다 이겨 내는 능력이 다릅니다. 큰 사고를 당하고도 비교적 빨리 회복하는 사람이 있는 반면, 충격에서 오랫동안 벗어나지 못하고 폐인이 되다시피 힘들어하는 사람도 있습니다. 평상시에 마음의 필터를 긍정적으로 강화시키고 정보를 처리하는 마음의 힘인 면역력을 길러 놓아야, 크고 작은 일들이 생겨도 잘 이겨 내고 행복하게 살 수 있습니다. 완충 작용을 해서 충격을 흡수하고 몸과 마음이 크게 다치지 않도록 도와주는 에어백처럼 말이죠.

마음의 트라우마를 치료하는 것은 심리적인 수술로 비유할 수 있습니다. 긍정적인 마음을 강화해서 수술 과정을 견뎌 낼 만큼 건강을 회복해야 수술을 받을 수 있습니다. 몸과 마음이 쇼크 상태에 빠져 힘이 없는 상태에서 치유받기 위해 상처를 드러내면 오히려 더욱 고통스러워집니다.

마음 통장

재산을 든든하게 모아 놓는 것처럼 '마음 자산'도 충분히 저축해 놓아야 합니다. 좋은 경험의 기억이 많을수록 마음 통장이 튼튼해집니다. 사람들과 나누었던 좋은 기억, 행복했던 기억이 많을수록 부자입니다. 좋은 기억을 떠올리고 행복해질 때마다 그 통장의 자산이 늘어난다고 상상해 보세요. 누구나 힘든 기억도 많지만 좋은 기억을 반드시 가지고 있습니다. 이 좋은 기억들을 마음 통장에 저축해 놓고 쉽게 입출금이 가능할 수 있게 해 놓아야 합니다. 어느 누구도 나에게서 좋은 기억을 빼앗아 갈 수 없습니다. 오직 나만이 내 통장을 마이너스로 만들 수 있습니다.

저는 내담자들에게 어떤 장점이 있냐고 물어보곤 합니다. 대답을 잘하는 사람들은 마음의 자산이 많은 사람들입니다. 망설이고 대답을 잘 못하거나 장점이 없다고 말한다면 그만큼 긍정 기억의 자산이 부족하다는 의미입니다.

일본의 100세 할머니 시인으로 유명했던 시바타 도요타[1911~2013]는 〈저금〉이라는 시에서 쓸쓸할 때면 다른 사람이 베푼 친절을 기억하며 기운을 차리고, 이 기억들이 연금보다 더 좋다고 표현했습니다.

기분 좋은 기억 연결하기

잠시 짧은 명상을 해 볼까요? 눈을 감고, 기분 좋은 기억을 한 가지 떠올려 보세요. 큰일이 아니더라도 기분 좋은 기억, 따뜻하고 포근해서 나를 웃게 만드는 기억들을 20초 동안 떠올려 보세요. 기억을 쉽게 떠올리는 분도 있을 거고, 한참 찾아야 했던 분도 있을 거예요. 기억을 마치 오래전 기사 찾듯이 찾는 분들도 있습니다. '내가 몇 년 전에 홍콩 여행을 했는데, 음 그때가 2013년이었던가?'처럼 말이지요. 대단한 기억이 아니더라도 소소하게 기분 좋은 기억들을 많이 갖고 있고, 그것을 쉽게 감각적으로 잘 찾을 수 있어야 마음이 건강하고 마음 통장이 부자인 사람입니다.

의외로 사람들은 그런 기억을 찾는 데 시간이 많이 걸립니다. 그만큼 좋은 기억을 평상시에 잘 떠올리면서 가깝게 놓고 살지 않는다는 겁니다. 명품백과 지갑을 가지고 다니려 하기보다 자기만의 명품 기억을 가지고 다녀야 합니다.

기분 좋은 기억과 나의 표정

좋은 기억을 떠올리는 동안은 표정이 저절로 바뀝니다. 얼굴이 편안해지면서 미소가 떠오릅니다. 좋은 기억으로 연결되면 우리 몸은 이완되어 숨이 바뀌고 행복한 감정을 느끼게 됩니다. 기분 좋은 기억을 떠올리면서도 표정 변화가 없거나 안 좋은 표정을 짓게 된다면 그 기억들은 단순히 글자처럼 사실적인 기억일 뿐입니다. 감정과 어우러지지 않는 기억이지요. 만약 그렇다면 좋은 감정의 자원과 쉽게 감정적으로 연결되지 않은 상태라는 걸 알아차려 주세요. 알아차리는 것도 큰 의미가 있습니다. 무엇이 어렵고 막혔는지 그 문제를 알아야 고칠 수도 있으니까요.

오늘부터 기분 좋은 기억들을 자주 떠올리고 종이에 적으면서 그 기억과 함께 미소 짓는 작업들을 매일 조금씩 해 보면 좋습니다. 대단히 기분 좋은 기억이 아니어도 됩니다. 이 목욕탕 물속에 들어갈 때 행복했다면 그 느낌을 떠올리면 됩니다. 누군가와 같이 신나게 웃었을 때가 행복했다면 그 기억 하나로 충분합니다.

감사한 기억들

인류애를 실천한 의사이자 철학자 슈바이처Albert Schweitzer, 1875~1965는 삶을 바라보는 방식이 인간의 운명을 결정한다고 했습니다. 내가 어떻게 세상을 바라보느냐에 따라 나의 미래가 바뀝니다. 내 얼굴 표정이 바뀌고 행동이 바뀌고 대인 관계가 달라집니다. 어떤 상황에서건 좋은 것을 찾고 바라볼 수 있는 능력만큼 강한 정신력은 없습니다. 세상이 살 만한 곳이라고 인식하는 것, 충분히 따뜻하게 보호받는다고 느끼는 것, 앞으로도 좋은 일이 일어날 수 있다고 믿는 감각 정보 처리 습관, 그리고 그 습관과 연결된 감정과 믿음이 우리를 앞으로 나아가게 합니다.

이번에는 무엇이든 감사한 것들을 떠올려 보세요. '이렇게 좋은 시간에 책을 읽고 있구나', '우리 가족이 다 건강해서 참 감사하다'와 같은 현재 내가 가진 것들에 대해 감사한 마음도 좋습니다.

현재 어려움을 겪고 있다면 '이만하기에 참 다행이다'라고 생각해 보기로 해요. 사람의 마음은 간사해서 감사해야 할 것을 자꾸 기억하지 않으면 잊어버립니다. 한 번씩 꺼내서 닦아 주고 만져 주어야만 사라지지 않는 보물이 됩니다.

없는 것보다 있는 것에 감사

팔다리가 없지만 사람들에게 희망을 전파하는 작가이자 복음 전도자 닉 부이치치^{Nick Vujicic, 1982~}는 자그마한 발로 학교에 갈 수 있었다는 사실에 감사했다고 말합니다. 그리고 자신이 살아가는 삶의 방식에 대해 이렇게 이야기합니다. "가지지 못한 것보다 가진 것에 집중하고, 할 수 없는 것 대신 할 수 있는 것에 집중한다"라고요.

많은 사람들이 자기가 가지고 있는 것을 잊어버리고 가지지 못한 것에 시선을 빼앗기다가 넘어지기까지 합니다. 가진 것에 감사하고 당당하게 누리고 설 수 있을 때에 가지지 못한 것도 가질 수 있는 힘이 생깁니다.

우울증에 빠진 고1 여학생 N은 열심히 해서 중간고사 성적이 올랐다면서도 울음을 터뜨리며 말했습니다.

"성적이 오른 건 맞아요. 그런데 중학교 때 저보다 공부를 못했던 애들이 시험을 더 잘 봤다고요!"

열심히 해서 성적을 올린 자신을 칭찬해 주고 더 잘할 수 있도록 격려하여 앞으로 나가는 게 아니라, 자신이 얻은 것을 하찮게 보고 남들이 가진 것을 부러워하다 보니 더 이상 의욕이 없어지는 겁니다.

자신에게 일어난 좋은 일도 다른 사람하고 비교해서 작아 보이면 금방 속이 상합니다. 행복의 제1 원칙은 '남과 비교하지 않는다'입니다. 세상은 남과 나를 비교하라고 끊임없이 이야기하지만 우리는 이 잣대에 끊임없이 저항해야 합니다. 남은 1등급인데 나는 8등급이고, 남은 45평에서 사는데 나는 32평에 산다고 비교하면, 우리의 행복을 바깥에 보이는 숫자나 다른 사람에게 맡기고 있는 것과 다름없습니다. 팔등신 몸매를 가진 사람 옆에 서더라도 중심을 잡고 서서 내 고유의 아름다움을 환하게 웃으면서 발산할 수 있어야 합니다.

긍정 뇌 회로 강화

성격이 좋고 행복한 사람은 뇌의 인식 방식이 긍정적입니다. 무얼 보든지 듣든지, 긍정적으로 처리하고 반응하지요. 그런 뇌를 활성화시키려면 자꾸 기분 좋은 기억들을 떠올려서 긍정 뇌를 돌려야 합니다. 마음의 필터를 긍정으로 바꾸어서 긍정 뇌를 평상시에 강화해 놓아야 합니다. 그래야 갑자기 큰일을 당해도 의연하게 대처할 수 있습니다. 부정 뇌를 움직이는 버튼을 계속 누르면 부정 회로가 강화되어서, 어떤 정보가 들어왔을 때 자기도 모르게 부정 회로가 돌아가게 됩니다. 습관이 되면 자꾸 화를 내고 짜증이 납니다. 나쁜 일만 계속 일어난다고 생각하게 되고, 미래가 깜깜하고 비관적으로 느껴지게 됩니다. 삶의 의욕을 잃고 우울증에 빠지기 쉽지요.

우울증 환자들은 어떤 상황에서건 부정적인 결론으로 몰아가는 탁월한 능력을 보여 줍니다. 중중 우울증으로 갈수록 사태는 심각합니다. 현실 상황은 그렇지 않은데도 '나는 망할 것이다. 죽을 것이다. 모든 것이 끝났다'는 '빈곤 망상'에 빠집니다. 얼마든지 개선할 수 있는 작은 일에도 긍정적인 면을 보지 못하고 부정적인 생각만 하면서 극단적인 선택을 하기도 합니다.

저는 부정 회로가 강한 내담자들과 치료를 할 때는 이렇게 약속하곤 합니다. 진료를 받는 목적이 증상을 더 좋아지게 해서 삶을 더 잘 살려고 오는 것이니까, 매번 상담을 시작할 때 무조건 그동안 얼마나 좋아졌는지를 찾아서 이야기하자고요. 그러고 나서 힘든 일에 대해서 이야기하고 그 문제에 초점을 맞추어 해결하자고요. '나는 날마다 매일매일 조금씩 더 좋아지고 성장하고 있다'는 믿음을 가지고 나아갈 수 있게 돕는 것입니다.

상담에 와서 얼마나 좋아졌고 어떻게 발전하고 있는지를 이야기하려면 힘든 가운데서도 무조건 좋은 것을 찾아야 합니다. 처음에는 무척 힘들지만, 훈련이 되면 힘들어도 긍정적인 면을 찾아내는 힘이 길러집니다. 또 긍정적인 말을 직접 하면서 긍정적인 태도를 몸으로 익히게 됩니다. 이 모든 것이 긍정 회로를 활성화하기 위해 필요합니다.

심리 치료를 받으러 와서 신세 한탄, 후회, 주변 사람에 대한 비난으로 시간을 채우고 가는 사람이 있습니다. 물론 다른 곳에서 못하는 이야기를 심리 치료에서 쏟아 내고 마음을 환기시키는 것도 필요하지만 귀한 시간을 그렇게 써 버려서는 안 됩니다. 부정적인 방식을 끊어야 합니다. 너무나 힘들고 슬픈 상황이지만 그 속에서 좋은 것을 찾는 능력이 생기면 그 사람은 막강해집니다. 어느 누구도 뺏을 수 없는 행복의 회로를 갖게 됩니다.

우리 안의 늑대들

우리 마음속에는 항상 긍정과 부정이 왔다 갔다 합니다. '하얀 늑대'와 '검은 늑대'가 서로 싸우고 있습니다. 누가 이기게 될까요? 바로 내가 먹이를 주는 쪽입니다. 검은 늑대에게 계속 먹이를 주는 버튼을 누르게 되면 우리 몸과 마음은 검은 늑대가 장악할 겁니다. 상담에 오시는 분들은 이미 이런 상태가 되었거나 되려고 해서 불안감을 느끼는 경우가 많습니다. 이럴 때 저는 함께 하얀 늑대를 찾고, 하얀 늑대에게 조심스럽게 먹이를 주는 일을 시작합니다.

우리는 마음을 결정할 수 있는 선택권이 있습니다. 우리가 어떤 것을 생각하고 선택하느냐에 따라 생각과 행동이 달라집니다. 어떤 운명이 올지 모르지만 그 운명 속에서 우리는 크고 작은 선택을 할 수 있습니다.

몸을 이용해 좋은 경험 강화하기

심각한 트라우마나 정신적인 문제는 의사가 치료하더라도 부모님과 선생님들은 가정과 학교에서 아이들에게 긍정적인 경험을 강화시키는 방법으로 아이의 병을 미리 예방하고 도울 수 있습니다.

우리 뇌의 좋은 기억 회로를 강화시켜 볼까요? 눈을 감고 우리를 미소 짓게 하는 좋은 기억을 떠올리면서 숨이 기쁜 들숨으로 바뀌는 것을 느껴 보세요. 좋은 기억을 떠올리면 얼굴과 어깨 근육이 이완됩니다. 이렇게 좋은 기억을 떠올리면서 가슴 앞에서 손을 교차해 양손으로 어깨를 번갈아 두드려 주세요. 또 눈동자를 오른쪽 왼쪽으로 움직이고 숨을 쉬면서 그 기억에 머물러 줍니다.

동작을 하다 보면 쉽고 빠르게 긍정 기억과 연결되어 미소 지을 수 있습니다. 5초가량의 짧은 시간에도 사람은 조금씩 바뀝니다. 밝은 에너지를 갖게 되면 자신과 주변 사람들이 행복해지고, 고민하던 대인 관계의 어려움이 조금씩 해소되는 경험을 하게 될 것입니다.

감정의
주인 되기

170 **생각과 감정과 감각**

감정을 하나하나 소중하게 들여다보면 다루기가 쉬워집니다. 감정에 휩싸이기보다는 분리해서 바라볼 수 있게 됩니다.

감정은 주로 2층 뇌인 변연계가 담당합니다. 3층 대뇌와 1층 감각 통합 뇌와 연결되어 작동하지요. 생각^{3층}과 감각^{1층}은 감정^{2층}과 영향을 주고받습니다. 사람은 굉장히 '감각'적인 존재입니다. 몸에 극심한 통증이 느껴질 때 두려움에 휩싸이기도 하고, 못 볼 것을 보고 들었을 때 화가 나기도 합니다. 이렇게 '감각'이 1층 뇌를 통해 뇌에 들어가면서 처리되기 시작하면, 관련된 '감정'이 생기고 움직입니다. 또 3층 뇌에서 의심스러운 '생각'이 들면 감정적으로 불안해지기도 하고, 괜찮다는 판단이 들면 안심이 되기도 합니다. 3층 뇌의 생각 또한 얼마나 감정에 영향을 주는지 알 수 있지요. 거꾸로 2층 감정 뇌도 1층 뇌와 3층 뇌에 영향을 미칩니다. 기분이 나빠지면 입맛이 떨어지고 숨 쉬는 것도 달라지며 행동도 위축되고[1층], 부정적인 생각들[3층]이 밀려듭니다.

감정에 대한 표현에는 감각과 생각이 조금씩 들어 있어요. 종종 '기분이 더럽다'는 표현을 쓰곤 하는데, '더러운 기분'이 무언지 감이 오시나요? 상쾌하거나 깨끗하지 않고 뭔가 찝찝한 느낌 즉, 신체 감각을 나타냅니다. '기분이 꿀꿀하다'는 말은 해결되지 않고 통하지 않아 답답한 느낌을 표현합니다. 감정이 뻗쳐 나가는 기운을 표현하는 말 '기죽다, 기살다'도 주변에 미치는 감정과 몸 상태를 표현합니다.

'감정이 복잡하다'라는 말은 하나가 아닌 여러 가지 감정으로 혼란스럽다는 말입니다. 좋은지 싫은지 구분이 안 되어 마음, 감각, 생각이 복잡한 것을 뜻합니다. '어렵게만 느껴진다'라는 표현도 생각으로는 문제를 해결할 수 없을 것 같아 자신감이 떨어지는 감정을 이야기합니다. 이렇게 감정을 표현하는 말은 생각과도 관련이 있습니다.

조급함

감정은 시간의 영향을 받습니다. 시간은 박자의 문제이기도 합니다. 박자는 또한 1층 뇌의 중요한 역할이라고 말씀드렸지요? 시간 감각이 꼬일 때 감정도 엉망이 됩니다.

마음이 급한 것과 여유로운 것의 차이를 생각해 보세요. 마음이 현재를 잃어버리고 미래를 향해 달려갈 때는 조급함이 느껴집니다. 이럴 때는 숨을 돌려야 합니다. 자기 박자를 찾게 되면 급하고 짜증이 났던 감정 또한 없어집니다. 꼭 정해진 대로 되어야만 하고 그렇게 되지 않으면 안 된다는 생각은 마음의 균형을 깹니다. 균형을 잘 잡는다는 것은 융통성을 지니고 마음에 여유를 갖는 것을 의미합니다. 이렇게 박자^{감각}와 생각을 이해하기 시작하면 감정을 바꾸기가 쉽습니다.

자신감

자신감 문제로 고민하는 사람들이 많습니다. 자신감이란 감정을 가만히 들여다보면, 어떤 일을 하고 싶고 잘할 수 있을 것 같은 마음^{감정}, 자기 자신을 신뢰하고 잘될 거라는 믿음^{생각}, 뿌듯한 몸의 느낌^{감각}이 녹아 있습니다. 자신감이 떨어질 때는 이 세 가지를 살펴서 도와주면 됩니다.

여기서 하나 기억할 것은 모든 감정은 사람들과의 '관계'에서 만들어지고 표현된다는 것입니다. 치유의 세 가지 통로인 몸, 마음, 관계를 기억하시죠? 자신감을 위한 마음 치료 방법은 마음의 세 가지 요소인, 생각, 감정, 감각을 다루어 주는 것입니다. 자신감은 사람들 속에서 형성되고, 자신감이 있으면 대인 관계가 편안합니다. 좋은 감정과 기^{에너지}가 뿜어져 나오는 기쁨이 있어야 관계가 좋아지고, 관계가 좋아지면 대인 관계에서 얻는 기쁨과 자신감이 더욱 커집니다.

외로움

감정 표현에는 자신의 몸에서 느껴지는 감각과 생각뿐 아니라, 다른 사람과의 관계를 표현하는 말들도 많이 있습니다. 외로움과 쓸쓸함은 관계의 영향을 받는 감정입니다. 질투는 자기 편이 아닌 사람이 잘될 때 느끼는 감정이고, 함께 기뻐하는 감정은 우리 편이 잘될 때 느끼는 감정입니다. 미움이나 혐오는 대상을 싫어하고 밀어내는 감정이고, 애정과 호감은 좋아하고 가까이 가려고 하는 감정입니다. 사랑에 빠질 때의 느낌도 대상과의 관계에서 생기는 감정입니다. 그래서 감정의 문제를 해결할 때는 관계의 문제를 잘 다루어 주어야 합니다. 감정을 돕는 '관계' 치료에 대해서는 이 책의 가장 뒷부분에서 다룰 것입니다.

하나하나 소중한 내 마음 속의 감정들

가장 기본적인 감정이라고 하면 희로애락喜怒哀樂이 떠오르지요? 기쁨, 노여움, 슬픔, 즐거움을 말합니다. 성리학에서는 희로애구애오욕喜怒哀懼愛惡欲을 칠정七情이라고 합니다. 기쁨, 화남, 슬픔, 두려움, 사랑, 미움, 그리고 욕망을 말합니다.

애니메이션 영화 〈인사이드 아웃Inside Out〉에서는 기쁨이joy, 슬픔이sadness, 까칠이disgust, 버럭이anger, 소심이fear라는 다섯 명의 감정 친구들이 등장합니다. 감정이 캐릭터화되어 있어서 객관적으로 각각의 감정의 특징을 볼 수 있어요.

기분이 좋을 때 우리의 마음과 몸 상태는 어떤가요? 신이 나고 즐거워 행복하다고 느낄 때 신체에 활력이 넘치고 기가 살아 있는 듯하며 에너지가 뿜어져 나옵니다. 기쁨은 기가 뿜어져 나와서 기쁨이라고 한다지요? 기분이 나쁠 때는 에너지가 밖으로 발산되지 않고 축 처지며 기가 죽습니다. 에너지가 밖을 향하지 않고 속을 향합니다. 불행하다고 느끼고,

괴롭고, 슬프고 서럽기도 합니다. 이런 감정은 모두 우리를 내면으로 돌아오게 하는 감정들입니다. 부정적인 감정들이지만 나쁜 것만은 아니지요. 감정에서도 균형이 중요합니다. 기가 무작정 뻗쳐 나가기만 해서는 안 되고 내면에서 잡아 주기도 해야 합니다.

기분이 좋아지고 나빠지는 것은 감각의 영향을 많이 받습니다. 구정물에 젖은 옷을 입고 으슬으슬한 추운 곳에 찝찝한 상태^{촉각}로 있게 되면 저절로 기분이 나빠집니다. 따스한 곳에서 뽀송뽀송하고 편안한 옷을 입고^{촉각} 포근하고 안락한 곳에서 밖에 내리는 빗소리^{청각}를 듣는다면 행복하고 기분이 좋아지겠지요. 그래서 기분이 좋지 않을 때는 몸의 감각을 살펴볼 필요가 있습니다. 감정을 조절할 수 있는 열쇠가 감각에 있는 경우가 많기 때문이지요.

모두 소중한 기쁨과 슬픔

'기쁨'은 어떤 최악의 상황에서도 좋은 기억을 찾아내고 용기를 불어넣으려고 합니다. 분위기가 불편해지려고 하면 즐거운 놀이를 하면서 분위기를 바꾸고요. 희망차고 긍정적인 생각을 떠올리게 합니다.

세상에서 가장 기쁨이 많은 존재는 아이들입니다. 아이들은 밝고 기쁜 에너지를 갖고 있고 회복력이 빨라서, 야단을 맞아도 금방 웃고 활발하게 움직입니다. 그런데 그 모습을 본 어른들은 아이들이 철이 덜 들었다며 혼을 냅니다. 결국 아이들도 어른인 자신들처럼 기쁨이 줄어든 상태로 만들게 됩니다.

기쁨은 많을수록 좋지만 지나치면 또 병이 됩니다. 사건의 심각성을 모르고 너무나 천진난만하게 행동하거나, 항상 방방 뜨고 다른 사람의 기분에는 아랑곳하지 않고 즐거워하는 사람이 있다면 정말 곤란하겠지요?

'슬픔'은 몸을 축 처지게 하고 비참함을 느끼며 비관적인 생각을 하게 합니다. 하지만 부정적인 면만 있는 건 아닙니다. 슬픔은 우리를 차분하게 하고, 함께 울며 공감하게 합니다. 다른 사람의 말을 들어 주고 함께 아파하고 눈시울을 촉촉하게 적시면서 서로를 도울 수 있게 합니다. 함께 웃으면서 우리가 하나됨을 느끼듯이 함께 울면서도 우리는 위로를 받습니다. 또 충분히 슬퍼하게 되면 그 안에서 다시 앞으로 나갈 힘을 얻습니다. 그렇게 슬픔은 삶의 균형을 맞추어 줍니다.

이렇게 기쁨과 슬픔은 정반대의 감정으로 보이지만 다양한 면을 가지고 있고, 깊은 곳으로 가면 우리의 존재 본질과 닿아 있는 기본 감정입니다.

부정적인 감정에도 장점이 있다

외부에서 들려오는 소리나 광경에 쉽게 놀라는 사람이 있습니다. 공포에 질리고 상황에 압도되어서 판단력이 흐려지고, 몸이 굳을 정도로 무기력해지기도 합니다. 그렇게 되면 비슷한 자극에 노출되는 것에 두려움을 느끼고, 되도록 그런 환경을 피하게 됩니다. 대인 관계의 영역도 축소됩니다. 소심한 마음, 불안한 감정은 이렇게 우리를 위축되게 만들고 기운 빠지게 합니다. 하지만 우리가 다치지 않고 안전하게 잘 살도록 도와주는 역할을 하기도 합니다.

까칠한 성격을 가진 사람은 행동과 드러나는 감정이 주변을 감싸기보다 거부하는 느낌을 줍니다. 까칠한 사람을 관찰해 보면 냄새, 입맛, 촉각 같은 감각 또한 예민하고 까다롭다는 것을 알 수 있습니다. 그래서 다른 사람은 신경 쓰지 않는 것에도 예민하게 반응합니다. '나는 너와 달라'와 같은 분별하는 마음에 짜증과 신경질이 섞여 있습니다.

하지만 부정적인 면만 있는 것은 아닙니다. 까칠한 감정은 다른 사람이 그냥 넘길 수 있는 부분을 세심하게 관찰하여 불편함에서 벗어나려고 노력하게 하고, 차별화된 균형감을 추구하면서, 새로운 것을 창조해 내도록 합니다. 더 조화롭고 멋진 상태를 추구하게 하고, 우리를 아름답게 만듭니다.

이렇게 모든 감정에는 장단점이 있어서 우리를 풍성하고 성숙하게 만듭니다. 심지어 분노라는 감정도 마찬가지입니다. 분노 감정은 사람을 흥분시키고 공격적인 행동을 하게 해서 남에게 폭언과 폭력을 행사하게 만들기도 합니다. 하지만 적절한 분노는 우리를 행동할 수 있도록 하는 강한 에너지원이 됩니다.

삶의 감칠맛

부정적인 감정 때문에 고생할 때 슬픔, 괴로움, 불안 같은 고통스러운 감정을 느끼지 않고 좋은 감정만 갖고 살면 좋겠다고 생각하거나, 감정의 기복이 없이 마음이 평안했으면 좋겠다고 느낄 때가 있습니다.

마음의 평화를 추구하느라 아무런 감정이 드러나지 않는 얼굴을 보곤 합니다. 깊은 평안함이 느껴지기보다 감정을 억압하고 누리지 못하는 협소함이 느껴지곤 합니다. 다양한 감정을 느끼면서 놀라고 울고 기뻐하고 웃으며 반응하는, 표정 있는 얼굴이 더 아름답습니다.

삶을 연극이라고 상상해 볼까요? 위기와 갈등이 없는 스토리는 없겠지요? 주인공이 위기 상황과 악인의 괴롭힘을 극복한 후 행복을 찾아야 재미가 있습니다. 아무런 힘든 사건들이 없으면 얼마나 지루할까요? 에피소드 없는 연극이 없듯이, 고통 없는 삶은 없습니다. 삶이라는 연극에서도 성장하고 성숙하기 위해서 고통은 필수입니다. 극복하고 더 큰 것을 이루기 위한 위기이자 삶의 양념과도 같습니다. 그렇게 삶을 과정으로 보게 되면 위기를 당했을때도 의연할 수 있습니다.

감정의 균형이 깨지면

인생에서 자연적으로 감정의 균형이 깨지기 쉬운 때가 있습니다. 이때는 감정이 널을 뛰고 이해할 수 없는 행동을 하기도 합니다. 바로 사춘기와 갱년기입니다. 사춘기가 되면 폭발적인 신체 성장을 하면서 뇌도 변화를 겪습니다. 그래서 이해할 수 없는 말과 행동을 하게 됩니다. 갱년기도 마찬가지입니다. 1층 뇌에서 호르몬 변화가 심해 몸이 변하면서 2층 뇌의 감정도 기복이 심해집니다. 그 밖에 생리 기간이나 몸에 자극을 주는 많은 일들, 예를 들면 머리를 자르거나 치과 치료를 받을 때, 배가 고프거나 잠을 못 잤을 때도 감정이 불안정해질 수 있습니다. 이렇게 감정에 다양한 영향을 미치는 이치를 알고 있어야 잘 대처할 수 있습니다.

감정의 균형이 깨질 때의 상황을 한번 살펴보도록 할까요? 마음속에 슬픔만 가득하다면 우울증에 시달리게 되고, 소심한 마음이 지나치면 새로운 시도를 하는 것을 불안해할 것입니다. 심해지면 공황장애나 대인 공포 증상이 됩니다. 만약 마음속에 분노란 감정이 가득하다면 분노 조절 장애가 되어서 주변 사람들을 힘들게 하겠지요. 기쁘고 즐거운 감정에만 포커스를 맞춘다면 쾌락을 주는 도박이나 약물, 게임에 빠질 수도 있습니다.

감정이 풍부한 것은 좋은 점이지만, 감정 기복이 너무 심해서 조절이 안 되고 변덕이 심하다면 또 문제가 되겠지요. 심한 경우는 조울병으로 진단받고 약물 치료를 하거나 입원하게 되기도 합니다. 지나치게 한 감정에 빠져서 조절이 안 되는 경우도 문제이고, 어떤 감정을 전혀 느끼지 못하는 경우도 문제입니다.

두려움이 너무 많으면 매사 불안정하고 공포에 떨겠지만, 두려움이 전혀 없다면 위험한 행동도 막 하게 되고 죄책감도 없어서 범죄를 저지를 수도 있지요. 또 이런저런 감정에 휘둘리는 게 너무 힘들어서 아예 감정을 죽여 버리고 느끼지 않으려고 노력하다 보면 표정이 없는 사람이 됩니다.

감정이 눌려 있는 아이들

감정에 너무 빠져 있을 때는 과거의 기억 또한 나쁜 감정에 치우쳐서 기억하게 됩니다. 그럴 때는 감정에 거리를 두고 객관화하는 것이 필요합니다. 하지만 감정이 너무 메마른 사람들은 감정을 불러일으켜서 느낄 수 있도록 도와주어야 합니다.

요새는 감정을 잘 못 느끼는 사람들이 많습니다. 왜 그럴까요?

첫째는 이겨 내지 못한 트라우마 때문입니다. 사람들은 감정적으로 힘들다고 생각하면 감정을 무디게 하려고 노력하게 됩니다. 그러다 보면 이제는 감정의 노예가 아니라 감정의 결여 상태가 됩니다. 감정을 억압하거나 회피한 상태는 감정을 올바르게 풀지 못한 단계입니다.

감정을 잘 느끼지 못하는 두 번째 이유는 감정을 느끼고 표현하도록 교육받지 못하기 때문입니다. 많은 부모님이 "이것저것 신경 쓰지 말고 공부나 해라"라는 말을 합니다. 감정적인 경험에 휘둘리면 공부하기가 힘드니까, 감정을 죽이고 공부나 하라는 것이지요. 그러면 아이는 감정을 처리하는 크고 작은 경험을 제대로 못하고 성장합니다. 아이가 학교에서 친구 문제로 고통받을 때 그 괴로움을 섣불리 부모가 나서서 없애거나 회피하게 만들면 안 됩니다. 대신 충분히 느끼고 고민하여 말로 표현하고 발산하도록 이끌어 주어야 합니다. 풀지 않고 눌러놓은 감정의 엉킴은 충동적이고 극단적인 행동이나 증상으로 나오게 됩니다.

자라나는 아이들일수록 다른 사람에게서 공감받는 경험을 많이 할 수 있어야 합니다. 그래야 자신의 경험을 내재화해서, 스스로의 감정을 살피고 위로하는 뇌의 회로를 발달시킵니다. 하지만 주변 사람을 적으로 인식해야 하는 경쟁적인 교육 상황에서는 공감 능력을 키우기가 힘듭니다.

감정을 잘 느끼지 못해요

타고나기를 공감 능력과 사회성이 부족한 뇌신경계를 가지고 태어난 아이들도 있습니다. 예를 들어 자폐 성향을 타고난 아이들은 다른 사람의 얼굴을 보고 웃고 반응하는 자연스러운 행동을 아기 때부터 잘 하지 않습니다. 부족한 사회성을 보이는 아이들은 다른 사람과 세상을 느끼는 사회성 감각 회로가 조금 다르다고 이해하면 좋습니다. 보고 듣고 접촉하는 감각 정보를 해석하고 자신과 다른 사람의 감정을 느끼는 데 어려움이 있어서 독특하고 엉뚱한 행동을 하게 됩니다. 그래서 4차원이라는 이야기를 듣기도 합니다. 이 아이들은 어려운 단어와 문장을 쓰지만 일상생활의 대화에는 어색함을 보이기도 하고 독특한 억양과 말투를 사용하며 질문에 동문서답하기도 합니다. 말과 행동, 표정으로 자연스럽게 감정을 표현하는 것을 어려워합니다.

저는 1층의 감각 뇌는 2층 뇌의 감정을 담는 그릇과도 같다고 설명하곤 합니다. 우리 몸의 감각 안테나가 골고루 잘 펴지지 않은 상태에서는 쓸데없는 것에 집착하고, 감정을 담아 두지 못해 짜증과 고집과 공격성이 강해집니다. 하지만 사회성이 늦게 발달하는 성향을 타고난 아이라도, 자라면서 감각을 골고루 잘 통합해 주고, 감정을 느끼고 공감하는 연습을 하고, 다른 사람과 좋은 경험을 많이 하면 공감 능력이 길러질 수 있습니다. 제일 불행한 것이, 이 특성을 가진 아이들을 눈치 없는 아이, 이기적인 아이, 나쁜 아이로 판단해서 야단을 치고 비난하는 것입니다.

그렇게 되면 아이들은 더욱더 다른 사람에 대해 마음을 닫고, 복수심이나 공격성을 키우게 됩니다. 경악할 만한 사이코패스 범죄도 공감 능력 부족에서 시작되기 때문에 감정 교육은 특히 중요합니다.

감정의 주인 되기

주변 환경 변화와 감각에 너무 예민하게 되면 감정과 기분이 오락가락하게 됩니다. 바꿀 수 있는 환경이면 기분이 좋아지도록 환경을 바꾸는 노력이 필요하고, 당장 바꿀 수 없이 적응해야 하는 상황이라면 주변 감각에 흔들리지 않고 넘어서는 몸과 마음의 힘을 길러야 합니다. 그래야 균형을 잘 잡아서 감정의 주인이 될 수 있습니다.

어떻게 하면 감정에 휘둘리지도 않고 메마르지도 않으면서 삶의 감칠맛 요소인 감정과 잘 지낼 수 있을까요?

이 문장을 한번 소리 내서 따라해 보세요.

"감정은 내가 아니다. 나는 더 큰 존재이다."

긍정을 선택하는 삶의 주인이 되겠다는 결심은, 감정에 빠져서 허덕이지 않도록 나를 지켜 줍니다.

우리는 감정 상태를 바라보고 균형을 맞추는 '더 큰 나'를 키워야 합니다. 조절하지 못할 예측 불허의 감정을 '나'라고 착각하지 않고 감정들의 움직임을 분리해서 관찰하고 선택하는 것입니다. 구름처럼 흩어지는 감정들 뒤로 파란 하늘처럼 변하지 않는 내가 있다는 것을 깨달아야 합니다. 그렇게 되면 감정의 노예가 되어서 혼란스럽게 끌려 다니지 않고, 분노하는 순간에도 '내 안의 분노 감정이 흥분했구나'라고 판단하고 벗어날 수 있습니다. 상처를 주는 주변 사람들의 행동에도 '지금 저 사람의 감정 조절 센터에서 문제가 좀 생겼구나!'라고 이해할 수 있는 여유가 생깁니다.

감각 균형으로 감정 균형 맞추기

'이 또한 지나가리라'는 말을 들어 보셨지요? 고통에서 벗어나는 좋은 방법 중 하나는, 전체의 과정을 볼 줄 아는 나를 키우는 것입니다. 그러다 보면 사춘기를 심하게 겪는 아이들이나 미성숙한 행동을 보이는 사람을 만날 때도, 감정 조절 뇌가 성숙해 가는 과정이라고 이해하게 됩니다.

서로 감정이 대립할 때도, 화가 많이 난 상대방에게 '왜 이렇게 화를 내? 참 이상한 사람이네'라고 비난하면, 더 큰 싸움으로 이어집니다. '나는 ~한 것뿐인데'라고 자기 입장과 자기감정에 사로잡혀 변명을 해도 상황은 더 나빠집니다. 그럴 때는 상대방이 나 때문에 화를 낸다고 생각하지 말고, 화가 날 수 있는 그 사람의 입장을 인정해 주세요.

우리는 감정 조절을 이성과 판단력인 머리^{3층 뇌}로 한다고 생각하기 쉽지만, 몸^{1층 뇌}을 튼튼하게 하는 것이 먼저입니다. 감정에 상응하는 몸의 구조인 가슴을 활짝 펴고, 바른 자세로 밝은 숨을 쉬고, 먹고 자고 싸는 리듬을 건강하게 활성화시키고, 항상 긍정적인 감각 정보를 받아들이는 필터를 작동시켜 놓아야 합니다. 먼저 몸에 좋은 기본 생활 습관을 기르는 것이 중요합니다.

《소학小學》에서는 배움의 기초가 되는 쇄소응대灑掃應對란 말이 나옵니다. 아침에 일어나 마당에 물을 뿌리고 빗자루로 쓸고, 어른들에게 공손하게 대하고 응답하는 것을 말합니다. 공부를 머리로 하는 것이 아니라, 몸에 먼저 좋은 태도가 배어야 한다는 말입니다.

청소년 아이들 중에는 수면이 불안정한 경우가 많습니다. 감정 조절을 기대하기는 더욱 어렵겠죠? 감정적으로 불안정하게 되면 휴대전화와 컴퓨터 같은 매체를 통해 더욱더 시각적인 자극에 몰두하게 되기도 합니다.

이렇게 외부 감각에 집착하지 않도록 내부 감각을 알아채는 채널을 열어 주어야 합니다. 감각의 균형을 맞추어 감정의 균형을 잘 맞출 수 있도록 도와주어야 합니다. 기분이 좋지 않을 때는 고민하고 웅크리고 있기보다 일단 걷고 뛰면 됩니다. 숨이 바뀌면 기분이 바뀝니다. 감정의 원리를 알면 감각을 먼저 살피고 도와줄 수 있습니다.

마음의
상처로부터
자유로워지기

계속되는 트라우마

누구나 살아가면서 크고 작은 나쁜 일을 경험하게 됩니다. 그럴 때 몸이 다치고 상처를 입는 것처럼, 마음도 상처를 입습니다. 치유되지 않은 상처가 마음속에 있을 때 사람들은 점점 아름다움을 잃고 변합니다. 붕 떠서 정신없이 부산해지거나, 반대로 자기만의 굴속으로 들어가 움직이지 않고 위축됩니다. 하지만 마음을 닫고 불안하게 살지, 아니면 상처를 극복하고 더 성장해 앞으로 나갈지를 우리는 선택할 수 있습니다.

트라우마_{정신적인 증상을 남기는 충격}를 경험한 사람들은 일상생활에서도 불안감을 많이 느끼게 됩니다. 두렵기 때문에 비슷한 느낌을 주는 것들을 회피하게 됩니다. 교통사고를 당했던 아이는 자동차만 봐도 두렵고, 사람에게 상처받은 아이는 다른 사람의 사소한 말과 움직임에도 무서움을 느끼고 방어적인 태도를 보이게 됩니다. 뇌 회로가 마치 전쟁 상태인 것처럼 움직이는 거지요.

적하고 싸울 때처럼 흥분하고 부산해지거나, 도망가고 숨어서 상황을 회피하려고 애쓰게 됩니다. 밤에 잠을 잘 자지 못해 악몽을 꾸게 되고 매사에 깜짝 놀라기도 합니다. 만사 포기한 듯 멍한 태도를 보이기도 합니다. 처리되지 않은 트라우마에 대한 기억이 반복적으로 떠올라 고통스러우니까 생각나지 않도록 기억을 무의식 쪽으로 꼭꼭 밀어 넣거나, 잊기 위해서 지나치게 위험한 운동을 하고, 알코올과 게임에 중독되기도 합니다. 무모하게도 반복해서 트라우마를 재경험해서 병적인 해결을 하려고 하기도 합니다. 성폭행 후 문란한 성생활에 빠지는 경우가 이런 경우입니다.

너무나 끔찍한 기억들

상담을 하다 보면 때때로 상상하기 힘든 비밀을 가진 아이들을 만날 때가 있습니다.

뚱뚱한 체형에 반복되는 폭식과 구토로 부모님과 매일 다투던 여고생 J가 있었습니다. 엄마는 공부도 안 하고 생활 습관도 엉망이 된 J를 타일러도 보고, 혼을 내고 때려도 보았습니다. 엄마는 예쁘장하고 날씬했던 J가 뚱뚱해진 게 이해가 안 되고, 자기 관리를 못하는 게 못마땅하고 미웠습니다.

심리 치료를 받으면서 우울감과 폭식증이 회복되어 가던 어느 날, J는 저에게 그동안 차마 말로 할 수 없었던 자신이 겪은 힘든 일을 글로 적어 왔습니다. 중학교 2학년 때, SNS에서 알게 된 성인 남자에게 협박을 받았고 반년 동안이나 성폭행을 당했다는 내용이었습니다.

죽고 싶을 정도로 힘든 상황이었지만 아무에게도 말하지 못한 채 그 시간들을 보냈고, 그 뒤로 J는 자신이 날씬하고 예쁘면 또다시 공격 대상이 될 수도 있다는 생각에 의식적 혹은 무의식적으로 뚱뚱해지는 쪽을 택했던 것입니다. 같은 집에서 사는 부모님도 몰랐던 일입니다.

말할 수 없는 비밀

심리 치료를 하다 보면 성性과 관련된 트라우마를 이야기하는 경우가 많습니다. 모든 사람은 성을 통해서 태어나고, 성은 우리 주변에 어떤 모습으로든 항상 존재하고 있습니다.

여고생 K는 너무 자신감이 없고 쉽게 얼굴이 빨개지는 것 때문에 상담을 요청해 왔습니다. 마음속에 항상 눌러놓았지만 자꾸 떠올라 괴로웠던 일곱 살 때의 성추행 기억을 이야기하면서 울음을 터뜨렸습니다. 그 일 이후로 뭐든지 숨기고 감추는 소극적인 성격이 되었다고 했습니다. 수치스러운 기억 때문에 남 앞에 서는 것이 무섭고 두렵다고 했습니다.

성에 대한 트라우마는 남자 아이들의 경우도 마찬가지입니다. 장난처럼 일어난 유사 성행위의 경험, 공중 화장실에서의 갑작스러운 성추행 등은 아이들을 죄책감에 빠지게 하고 성 정체성에도 영향을 미칩니다. 말할 수 없는 비밀이 된 트라우마는 결국 사람을 두려워하게 만들고 성격을 위축되게 합니다.

지우기 힘들어요

아이들이 가진 트라우마의 원인은 정말 다양합니다. 힘들다는 친구의 문자를 받고 달려 나간 곳에서 추락하는 친구를 목격한 아이, 눈앞에서 형제가 교통사고로 죽는 상황을 목격한 아이도 있습니다. 왕따로 인한 외로움과 수치심의 기억들, 학교 폭력의 가해자, 피해자, 방관자로서의 경험으로 학교생활과 사회생활이 힘든 아이들도 있습니다. 여섯 살 때 엄마가 목을 매 죽은 모습을 처음으로 발견한 아이도 있고, 부모의 성관계 장면을 보고 충격을 받은 사춘기 아이도 있습니다. 부모의 심한 불화와 다툼, 별거와 이혼, 재혼을 경험하면서 마음 아파하는 아이도 있고, 신체적·정서적인 학대와 가정 폭력에 노출되어 있는 아이도 있습니다. 부모님과의 갈등으로 매일 전투를 치르는 아이도 있고, 학교에서는 모범적인 생활을 하면서 집에서는 부모님과 칼을 들고 싸우고 있는 아이도 있습니다.

이해할 수 없는 행동을 보이는 아이들 중에는 이런 마음의 상처를 안고 있는 경우가 많습니다. 표정이 없고 우울한 얼굴, 오랜 두려움과 스트레스로 굽은 어깨를 바라보면, 상처를 감추고 있는 아이들의 마음을 조금은 알 수 있습니다.

살겠다는 선택

사람들의 상처는 대부분 사람에게서 받은 것이 많습니다. 배신감과 마음의 고통으로 잠을 못 이루게 되기도 하고, 사람을 만나는 것이 불안해지고, 비슷한 인상을 주는 사람에 대해 공포심을 느끼기도 합니다. 이런 트라우마를 어떻게 극복할 수 있을까요? 나를 배신하고 아픔을 준 사람들을 어떻게 용서할까요?

마음의 북극성인 삶의 목표가 무조건 잘 살기, 그리고 다른 사람들도 잘 살게 도와주는 사람이 되어야 한다는 것을 기억하시지요? 일단 어떤 상황에서도 우리가 어디를 향해야 하는지 정신을 차려야 합니다.

우리나라뿐 아니라 많은 나라들이 전쟁을 겪었고, 지금도 지구 곳곳에 아픔이 많습니다. 눈앞에서 자식을 잃기도 하고 처참한 장면을 보기도 합니다.

열세 살에 부모와 생이별하고 살던 집에서 쫓겨나 여러 번 죽을 고비를 넘긴 유태인 소녀가 할머니가 되었을 때 아픔을 극복하고 살아갈 수 있었던 비결에 대해서 이렇게 말했습니다.

"나에게 아픔을 준 사람도 있지만 나를 도와준 사람도 있었어요. 계속 배신당할 수도 있지만 그래도 살아야 하기 때문에 사람에 대한 믿음을 선택할 수밖에 없었어요."

그렇습니다. 우리가 끔찍한 경험을 이겨 낼 수 있는 힘의 바탕은 바로 사람에 대한 사랑과 믿음을 놓지 않고 실천하겠다는 결심과 선택입니다. 어려운 일이지만 그렇지 않으면 죽기 때문에 '살겠다는 선택'을 해야 합니다. 상처받은 마음을 이겨 내고 더 밝게 살아가겠다는 결심과 선택을 해야 합니다. 어떤 상황에도 불구하고 나를 지금까지 살게 했던, 생명의 큰 힘을 인식하고, 살겠다는 선택을 하는 것입니다. 삶과 사람에 대한 사랑을 잃지 않고 붙들어야 합니다.

더 이상 상처는 없다

일어나지 않았으면 싶은 일과 있어서는 안 될 일이 벌어졌을 때 후회하거나 원망해 봤자 엎질러진 물을 주워 담을 수는 없습니다. 이런 돌이킬 수 없는 일에 대해서 내가 받은 상처를 상처로 보지 않는 것이 치유의 시작입니다.

많은 사람들이 이미 일어난 일을 기억하고 몸서리치면서 반복적으로 계속 상처를 받고 피해자가 됩니다. '나는 피해자가 아니다. 더 이상 상처는 없다'는 당찬 선언이 필요합니다. 법적으로 해결해야 할 일이 있다면, 경찰이나 변호사와 상의해서 피해자로서 사건을 진술하고 마땅한 절차를 밟아야 합니다. 하지만 이런 트라우마에서 벗어나 잘 살게 되는 것이 목표인 심리 치료의 영역에서는 더 이상 피해자가 되지 않고 그 사건이 마치 일어나지 않았던 것처럼 자유로워지는 것이 중요합니다. 그 사건으로 인해 더 이상 나쁜 영향을 받지 않아야 합니다.

그래서 저는 트라우마 치료 전에 법적으로 진술해야 할 상황이 있으면, 미리 다 하고 오라고 합니다. 왜냐하면 트라우마 치료가 성공적으로 끝났을 때는 더 이상 그 일이 큰일로 느껴지지 않고 기억 자체도 바뀌게 되기 때문입니다.

누구나 아픔과 상처가 있다

고집이 세고 산만해서 아빠한테 자주 혼이 나고 얻어맞는 일곱 살 S가 찾아왔습니다. 진료실에 와서 장난감을 가지고 놀다가 문득 이렇게 물어봅니다.

"선생님 아빠도 선생님을 때리나요?"

저를 부모님과 같은 어른으로 보지 않고 자신과 같은 편으로 본 것이지요. 그만큼 저와의 신뢰 관계가 튼튼하기에 가능한 질문입니다.

"선생님 아빠는 지금 돌아가셨단다. 하지만 살아 계셨을 때 때렸지."

"아프게 때렸나요?"

"응, 아프게 때렸어. 맞으면 몸도 아프고 마음도 아팠지."

여기에서 치유가 시작됩니다.

'당신도 맞았군요. 당신도 아팠군요. 그런데 이렇게 어른이 되었군요.'

누군가와 내 아픔을 같이 느낄 수 있다는 것만으로도 사람은 상처에서 빠져나올 힘을 얻습니다. 그리고 나만의 숨겨야 할 비밀이 아니고 누구나 다 가질 수 있는 아픔이라는 것을 알게 되면 편안함을 느끼고 긴장을 풀게 됩니다.

사랑받고 인정받고 싶었던 아버지에게 맞았던 것은 수치스럽고 혼란스러운 기억입니다. 그 속상한 사실에 대해 이야기할 수 있고, 그 기억이 떠올라도 담담하게 바라볼 수 있는 것이 치유의 과정입니다. 두려워서 말할 수 없던 것을 말할 수 있게 되면 그것에서 벗어날 수 있게 됩니다.

중3때 몸이 아파 병원에 갔는데 의사 선생님이 임신 사실을 알려 주면서 "중3밖에 안 되는 애가 어쩌다가"라고 한 말 때문에 더욱 충격적이고 괴로웠다고 말하던 여대생이 있었습니다. 비밀이 수면 위로 떠오를 때 "왜 그랬니? 어쩌다 그랬니?"라고 비난하거나 "대체 네가 어떻게 했길래!" 하면서 이해할 수 없다고 표현하면 안 됩니다. 의사와 치유자의 역할은 판단하거나 잘못을 정죄하지 않고, 상황을 있었던 대로 또는 지금 있는 그대로 존중하는 것입니다.

EMDR 치료

흔히 EMDR 치료라고 불리는 안구운동 민감 소실 및 재처리 요법은 탁월한 트라우마 치료법입니다. 마음속에서 해결되지 않고 남아서 우리를 괴롭히는 아픈 기억과 감정 정보들을 처리해서 자유로워지게 돕습니다. 특이한 것은 몸을 이용한 심리 치료라는 것입니다.

좋은 경험을 강화하기 위한 방법으로 몸을 두드리거나 눈을 움직여서 긍정 기억을 강화하라고 알려 드렸습니다. EMDR의 기법을 약간 단순화시켜서 긍정 기억 강화를 연습한 것입니다. EMDR 치료는 일종의 심리 수술과도 같아서, 과거의 기억을 처리하는 전문적인 지식과 훈련이 필요합니다. 그래서 정신건강의학과 의사들도 EMDR 과정을 충분히 수련한 후에 치료를 하게 됩니다. 말을 잘하지 못하는 아이들도 이 EMDR 치료로 도움을 받습니다. 눈을 양쪽으로 움직여 주거나 손으로 몸의 양쪽을 두드려 주는 양측성 자극을 주면서, 숨 호흡을 하고 나쁜 기억을 재처리하는 것입니다.

좋은 기억 강화를 충분히 한 후에 생각하기도 싫은 고통스러운 감정과 기억을 떠올리면서 작업합니다. 치료사는 도중에 "다 지나간 일입니

다", "지금은 안전합니다", "이렇게 살아 있습니다. 감사하게도"와 같은
긍정적인 암시를 주는 말 혹은 트라우마를 이겨 낼 수 있는 힘을 길러 주
는 긍정적인 문장을 들려주거나 따라하게 하기도 합니다. 그 과정을 통
해 과거 경험에 대한 생각^{인지}과 느낌^{감정, 감각}을 바꾸게 됩니다. 가능하다고
생각될 때는 처음 만난 치료 회기부터 조금씩 트라우마를 처리해 나가는
경우도 있지만, 심각한 트라우마를 가진 내담자의 경우에는 치료사와
신뢰 관계를 쌓는 것이 우선입니다. 그다음 충분히 긍정적인 뇌 기능을
강화해서 고통스러운 옛 기억의 수술을 이겨 낼 준비가 된 후에 조금씩
충격적인 사건을 재처리하게 됩니다.

192   그 일이 내게 주는 교훈

다시 한번, 다음과 같이 이야기해 볼까요?

"어느 누구도 나를 불행하게 만들 순 없어.

오직 나만이 나를 불행하게 만들 수 있어.

하지만 나는 그런 선택을 하지 않을 거야."

더 이상 트라우마에 연연해하며 가해자를 원망하는 불행한 선택을
하지 않고 좋은 선택을 하겠다고 결심해야 합니다. 무슨 일이 일어났던
지 극복하고 잘 살겠다는 의지를 가지면 어떤 나쁜 일이든 모두 내게 도
움이 되는 일로 만들 수 있습니다. 쓰레기 더미 속에서도 꽃을 발견해서
귀하게 간직하는 것이 우리가 할 일입니다. 자신을 파괴하지 않고 살려
내야 합니다.

아빠에게 맞았던 아이는 '아빠가 나를 아프게 했지만 그래도 나를 사

랑했구나. 아빠도 감정에 휩싸이고 화가 나면 해서는 안 되는 행동을 할 수도 있는 한 인간이었구나'라는 것을 이해하면서 마음을 확장할 것입니다. 이렇게 트라우마 정보 처리 심리 치료를 통해 처음에는 생각하기조차 싫었던 기억이 점차 별것 아니고 나에게 영향을 미치지 않는, 심지어 감사한 기억으로까지 바뀌는 경험을 하게 됩니다. 그 기억이 떠오를 때마다 또다시 피해자가 되어 무기력해지고 공포심이 들었던 신체 반응 대신, 적극적으로 삶의 주인이 되어 자신감을 찾고 감사할 수 있는 상태로 변합니다.

고통과
함께
숨을 쉬다

불행한 완벽주의

마음의 건강을 깨뜨리는 강적 중 하나는 '완벽주의'입니다. 연초가 되면 '올 한 해 좋은 일만 가득하기를' 같은 메시지를 주고받곤 하는데, 절대로 늘 좋은 일만 일어날 수는 없습니다. 좋은 일만 일어나라고 바라는 것은 '있을 수 없는 일'을 기원하는 것입니다. 문제가 '없기를' 바라는 대신 문제를 '잘 풀 수 있기를' 기도해야 합니다.

아무 문제가 없어야 한다고 생각하는 사람은 문제가 터지면 어쩔 줄 몰라 합니다. 문제가 생기는 것이 정상이라고 생각하는 사람은 문제가 일어날 때 당황하지 않습니다. 많은 사람들이 잘 살아가기 위해 노력하면서 완벽주의 성향을 보입니다. 나쁜 것은 없애고 좋은 것만 있었으면 합니다. 자라면서 받았던 성적 제일주의 교육도 더러움과 티를 없애고 싶어 하는 결벽증에 영향을 주었을 것입니다. 백 점을 맞아야 하고 1등을 해야 하므로 실수를 하면 절대 안 된다는 생각 때문입니다. 완벽주의는 스스로를 조이는 압박이 되어 결국 불행을 만듭니다. '조금 불완전한 것이 완전한 것'이라는 삶의 본질을 인정해야 건강합니다.

불완전한 대로 완전한 우리

높은 기준은 사람을 죽입니다. 완벽한 목표와 기대치를 세워 놓고 자신과 타인을 바라보면 한숨이 나옵니다. 못마땅합니다. 뭔가 하나를 이루었다고 해도, 기대치를 올려다보면 또 다른 문제가 생깁니다. 무지개를 쫓아가듯 아무리 달려도 잡을 수 없는 상태가 되고, 욕구 불만 상태가 지속됩니다. 우리가 소리쳐 부르면서 행복을 쫓아가지만, 사실은 행복이 우리 뒤에서 제발 좀 잠깐 나를 기다려 달라고 뛰어 온다고 합니다. 마음의 평화와 균형을 찾기 위해서는 현재의 불완전한 상황을 인정해야 합니다. 키가 180cm이면 좋겠지만 170cm밖에 안 되는 아들을 인정해야 하고, 얼굴이 김태희 같으면 좋겠지만 날 닮아서 못생긴 딸을 인정해야 합니다. 올백을 맞았으면 좋겠지만 5등급을 받아 오는 아이를 그러한 대로 인정해야 합니다.

높은 기준에 못 미치는 현재의 상태를 혐오하고 미워하고 닦달하는 것은 나와 주변 사람들 모두를 힘들게 하고, 의욕을 상실하게 만듭니다. 우리의 삶이 '불완전한 채로 완전하다'는 것을 이해해야 마음의 융통성이 생기고, 평화가 찾아옵니다. 그것이 우리가 가야 할 성숙의 방향입니다.

존재하는 것을 존재하는 대로

존재했던 대로, 존재하는 대로, 불완전하고 모자라는 대로, 우리 마음의 자리를 내어 주어야 합니다. 이것은 되고 저것은 안 된다는 마음, 제외시키고 없애 버리려는 마음이 강할수록 우리 몸과 마음은 굳어져 가고 건강하지 않습니다. 모든 사람들에게 비를 내려주는 자연처럼, 구분하지 않고 포용하는 마음으로 우리 삶의 요소들을 껴안아야 합니다. 불편한 마음도, 죄책감도, 잘했던 일도 못했던 일도, 착한 사람도 나쁜 사람도, 모든 존재하는 것들에게 그 나름의 자리를 인정해 주면서 나가야 할 방향을 선택해 나가면 됩니다. 그럴 때 마음이 편해지고, 더 크게 성장할 힘이 생기고, 건강해집니다.

가족 치료에서도 마찬가지입니다. 가족에게 문제가 생기고 가족 전체가 힘들어질 때는 다시 균형을 찾아야 할 때입니다. 이때도 가족의 질서와 평화, 건강을 찾기 위해서, 가족 안에서 소외되거나 잊힌 존재를 바라봐야 합니다. 좋은 치료사는 가족 전체를 살펴서 어디가 균형이 깨졌는지 어디가 비어 있는지를 바라보고, 그러한 대로 품어 안게 하는 역할을 합니다.

잊힌 가족 구성원

가족 중에는 '저 사람만 없으면 우리 가족은 문제가 없는데'싶은 사람들이 있습니다. 그런데 가족 전체 시스템에서 살펴보면, 문제로 지목되는 사람은 가족 중에 사랑이 제일 많은 사람입니다. 가족이 봐야 하지만 보고 싶어 하지 않는 것을 보고 자신의 몸과 마음을 아프게 내어 주고 있기 때문입니다. 마음의 고통을 해결할 때와 마찬가지로, 가족의 병을 해결할 때도 보고 싶지 않던 부분을 바라보는 것이 치료의 시작입니다.

저는 가족 세우기Family Constellation 치료를 통해서 가족의 문제를 해결하곤 합니다. 도저히 용납되지 않거나 받아들일 수 없었던 사람을 피하거나 외면하지 말고, 몸을 돌려 바라보고 품어 안을 때, 많은 문제들이 해결됩니다.

가족 세우기는 독일의 심리 치료사인 버트 헬링거Bert Hellinger, 1925~가 창시한 가족 치료 방법으로 가족의 빈자리를 인식하고 인정하는 것을 중요한 치료의 관점으로 봅니다. 상담에 온 사람들을 세워 바라보게 하고 사람들 사이의 상호작용 에너지 장을 드러나게 해서 가족과 개인의 문제를 해결합니다.

우리에게 소외되고 잊힌 가족 구성원을 기억하고 마음의 자리를 내어 줄 때 가족 시스템은 더 건강하게 변합니다. 가족 내에 흐르는 에너지 소통이 원활해지면, 내 안에서 막혔던 부분도 통하고 건강해지기 시작합니다.

잊힌 가족 구성원은 어떤 사람들일까요? 우리 집의 가치관으로는 받아들일 수 없었던 기대에 못 미쳤던 사람들, 죄를 지은 사람, 장애를 가진 사람들입니다. 또 집을 나가거나 의절한 사람, 가족으로부터 소외되어 죽음을 맞이한 사람일 수 있습니다. 태어나지 못하고 죽은 아이나, 갑작스럽게 우리 곁을 떠나 사망한 가족일 수도 있습니다. 무섭게 생각하거나 외면하기보다 그러했던 대로, 그러한 대로 인정하고 받아들일 때 우리 안의 용납하지 못했던 부분들도 두려움 없이 통합됩니다. 우리 모두는 서로 연결되어 있기 때문에 소외된 가족들을 기억하고 마음의 자리를 내어 줄 때, 문제 행동을 일으키던 아이가 편안해지고, 가족의 병이 사라지고, 가족계가 균형을 찾는 경우를 봅니다. 부족하고 완전하지 않은 대로 내 자신과 우리 가족이 완전하다는 것을 받아들일 때 우리는 건강해집니다.

문제와 함께 숨쉬기

완벽주의자들은 곤란한 문제가 있다는 상황 자체를 못 참습니다. 모든 것이 완벽하게 해결되는 이상적인 상태를 꿈꿉니다. 문제가 해결되기 전까지는 기분도 좋지 않고, 다른 일을 하기도 힘들어하며 불행하다고 느낍니다. 조금이라도 흠이 있으면 모든 것이 잘못된다 생각하고, 포기해 버리려고 하는 극단적인 면도 보입니다. 조금이라도 찝찝한 면을 해결하기 위해서 계속 문제를 부여잡고 있기도 합니다. 하지만 해결하지는 못하고, 사로잡혀 있으면서 점차 몸도 마음의 상태도 병들어 갑니다. 답답하게 숨죽인 채로 웃지도 않고 표정이 굳어 있습니다. 조그마한 흠인데도 받아들이지 못하고 망쳤다고 생각하는 '전부가 아니면 아무것도 아니야 all or none'의 사고를 합니다. 이럴 때는 문제와 함께 숨 쉴 수 있게 돕는 것이 좋은 해결 방법이 됩니다.

크게 숨을 쉰 다음, 소리 내어 말해 보세요.

"제가 이 문제가 있음에도 불구하고 숨 쉬고 웃을 수 있게 해 주세요."

이런 마음가짐이 현재의 문제로 괴로워하는 나를 살리고 균형을 맞추게 합니다.

EFT

몸과 마음의 연결성을 생각하고 건강을 돕기 위한 많은 연구가 있었습니다. 행동 근신경학Behavioral Kinesiology에서는 긍정적인 자기 암시의 말을 하면서 몸의 문제를 다루고, 사고장 요법Thought Field Therapy에서는 부정적인 생각으로 이루어진 생각 에너지 장사고장이 몸과 마음의 에너지 흐름에 미치는 영향을 바로 잡는 방법을 다룹니다.

그 가운데 감정을 자유롭게 할 수 있도록 도와주는 EFTEmotional Freedom Techniques, 감정 자유 기법이라는 마음 치유 기법이 있습니다. 미국의 게리 크레이그Gary Craig가 창시한 건강법으로, 특정 신체 부위를 두드리면서 신체적·심리적 통증을 줄이는 것입니다. 앞서 언급한 EMDR처럼 EFT도 마음을 바꾸는 과정에 몸을 이용하는 건강법입니다. EFT에서는 부정적인 경험의 기억과 정서가 처리되지 않은 상태로 몸속 에너지 시스템에 혼란을 일으키고 고통을 주고 있다고 봅니다. 따라서 신체 부위를 물리적으로 두드려서 에너지가 잘 흐르게 도와주는 원리입니다.

쉽게 표현하자면, EFT는 긍정적인 말을 하면서 몸을 두드려 마음의 고통을 줄이는 방법입니다. 다른 사람이 대신 두드려 주기도 하지만 학생들이나 내담자를 두드리는 것은 오해의 소지가 있기 때문에 스스로 두드리게 하는 것이 좋습니다. EFT에서 이야기하는 대로 정확하게 특정 부위를 두드리는 것을 배우는 것도 좋겠지만, 저는 내담자가 스스로의 건강법으로 쉽게 이용할 수 있도록 자가 치유 방법으로 두피나 얼굴, 가슴, 어깨 등 손이 가는 대로 어디든 두드리라고 합니다. 스스로의 몸을 만지고 쓰다듬고 가볍게 두드리는 것 자체가 나를 발견하고 사랑하고 지금 여기로 돌아오게 하는 치유적인 의미가 있습니다.

EFT 치료 과정에서 말하게 되는 문장은 '통합'의 의미를 가지고 있

습니다. 현재의 고통과 문제점을 이야기하고 그 상황을 받아들인다고 고백하는 것입니다.

"나는 지금 너무 우울하지만 이 감정을 깊이 온전히 받아들입니다."

"나는 지금 너무나 자신감이 없지만 이런 나를 깊이 온전히 받아들입니다."

이 문장들은 문제 상황을 피하지 않고 적극적으로 대처하는 마음 훈련 방법입니다. 문제를 가졌음에도 불구하고 여전히 나를 사랑하고 감싸는 치유적 태도를 보여 줍니다. 완벽주의 퇴치 마음 건강법과 비슷하지요? 고통을 제거하려고 노력하기보다, 이미 내 안에 있는 어려움을 감싸면서 진정한 마음의 평화와 '불완전하지만 완전한 삶'을 누리게 됩니다.

예를 들어 발표를 잘 못했다는 생각에 미칠 것 같은 마음이 들 때는 어떻게 하면 좋을까요?

"나는 발표를 잘 못했지만 나는 이런 나를 괜찮다고 생각합니다."

"나는 제대로 못했지만 이런 나를 진심으로 아끼고 사랑합니다."

부정적인 상황을 일단 솔직하게 고백하고, 그것을 역전시키는 긍정적인 말을 묶어서 해 보는 겁니다.

고통을 사랑하기

부정적인 상황이 떠오를 때마다 몸이 긴장되고 불안했지만 이런 상황을 받아들인다는 말을 하면서 뇌의 긍정 회로를 움직여 몸을 이완시킬 수 있습니다. 문제를 미워하지 않고 받아들이면서 치유가 일어납니다.

신체적인 통증이 있을 때도 이렇게 한번 응용해 보세요. 두통이 있다면 머리가 아픈 부위를 손가락으로 톡톡 두드려 주면서 다음과 같이 이야기해 봅니다.

"나는 지금 머리가 아픕니다. 하지만 나는 이 통증과 함께 숨을 쉽니다."

"지금 머리가 너무 아프지만 나는 이 통증을 온전히 받아들입니다."

이렇게 이야기할 때 깊은 들숨을 쉴 수 있게 됩니다. 문장과 함께 생각이 바뀌면 숨이 바뀌어 몸이 바뀌고 다시 마음이 바뀝니다. 익숙해지면 '맑은 머리'와 같이 짧은 단어를 말하면서 몸을 두드려 줍니다.

이렇게 자신의 문제를 이야기하고 그 문제를 품어 안으면서 더 큰 사람이 됩니다. 문제에 치이지 않고 포용하는 적극적인 마음의 주체가 됩니다. 이렇게 긍정적인 말을 자주 하는 사람은 문제를 미워하지 않는 것이 습관화됩니다. 문제를 없애 버리려 애쓰지 않고 받아들이는 것만으로도 몸과 마음이 평화로워집니다. 모든 치유는 통합하고 통하여 더 넓어지면서 일어납니다. '존재하는 모든 것들이 존재하는 대로 괜찮다'라는 것을 받아들이면서 우리는 성장합니다.

지금 여기에
감사하는
마음의 힘

시간의 중심과 균형 맞추기

몸과 마음에 중심을 잡고 공간의 균형을 맞추듯 시간의 균형을 맞추는 것이 필요합니다. 과거, 현재, 미래의 균형을 맞추는 것이지요. 사람들은 과거나 미래에 사로잡혀 살기 쉽습니다. 과거에 벌어진 일이 자꾸 떠오르고 집착하게 되어 괴로워지다 보니 현재의 삶도 황폐해집니다. 반면 어떤 사람들은 앞날을 걱정해 목표에 도달하는 것에 집착하고 아직 오지 않은 미래에 사로잡혀 있습니다.

대체 현재는 어디에 있을까요? 재미있는 표현이 있습니다.

Yesterday is history^{어제는 이미 역사이고}.

Tomorrow is a mystery^{내일은 알 수 없어}.

But today is a gift^{하지만 오늘은 '선물'이야}.

That's why it is called the present ^{그래서 현재를 'present(선물)'라고 부르지}.

미래에 대해서 우리는 잘 알지 못합니다. 하지만 항상 미래를 불안해하고 최악의 상태를 상상하면서 현재를 소비한다면 불안한 미래가 현재를 차지하는 상황이 됩니다. 이미 지나 버린 과거나 아직 알지 못하는 미래에 대해 불안해하기보다, 현재라는 선물을 받아야겠습니다.

시간 지키기

시간 약속을 잘 못 지키는 사람이 참 많지요? 습관적으로 약속 시간에 늦고 늘 허겁지겁 쫓기며 사는 사람은, '현재'의 시간 속에서 다른 사람은 물론 자신과도 소통하지 못하는 사람입니다. 크게 보지 못하고 전체적인 시간의 균형을 맞추지 못합니다. 무언가를 부여잡고 집착하고 있어서 그다음 시간에 늦습니다.

두 사람이 함께한다는 건 서로에게 시간과 공간을 열어서 내어 주는 것입니다. 사람보다 일을 중요하게 생각하면 다른 사람에게 시간과 공간을 열기 어려워서, 시간 지키기가 힘듭니다. 자신과 다른 사람을 소중하게 느낄 때 풍부한 현재를 살면서 시간의 균형을 맞출 수 있습니다.

시간 약속을 잘 못 지키는 또 다른 이유는 만남이 부담스럽기 때문입니다. 자신감이 없어서 소통과 만남이라는 기쁨을 누리지 못합니다. 다른 사람과 편안한 주고받기를 못하여 회피하고, 일방적인 태도를 보이기 쉽습니다. 대인 공포증은 사람을 회피하고 싶은데 만나게 되어 어쩔 줄 모르는 상황이라고 해석할 수 있습니다.

과정의 소중함

"다섯 시까지 수단과 방법을 동원해서 경복궁 앞으로 모이라"는 미션이 사람들에게 주어졌습니다. 지하철, 자전거, 택시 등 할 수 있는 방법을 모두 동원해서 늦지 않게 가야 합니다. 사람들은 혹시라도 늦을까 봐 정신없이 달리기도 하고 교통 신호를 무시하고 다른 사람을 밀치기도 하면서 헐레벌떡 모였습니다. 한숨을 돌리고 있는데 미션을 주관한 사람이 묻습니다.

"여기까지 오시는 동안 어떤 풍경을 보셨나요? 풍경을 보고 느끼고 만끽한 사람이 이 미션의 최종 승자입니다."

갑자기 멍해집니다. 풍경을 볼 생각은 못하고 무조건 목표를 위해 내달리기만 했는데, 오로지 늦지 않으려고 열심히 달렸는데, 또 미션에서 승리하면 받는 성과만 바라봤는데, 그게 최종 평가가 아니었다니!

인생도 이와 비슷합니다. 미래의 목표를 위해 남보다 더 빨리 가려고 혹은 뒤처지지 않으려고 열심히 살지만, 반면 '지금 여기'의 소중한 많은 것들을 놓치고 살고 있지는 않나요? 잠시 멈추고 숨을 돌리면 소중한 것들이 보이고 들립니다.

자꾸 맞을 짓을 하네

지루하다는 말을 입에 달고 사는 아이들이 많습니다. 그러면서 허전하고 지루한 느낌에서 벗어나기 위해 외부 자극을 찾고 몰입합니다. 내면이 공허한 것을 인식하지 못하기 때문입니다. 지루함을 잘못된 방식으로 극복하려다가 문제를 일으키기도 합니다. 가만히 무관심하게 무시당하는 것보다는 혼나는 것이 더 낫다고 느껴서, 심하게 야단을 맞을 때까지 사고를 칩니다. 상호작용이 없어 지루한 느낌을 좋지 않은 방법으로 푸는 것이지요.

강한 신체 자극을 받거나 소리를 지르게 되면, 일시적으로 몸에 쌓인 에너지를 발산할 수 있고 찝찝한 기분이 해결되는 것처럼 느껴집니다. 하지만 반복되면 평범한 일상의 반복을 쉽게 지루해하고 금지된 일탈 행동을 찾게 됩니다.

보다 더 자극적이고 짜릿하고 강한 것을 찾기 위해 도박에 몰두하고, 심지어 마약에 손을 대기도 합니다. 자신의 인생을 망칠 것을 알면서도 거부하지 못합니다. 왜냐하면 내면의 공허함 속에 오는 지루함이 더 참기 힘들고 두려운 것이기 때문입니다. 아이들에게 긍정적인 방법으로 지루함을 해결하는 방법을 가르쳐 주어야 합니다.

내부 감각을 열어 호흡을 느끼기

아무리 외부 자극의 수위를 높여도, 지루함은 또 찾아옵니다. 지루함은 '충만한 현재'가 없어진 상태이기 때문에, 아무리 허전함을 외부 자극으로 채운다 해도 내면이 허전합니다. 내부 자극과 외부 자극의 균형이 맞지 않으면 결국 지루함, 외로움, 허전함은 채워지지 않습니다. 내부 자극은 우리 몸에 느껴지는 자극들입니다. 고유 감각과 내장 감각과 같은 감각을 포함해, 내적인 생각과 감정도 포함합니다.

몸이 가뿐하고 시원하다고 느끼거나, 무겁고 답답하다고 느끼는 것은 몸의 신체 감각, 그중에서도 고유 감각과 관련 있습니다. 아무리 바깥에서 감각을 찾아 헤매도 이 고유 감각을 적절히 느끼고 인식하고 풀지 않으면 뇌신경계는 부족함을 느낍니다. 그렇다면 자신의 내부 감각을 인식하고 적절한 자극을 주어서 뇌에 내부 감각 '밥'을 주도록 해야겠지요. 몸을 스트레칭하는 것도 좋고, 횡격막과 호흡 근육을 충분히 써서 숨 쉬는 것도 좋고, 내부로 마음의 눈을 돌려 몸에서 나오는 여러 감각 정보에 집중해 보는 것도 좋습니다. 내부 감각의 채널이 열리고 활성화될 때, 외부 감각을 더 이상 쫓지 않아도 되는 상태가 됩니다.

아이들 중에는 알고 있는 내부 감각이 성性적인 감각뿐이라서 자위 행위에 집착하는 아이들도 있습니다. 유아들의 자위 행동도 감각적으로 볼 때는 심심하고 지루해서 강한 자극을 찾기 위한 행동입니다. 그럴 때는 고유 감각과 전정 감각 등 다른 내부 감각을 확장시켜 주어야 합니다.

내부 감각으로 신경을 돌리고 몸을 인식하여 마음으로 돌아오는 좋은 방법 중 하나는, 자신의 호흡을 관찰하는 것입니다. 호흡을 할 때는 우리의 늑간 근육, 횡격막, 복부 근육, 등 근육 등 중심 근육이 모두 사용됩니다. 호흡에 의식을 돌릴 때 우리의 시간도 현재에 머물게 됩니다. '지금'이라는 시간과 '여기'라는 공간이 만납니다.

현재로 돌아오는 가장 좋은 방법은 바로 '숨'이라는 걸 기억해 주세요. 정신줄을 차리는 방법 중 하나가 바로 현재 쉬는 숨을 바라보는 것입니다. 바로 '지금 여기'에서의 숨을 잊어버릴 때, 사람들은 자신을 잃게 됩니다. 왠지 허전하고 불안하고 자신감이 없어집니다. 과거와 미래에 대한 걱정을 잠시 내려놓고 현재의 숨을 쉬어 보세요.

소중한 일상을 발견하기 위한 시간 여행

항상 주위에 있는 공기의 고마움을 못 느끼는 것처럼 익숙해진 일상 생활에 대해서도 무뎌지기 쉽습니다. 새로운 것을 접할 때는 경이로워하고 숨이 바뀔 정도로 행복감이 밀려오지만 새로움도 익숙해지면 지루함이 됩니다. 저는 그럴 때 내담자와 함께 잠시 시간과 공간 인식을 바꾸어서 '현재'의 가치를 느끼게 하는 방법을 씁니다.

현재의 소중함을 재발견할 수 있도록 따라해 볼까요?

과거가 어디쯤 있는지, 허공을 손으로 가리켜 보세요. 또 미래가 어느 쪽에 있다고 느껴지는지, 그쪽 방향도 가리켜 보세요. 그리고 마음속으로 그 두 방향을 직선으로 쭉 이어 보세요. 과거는 과거 방향에 있고 미래는 미래 방향에 있다고 상상하시는 겁니다.

요새는 120세까지 사는 시대라고 하죠? 자, 그럼 이제 눈을 감고, 하늘로 쭉 내 몸이 올라간다고 상상해 보세요. 아주 멀리 올라갑니다. 지구가 조그맣게 보이고 우리가 그어 놓은 시간의 선이 아주 작아 보일 정도로요. 그리고 그 시간의 선을 따라 멀리 미래 방향으로 갑니다. 120세가 되는 시점으로 가세요. 그곳에서 다시 지구로 내려와 나를 살펴보세요. 나이가 많이 들었습니다. 이제 생을 마감하고 죽을 때가 되었습니다. 모든 과거를 추억으로 남기고 이제 떠나야지요. 그런데 마지막으로 과거의 한 시점으로 시간 여행을 잠시 떠날 기회를 얻게 되었습니다. 바로 과거의 '오늘'로 잠깐 돌아오는 것입니다. 자, 눈을 뜨세요. 여러분은 미래에서 잠깐 과거의 오늘로 돌아왔습니다.

주위를 둘러보세요. 갑자기 '지금 여기'의 모든 것이 새롭게 다가오고 신기하게 느껴질 겁니다. 하나하나 감사하고 놀라운 마음으로 일상을 관찰하게 됩니다. 나이 들어 세상을 떠날 때쯤의 미래의 내가 '오늘'의 나를 보면 너무나 젊고 좋을 때입니다. '나는 이렇게 젊었고, 이런 사람들을 만나고 함께 커피를 마셨었지. 이 손 좀 봐, 내 손이 이때는 이렇게 예쁜 손이었구나' 하는 생각이 들 것입니다. 자신의 몸을 바라보고 느끼는 것도 새롭습니다. 주변 사물 모든 것이 예사롭지 않고 소중하게 보입니다.

이렇게 시간의 관점을 바꾸는 시간 여행은 우리 의식을 더 넓고 너그럽게 만듭니다. 현재를 소중하고 감사하게 여기고 만나는 사람도 더 각별히 여기게 될 겁니다. 매일 보는 풍경이지만 새롭고 아름답게 느껴지고 감사하게 생각되는 순간들이 있지요. 그런 경험을 많이 할수록 몸과 마음의 감각이 깨어나고 영혼이 살아납니다. 소중하다고 느낄 때 우리는 현재에 감사하고, 현재를 누리게 됩니다.

아침의 첫 숨

아침에 막 눈을 떴을 때 우리는 어떤 숨을 쉬나요? 밤에 잠들기 직전에는 어떤 숨을 쉬었나요? 잠들기 직전의 숨과 막 일어났을 때의 첫 숨은 서로 연결되어 있습니다. 다음 날 아침, 건강하고 좋은 하루를 시작하려면, 잠들기 전에 기쁜 숨을 쉬어 주세요.

우울증에 빠지면, 아침에 일어나는 순간부터 괴로워지고, 하루를 어떻게 보내야 할지 걱정이 앞섭니다. 내가 누구인지, 어떤 숨을 쉬어야 하는지를 잊어버린 상태라서 그렇습니다. 현재의 숨과 감사함을 잊어버리면 지루하고 불행해집니다.

'지금 여기'에서 생명의 숨이 쉬어지는 것을 느끼고, 그 숨을 사람들과 주고받으면서 살아가면 얼마나 좋을까요? 숨을 쉴 때마다 '나는 살리는 사람'이라는 깨달음을 몸에 새길 수 있으면 얼마나 좋을까요?

잠시 책읽기를 멈추고 '지금 여기 내가 현재 가진 것'에 대해서 무조건 감사해 보기로 해요. 내가 하는 일에 대해서, 내가 만나는 사람에 대해서 감사할 것을 찾아보세요.

지루한 일상이지만, 누군가는 이런 삶을 간절히 바랄 수도 있다는 사실을 기억하세요. 선생님은 아이들을 만날 수 있는 것에 감사하고 아이들을 가르치는 자격을 가지고 있다는 것에 감사합니다. 부모님은 아이를 낳아 키우고 돌볼 수 있는 것에 감사합니다. 힘든 일을 겪고 있다면 지금보다 더 많이 힘든 일을 겪지 않음에 감사해 보세요. 현재의 감사함을 누리는 선생님과 부모님과 함께라면 아이들 또한 현재에 감사하는 마음의 힘을 얻게 됩니다.

몸으로 감사하다

머리로는 감사해야 한다고 알고 있지만, 마음으로는 솔직히 별로 감사하는 마음이 느껴지지 않는다고 말하는 분들이 있습니다. 그래서 더 답답하다고 합니다. 그건 가슴과 몸이 열리지 않아서입니다. 즉 생각이 있더라도 감정과 감각이 열리지 않아서입니다.

이제 여러분은 '호흡과 몸으로 감사하는 느낌'을 저장하시기 바랍니다. '감사의 들숨'을 기억하고 그 숨을 쉬어 보세요. 감사는 생각이나 마음이 아니라, 몸으로, 호흡으로 하는 것입니다. 그 감사의 호흡을 몸에

코드화해서 저장하세요.

마음으로는 동의하지 않아도 입으로 "감사합니다"라고 말해 보세요. 그렇게 입과 숨이 움직여 몸이 달라지면 마음 또한 움직이기 시작합니다. 몸이 먼저입니다. 감정을 나라고 착각하지 말고 우리 몸 안에 더욱 많은 내가 들어 있다는 것을 기억해 주세요. 그렇게 숨이 바뀌고 몸이 열려 '지금 여기'를 느끼며 감사한 숨을 쉴 때 우리는 건강해집니다.

마음의 상
바꾸기

마음의 원리

부모님과 선생님들이 아이들을 혼내고 잔소리를 하는 것은 아이를 잘되게 하기 위해서, 혹은 잘못되면 어쩌나 하는 걱정 때문입니다. 잘못되면 안 되니까 잘되는 방법을 가르쳐 주기 위해서, 또 잘못하는 게 눈에 보이니까 그냥 넘어갈 수 없어서 고쳐 주려고 이야기를 하게 됩니다. 그런데 아이들은 화를 내고 듣기 싫어하며 귀를 닫습니다.

왜 그럴까요? 바로 부정적인 내용 때문입니다. 선생님과 부모님의 말은 아이들에게 강력한 암시가 됩니다. 간단한 실험을 한번 해 볼까요?

지금부터 여러분은 절대 빨간 코끼리를 생각하지 마세요. 절대로 빨간 코끼리를 생각하면 안 됩니다. 빨간 코끼리는 좋지 않아요. 절대 생각하지 마세요. 빨간 코끼리는 안 됩니다.

어떠셨나요? 지금도 빨간 코끼리가 눈앞에 아른거리죠? 생각하지 않으려고 해도 더 많이 생각나죠? 이런 게 마음의 원리입니다.

아이들을 교육하고 치유할 때, 부정적인 단어를 쓰면 도리어 그 부정적인 말이 아이들에게 각인됩니다.

흔히 많이 하는 말이 있죠? "너 이렇게 공부 안 해서 나중에 어떻게 처자식을 먹여 살리려고 그래?", "그렇게 맘대로 살다간 노숙자가 될 수도 있어", "세상이 얼마나 험난한 곳인데 그런 정신머리로!" 이런 말을 들을 때 아이는 자신의 미래에 좋지 않은 이미지를 자기도 모르게 상상하게 됩니다. 특히 부모님이나 선생님처럼 자신에게 중요한 사람들의 말은 아이에게 강력한 암시가 됩니다.

뇌는 선과 악을 잘 구분하지 않습니다. 많이 듣는 정보를 처리합니다. 부정이든 긍정이든 에너지를 많이 쏟은 정보가 중요하다고 생각하고 더 빠른 속도로 처리합니다. 부모님과 선생님들은 아이들을 살리는 사람들입니다. 잘못된 행동을 지적하더라도 부정적인 단어는 버려야 할 필요가 있습니다.

흔들리는 눈빛의 고3

고3인 E는 수능 시험이 몇 달 남지 않았는데 매우 불안해해서 엄마가 상담에 데리고 왔습니다. 키도 크고 잘생긴 얼굴이었는데 두 달 전부터 시뻘겋고 독한 여드름이 얼굴 전체에 잔뜩 생겼다고 했습니다. 몸과 마음에 균형이 깨진 모습이었죠. 눈동자는 불안하게 흔들리고 있었고 행동도 안절부절못했습니다.

고3이나 재수생 같은 수험생을 상담할 때는 아무래도 일단 시험을 잘 치를 수 있게 돕는 것을 목표로 합니다. 시험장에서 실력 발휘를 잘하고 오려면 무엇보다 기가 살아 있어야 합니다. 그런데 시험 스트레스에 치이게 되면, 노예처럼 수험 생활을 하게 됩니다. 실패하는 상상을 많이 하게 되고 더욱 불안해집니다. 그렇게 기가 죽고 몸과 마음의 균형이 상실된 채로 억지로 버텨 봐야 결과는 좋지 않습니다.

E는 시험을 망칠지도 모른다는 불안감, 대학에 다 떨어지고 오갈 데가 없어질지도 모른다는 생각이 자꾸 들고, 수능 날이 마치 도살장에 끌려가는 날처럼 느껴진다고 했습니다. 재수는 하고 싶지 않은데 이렇게 공부가 손에 안 잡히니 죽고 싶은 생각까지 든다고 했습니다. 공부를 꽤 잘하는 아이인데 이렇게 패배 의식에 젖어서 원치 않는 길로 점점 더 가고 있는 모습이었습니다. 이럴 때 제가 하는 일은 바로 이런 잘못된 반복되는 생각과 상像, image을 바꾸는 일입니다.

반복해서 부정적인 영상을 보는 아이들

어린아이들이 생기 있고 활기찬 이유는 상상을 하기 때문입니다. 상상의 나래를 펼 때 아이들은 행복합니다. 그런데 언제부턴가 그런 자기만의 상상의 세계가 없어지게 됩니다. 자기가 가진 상을 죽이는 방법은 남이 보여 주는 상을 끊임없이 보는 것입니다. 텔레비전이나 동영상, 남이 보여 주는 이미지를 여과 없이 자주 보고 스스로 상상하는 시간을 갖지 않으면 자기만의 행복한 영화 상영이 중단됩니다. 심지어 고장 난 비디오처럼 잘못된 상상만 계속 반복해서 상영하는 상황이 되기도 합니다.

아이들 마음 읽기

사람들은 누구나 반복되는 이미지와 영상을 가지고 있습니다. 그런데 많은 아이들이 실패하는 상상, 창피당하는 상상, 일이 잘 안 되는 상상을 하곤 합니다. 그런 두려움 때문에 게으름을 피우지 않고 열심히 공부하게 되기도 하지만, 지나치면 불안감에 빠져서 아무것도 못하거나 능력 발휘가 어렵게 됩니다. 자신이 곤란에 빠지고 창피를 당하는 사진과 영상을 계속 보면 어떻게 될까요? 최악의 시나리오를 만들어 자꾸 상영하게 되면 주눅이 들고 기가 죽습니다.

"다른 아이들이 나를 싫어해요" 하고 고민하는 아이를 상담해 보면 남들이 자기를 싫어하고 결국 자기를 떠나는 장면을 반복해서 상상하는 경우가 많습니다. 계속 친구들이 자기를 흉보는 장면을 상상하기 때문에 일상생활에서도 다른 아이들이 하는 사소한 행동이나 말을 쉽게 왜곡해 받아들이고 속상해합니다. 의처증이나 의부증에 빠진 아내나 남편도 마찬가지입니다. 눈을 감으면 배우자가 부정을 저지르는 장면이 떠올라 괴로워 미치겠다고 합니다. 그래서 배우자를 의심하고 비난합니다.

원하는 영화를 만들어 상영하기

'미래를 향해서 원대한 비전을 가져라'라는 말을 들어 보셨지요? 꿈과 희망을 가지라는 말입니다. 비전vision이란 '바라보는 상image'을 의미합니다. 성공을 하려면 성공하는 모습을 되도록 생생하게 그려 보라는 이야기입니다. 생생한 비전을 가진 사람은 자신이 성공하는 상을 생생하게 떠올릴 수 있습니다. '상상하면 이루어진다' 혹은 '꿈을 꾸는 대로 이루어진다'라고도 합니다. 꿈꾼다고 다 이루어지지는 않겠지만 꿈을 꾸지 않으면 아예 이룰 것도 없습니다. 현실에서의 노력도 중요하고 운도 따라야 하지만, 일단 내가 무엇을 원하는지를 스스로 알아차리는 것이 시작입니다. 스스로 어떤 영상을 상영할지, 우리는 선택할 수 있습니다.

부정적인 상을 변화시켜서 새로운 상을 만들어 보는 연습을 함께 해 볼까요? 지금 내가 원하는 것이 무엇인지부터 상상해 보세요. 가장 아름답고 신나는 시나리오를 써 보세요. 그리고 그 시나리오에 따라 내가 주인공인 영화를 상상으로 찍어 보세요. 나의 얼굴, 미소, 표정, 내가 입고 있는 옷, 주변 인물, 배경 등 모든 것을 마음대로 상상해 보세요. 성공의 이미지가 담긴 영상에는 주인공인 나 이외에도 다른 사람을 꼭 등장시키도록 합니다. 자신도 잘 살고 다른 사람도 행복하게 잘 사는 상을 그려 봅니다. 우리 안에 있는 '큰 나'는 같이 잘 살도록 프로그래밍되어 있기 때문에 혼자서 잘나가는 영상보다 훨씬 성공 가능성이 높아집니다.

남보다 더 잘나가고자 하는 사람은 성공하기 어렵습니다. 다른 사람을 배려하지 않는 괴물이 되기 쉽고 결국에는 자기 능력도 발휘하기 어렵게 됩니다. 다른 사람과 함께하는 성공이어야 의미가 있습니다. 그리고 그 영상을 더 생생하게, 더 자주 볼수록 실현 가능성이 높아집니다. 원하는 상으로 바꾼다는 의미는 원하는 미래가 이미 이루어진 듯이 느끼고 그 장면을 감정적으로 누리는 것입니다.

성공 불안

긍정적인 상상을 어려워하는 사람이 의외로 많습니다. 성공하면 불안해지는 성공 불안증이 있거나, 죄책감이 많은 사람들, 긍정적인 상상의 뇌 회로를 평소에 거의 쓰지 않았던 사람들이 그렇습니다. 그런 상태라면 반성하고, 조금씩 짧은 긍정 이미지부터 떠올리는 것을 연습해 나가야 합니다.

좋은 장면을 상상해도 아무런 감정을 느끼지 못하는 사람들도 있습니다. 자신이 잘되는 것이 죄를 짓는 것처럼 느껴지고, 자기만 편하면 안 될 것 같은 불안감과 불편함을 느끼기 때문입니다. 자신은 성공할 자격이 없다고 생각하기도 합니다. 또 이루어지지도 않을 상상인데 괜히 했다가 나중에 실망할까 봐 두려워서 좋아하지 못하겠다고 합니다. 미리 좋아했던 자신이 바보처럼 느껴지고 자괴감에 빠지는 게 두렵습니다. 좌절을 이겨 낼 힘이 없어서 그런 상황이 올까 봐 공포감을 느끼고, 차라리 도전하지 않는 편을 택합니다. 창피함을 이겨 내지 못하고, 열등감을 감추고 싶어 합니다.

이런 사람들에게는 더더욱 긍정적인 이미지가 필요합니다. 긍정적인 상을 가지고 있어야 꿈이 실현될 가능성이 높아집니다. 설사 그 꿈이 이루어지지 않는다 해도 이미 눈빛이 살아 있고 자세와 숨이 살아 있다면 그것이 성공입니다. 긍정적으로 상을 가지면 다시 도전하는 다른 일에서도 성공할 수 있습니다.

우리 영화 한번 만들어 볼까요?

선생님들과 부모님들이 스스로 긍정적인 상을 많이 가지고 있어야 아이들에게도 동기 부여를 해 줄 수 있습니다. 부정적이고 걱정스러운 상을 가지고 있다면 아이들을 만날 때마다 지적하고 혼을 내게 되지요.

아이들이 하루를 즐겁게 시작하도록 자신만의 좋은 이미지와 10초 정도의 짧은 동영상을 떠올리는 상상을 하도록 해 주세요. 처음에는 좀 어렵지만 한 번 두 번 해 볼수록 한 편의 영화가 만들어집니다.

예를 들면, 선생님이 되고 싶은 아이들은 교실에서 재밌게 수업을 하고 학생들과 함께 행복해하는 모습을 상상하면 됩니다. 외교관이 되고 싶다면 국제회의에 참석해서 멋진 발표로 국익에 도움을 주는 장면을 상상하면 됩니다. 미용사가 되고 싶다면 멋진 미용실에서 다른 사람의 머리를 디자인해 주고 감사해하는 고객의 모습을 상상하는 겁니다. 대인관계가 어려운 아이라면 다른 사람들과 편안하게 대화하고 있는 자신의 얼굴을 생생하게 상상하도록 해 주세요.

그렇게 자신이 주인공인 행복한 장면을 0.1초 만에 어디서든 꺼내 볼 수 있도록 지니고 다닙니다. 그래서 실제 상황에서 발표를 하거나 다른 사람을 만날 때에도 그 상을 떠올릴 수 있도록 합니다. 그 상이 내 이마에서 프로젝터 빔처럼 쏴져서 영상을 만든다고 상상해도 좋습니다. 긍정적인 상을 가진 아이들은 눈빛이 살아 있고, 삶의 목적이 확실하며, 좋은 기운을 주변 사람들에게 전파합니다.

중요한 또 하나는 그 영화를 보면서 활짝 웃을 수 있어야 합니다. 감정을 누리고 표현하는 것까지 연습하도록 도와주세요. 성공하는 장면을 상상하는 것이 창피하다고 몰래 돌려 보면서 감정을 억제하면 안 됩니다. 자기가 가장 원하는 일들이 이루어지는 이미지를 보면서 인상을 찌푸린다면 무언가 잘못된 것이지요. 진정으로 자신이 잘되는 것을 감정적으로는 원하지 않고 있다는 겁니다.

영화는 모두가 함께 잘 사는 내용이므로 자신이 잘될수록 주변 사람도 좋아진다는 걸 잊지 마세요. 감동이 없는 영화는 다른 사람의 영화일 뿐입니다. 볼 때마다 그렇게 되고 싶고, 마치 이미 내가 그렇게 된 듯이 느끼고, 감사한 마음에 활짝 웃을 수 있다면 자신의 영화가 되어 실현 가능성이 높아집니다. 뇌가 그렇게 믿고 행동하도록 돕기 때문이지요. 그렇게 웃을 수 있다면 상상하는 미래가 현실이 되고, 현실은 더 멋진 미래를 부르게 됩니다.

내 영화에 숨을 불어 넣다

시험 불안으로 시달리던 고3 수험생 E의 이야기로 다시 돌아가 볼까요? 시험이 얼마 남지 않은데다 심리 치료에 많은 시간을 할애할 수 없는 수험생을 성공적으로 도우려면, 심리 분석이나 말로 하는 치료를 하기보다 먼저 몸으로 아이를 살리는 게 좋습니다. 백 마디 말보다 이미지를 즉각적으로 바꾸는 훈련이 필요합니다.

자신이 성공하는 상을 보고, 웃고 뛰면서 호흡하는 훈련을 통해 E는 눈빛이 살아났습니다. 불안한 숨을 더 이상 쉬지 않게 되고, 땅을 쳐다보며 흔들리고 초점 없던 시선이 사라졌습니다. 자신감 있는 자세, 중심 근육을 잘 잡고 버티는 것, 그리고 어깨와 얼굴 등 상체는 최대한 힘을 빼고 편안하게 이완하는 훈련으로, 원래 가진 몸과 마음의 균형 감각을 찾게 되었습니다.

'함께 잘 살기'라는 삶의 목표 확인, 최악의 상황에서도 인생의 무대에서 버텨 내는 훈련, 시험장에서의 여러 상황을 그려 보며 대처하는 연습, 인생을 크게 보기, 실패하는 언어를 바꾸어 새로운 언어로 직접 표현하기, 이미 성공한 사람처럼 밝은 표정을 짓고 감정을 느끼는 훈련으로 조금씩 용기를 얻게 되었습니다. 결국 E는 최상의 컨디션으로 시험장에 들어갈 수 있었고, 평소 모의고사 때보다도 더 좋은 수능 성적을 얻어 상상했던 대로 활짝 웃을 수 있었습니다.

그 행동은
너에게
어울리지 않아

이해할 수 없는 아이들

치유의 목적은 '살리기'입니다. 아이들 안에 있는 좋지 않은 부분을 죽이기보다, 좋은 부분을 살려 내는 걸 항상 마음속에 두어야 합니다.

아이들을 대하다 보면 별의별 문제 행동을 마주치게 되지요. 수업 중에 떠드는 아이, 예의 없는 아이, 반항적인 아이, 말을 안 듣는 아이들은 양반입니다. 학교 교칙을 반복적으로 어기고 등교 거부를 하거나 가출을 하기도 합니다. 어른들에게 폭언과 폭행을 하는 아이, 다른 학생을 때리고 협박하는 아이, 성과 관련된 문제를 일으키는 아이도 있습니다. 편의점에서나 오토바이 등을 훔쳐서 경찰서에 잡혀가기도 하고 아이들의 지갑이나 교사의 물건에 손을 대기도 합니다.

대부분 가난해서가 아니라, 도덕성이 부족하고 다른 사람의 아픔을 공감하지 못해서 일어나는 일입니다. 이렇게 이해의 한계를 넘어서는

아이들을 만날 때 어떻게 도와줘야 할지 좌절감을 느끼고 고민을 하게
됩니다.

가르치지 않는다, 움직이게 돕는다

아이들에게 '이게 정답이니 너희는 배운 대로 하면 된다. 저건 정답
이 아니니 저렇게 하면 안 된다'를 가르치는게 교육은 아니겠지요? 그렇
게 되면 아이들과 마찰이 있게 되고 아이들은 더 움직이지 않습니다.

심리 치료도 내담자를 가르치는 것이 아닙니다. 모든 사람은 자기 나
름대로의 방식이 있고, 옳다고 생각하는 것과 하고 싶은 것이 있습니다.
틀렸다고 고치라고 하면 도리어 귀를 닫고, 관계마저도 깨지게 됩니다.
더 이상의 변화도 불가능하지요. 자신한테 좋다고 스스로 느끼지 않는
한, 아이들은 선생님이나 부모님 말을 듣지 않습니다. 그래서 먼저 믿을
수 있는 관계가 형성되어 있어야 합니다. 가르치려 들기보다 아이들을
미숙한 대로, 그러한 대로 존중하고 예뻐하면서 새로운 방법과 희망을
제안하는 역할을 해야 합니다.

학생 고객

저는 의료가 서비스업이고, 의사는 의료 서비스를 제공하는 사람이
라고 이야기하곤 합니다. 내담자가 건강해지도록 길을 찾게 도와주는
도우미와도 같습니다. 치료든 교육이든 아이들을 성장시킨다는 의미에

서는 같습니다. 선생님들도 교육 서비스를 제공하는 사람들이고, 학생들은 선생님들의 고객일 수 있습니다. 아이들이 사회에 나가서 어울려 잘 살 수 있도록 교육 서비스를 제공하라는 임무와 자격을 부여받은 사람입니다. 그런 마음으로 일을 할 때, 의사든 선생님이든 진정으로 자신의 에너지를 아이들에게 잘 전달할 수 있고, 존경받을 수 있다고 봅니다. 스스로가 위에서 일방적으로 주는 사람이라고만 생각하면 관계가 잘 형성되지 않습니다. 아이들 입장에서 받기를 거부하거나, 심지어 "자기가 뭔데?" 하면서 반발하는 경우까지 생기곤 합니다.

부모도 마찬가지입니다. 부모는 아이들을 성인이 될 때까지 잘 키워내라고 잠시 위탁받은 사람들입니다. "내가 먹여 주고 입혀 주니 내 말을 들어야 해" 하며 빚쟁이처럼 채근하거나 "내 영재 교육 프로젝트에 따르면 너는 지금 이렇게 해야 해"라고 자기만족을 위해 아이를 이용하거나 "그렇게 학원비를 들였는데 결과가 이 정도냐"라고 비난하거나 "너희들은 미숙하고 열등한 사람들이고 내가 낳았으니 내 소유물이야"라고 화를 낸다면 부모의 역할에 대해 다시 한 번 생각해 봐야 합니다.

많은 부모님들이 옆집 아이에게는 절대로 하지 않는 말과 행동을, 내 집에서 내 아이에게는 함부로 하곤 합니다. 있는 대로 성질을 부리고, 어쩔 때는 폭력도 행사합니다. 그런데 잠시 맡겨진 아이들을 도와주는 부모 서비스 제공자라고 생각한다면 보다 귀하게 부모 역할을 할 수 있지 않을까요? 어떻게 하면 부모 서비스를 더 잘 제공할 수 있을까 하며 고민하게 되지 않을까요?

섬기는 마음이 있을 때 우리는 더 조심하게 되고 각자 맡은 역할을 더 잘하게 됩니다. 사람이 얼마나 귀합니까? 이런 '사람'을 돕는 역할을 부모로서, 교사로서, 의사로서 부여받은 사람은 얼마나 귀한 일을 하고 있는 걸까요? 그 사실을 잊어버리면 일상의 스트레스에 치이기 쉽습니다. 감사하는 마음으로 그 일을 감당하면 보람과 감동과 행복을 선물로 받게 됩니다.

왜 그럴까?

도덕적으로 판단하기에 앞서서 아이들을 변화시키고 이끌려면 항상 아이들이 왜 그런 문제를 일으키는지를 생각해 봐야 합니다. 뇌에서의 불균형, 몸의 불균형, 심리적인 불균형이 있는지를 생각해 봐야 합니다. 관계의 불균형도 고려해야 합니다. 가족과 주변 사람을 위해 계속 문제 행동을 보여 주고, 가족이나 자기가 속해 있는 '계'의 불균형을 나타내 주는 역할을 하고 있는 아이들이 있습니다. 나쁜 아이들이 아니라, 결국 모두를 더 성장시키고 발전하게 하는 고마운 아이들입니다.

수업 중에 떠들고 수업을 방해하고 행동 조절이 어려운 아이들의 경우, 몸의 입장에서 보면 뇌신경계적으로 집중력이 부족하고 수업 내용을 이해할 수 없는 상태일 수 있습니다. 심리적으로는 패배 의식이 있고 이미 자신이 낙오자가 되었다고 느끼고 있을 수 있습니다. 많은 것을 기대하는 부모님이 부담스러울 수 있고, 자기 비하와 무기력감, 열등감을 느낄 수 있습니다. 공부하는 아이들을 비웃듯 수업을 방해하는 것이 이 아이들이 가지는 유일한 감정 분출과 해결책인지도 모릅니다. 못된 아이들, 가정교육이 안 된 아이들, 버르장머리 없는 아이들로 생각하고 못마땅하게 느낄수록 아이들은 더더욱 어긋날 것입니다. 뇌신경계에서의 정보 처리에 어려움이 있는 아이들은 야단을 맞아서 불안해지면 더더욱 행동이 조절되지 않을 것이고, 부정적인 감정과 절망적인 생각을 가진 아이들은 더더욱 위로받지 못하고 좌절하기 때문에 더 엇나가겠지요. 이 아이들은 나름 살려고 발버둥치고 있다는 것을 알아야 합니다.

학교생활이 숨 막혀서 더 이상 있을 수 없으니 그렇게라도 자기 존재 가치를 찾으려 하는 것입니다. 더 이상 살 필요가 없다고 느끼고, 가치 없는 사람이라 생각하고, 다른 사람과 고립되기 시작한다면 더 큰일입니다. 이런 실망과 좌절감에 자살이라는 극단적인 선택을 하거나 은둔형 외톨이처럼 밖으로 나오지 못하고 안에서 생활하고 세상과 단절되어 살아가기도 합니다. 어떤 아이들은 자신의 불행을 다른 사람에게 받은 상처 때문이라고 생각하고 분노를 키우고 복수를 꿈꾸면서 공격적으로 변하기도 합니다. 부모, 선생님, 치유자, 사회 시스템은 이렇게 힘들어하는 아이들의 마음을 풀어서 건강한 성인이 되도록 도와야 합니다.

좋은 부분 자극하기

아이들의 행동을 바꾸려면 마음을 움직여야 하고, 아이들의 마음이 움직이려면 아이들이 판단할 때 가치 있는 것이어야 합니다. 마음이 살아 움직여야 아이들이 바뀝니다. 아이의 마음을 죽여 버리면 아이의 나쁜 행동을 고칠 수도 없습니다. 나쁜 행동은 바로 죽은 마음에서 나옵니다.

아이의 자존감과 아이 안에 있는 좋은 부분을 자극해 주세요. 어떤 아이들은 좋고 선한 부분이 3% 정도밖에 없구나 하는 생각이 들 정도로 97%가 문제투성이인 경우가 있습니다. 어디서부터 손을 대야 할지 모르겠다는 생각이 들고 한숨이 나옵니다. 많은 사람들이 심지어 부모까지도 등을 돌리게 되는 아이들입니다. 그럴 때 치유자로서 해야 하는 일은 그 3%를 찾아서 인정해 주고 거기에 반응하는 것입니다.

무조건 좋게만 보자는 것은 아닙니다. 97%의 나쁜 모습을 파악하고 해결하려는 지혜를 가지고 있으면서도 3%의 좋은 면을 키워서 점차 10%, 15%로 만들고 언젠가는 70%로 만들어 내려는 의지로 아이를 대하는 것입니다. 그러면 신기하게도 아이 안에 있던 3%가 반응하기 시작합니다.

아이들의 마음속에는 잘 살고 싶은 마음이 반드시 있습니다. 그리고 그 잘 살고 싶은 마음은 도움을 기다립니다. 따스한 햇볕과 물을 필요로 합니다.

그 행동은 너와 어울리지 않아

어른들도 실수를 하듯이, 자라나는 아이들이기에 더 많이 실수하고, 어처구니없는 행동도 하고, 나쁜 짓도 많이 합니다. 실수하지 않기를 바라지 말고 실수를 줄여 갈 수 있도록, 무엇이 옳은지를 조금씩 깨닫게 도와주어야 합니다.

특히 청소년들은 비난하면 변화하기 어렵습니다. 청소년들은 스스로 꽤나 많이 안다고 생각합니다. 신체적인 힘도 세졌을 뿐 아니라, 말싸움도 잘하고, 반항하여 어른을 화나게 하는 많은 방법을 알고 있습니다. 자라오면서 받은 상처가 많아 마음이 닫혀 있고, 잘못된 필터를 가지고 있어서 무엇이든지 거부합니다. 그래서 더욱 긍정적인 방법이 필요합니다.

"너는 좋은 아이야. 그 행동은 너한테 어울리지 않아. 너는 훌륭한 사람이란다"라고 말해 주세요. 아이들이 잘못된 행동을 하는 것은 자기가 어떤 사람인지 몰라서입니다. 자신이 하늘의 속성을 가진 좋은 사람이고 남을 돕는 사람이라는 것을 인식할 수 있도록 도와주어야 합니다. 미소만으로도 세상을 밝게 바꿀 수 있는 강력한 사람이라는 것을 알려 주세요. 건강하고 행복하게, 활기차고 재미있게 잘 살아야 하는 사람이고, 다른 사람도 건강하고 행복하게 잘 살게 도와줄 사람이라는 것을 알려 주세요. 그렇게 변화하고 성숙해지는 것이 우리 모두의 과제입니다.

'아이들이 스승'이라는 말은 아이들을 가르치면서 어른들이 성장한다는 말입니다. 아이들은 부모나 선생님, 치유자로서의 한계와 문제점을 알게 해 주어 성장하지 않을 수 없게 만듭니다.

부모도 알아야 한다

아이의 문제 행동은 부모도 꼭 알아야 합니다. 평생 아이를 교육하고 책임져야 할 사람은 바로 부모이지요. 그런데 학교에 불려 가거나 선생님과 상담한 후 부모님이 집에서 아이를 더 혼내고, 서로 싸우고, 더 부정적으로 대해서 아이를 엇나가게 만드는 경우도 있습니다. 부모님이 아이를 도울 역량이 어느 정도 있는지 선생님 입장에서 살펴보고 적절하게 조언을 해야 합니다. 아이보다 부모님이 더 문제가 많아 선생님을 힘들게 하는 경우도 있지만, 선생님은 어떻게 해서든 변화할 수 있도록 아이와 부모님을 도와주어야 하는 자리에 있습니다. 그러기 위해서는 먼저 서로 긍정적인 신뢰감이 형성되어야 합니다. 선생님이 아이를 미워하고 비난하여, 문제아로 인식하지 않고, 정말로 아이를 도우려는 사람임을 알게 해야 합니다.

　의외로 부모가 아이를 잘 모르는 경우가 많습니다. 주변 사람은 다 아는 것을 정작 부모는 못 보는 겁니다. 저는 아이들을 상담할 때 부모에게 그동안 아이를 가르쳤던 유치원 선생님, 각 학년 담임선생님, 학원 선생님은 아이에 대해 어떻게 이야기했었냐고 꼭 물어봅니다. 책임감이 있는 선생님들은 어떤 방법으로든 아이를 위해 필요한 이야기를 전달하기 마련입니다. 선생님이 아이의 문제에 대해서 알려 주었을 때, 당시에는 이해가 안 되고 기분이 나빴지만, 시간이 지나고 생각해 보니 여러 아이들을 객관적으로 볼 수 있는 위치에 있던 선생님의 의견이 정확했구나, 그때 이야기를 해 주지 않았으면 어떻게 될 뻔했을까 하고 고마워하는 경우가 많습니다. 또 그때 선생님 말을 좀 귀담아들을걸 하면서 후회하는 경우도 있습니다.

　아이의 문제를 알고 있지만 인정하지 않으려는 부모도 많습니다. 아이를 잘못 키웠다는 비난을 받는 것이 두려워서, 그리고 아이의 문제를 인정하면 스스로 패배감과 절망감에 빠질까 봐 그렇습니다. 그래서 아이의 문제 행동을 알게 되면 오히려 선생님을 비난하거나 문제를 부인하려고 합니다. 그런 약한 부모일수록 선생님이 아이의 장점을 알고 있고 잘되게 도우려는 사람임을 신뢰할 수 있도록 도와주어야 합니다.

　상담을 망설이는 부모님에게 이렇게 이야기해 주세요.

　"○○는 ~한 면이 좋습니다. ~한 장점도 있습니다. 좋은 아이입니다. 그리고 지금은 어려움이 있지만 저와 부모님이 함께 도와주면 많이 좋아질 것입니다. 교사인 제가 이런 말을 할 때 부모님이 많이 속상하실 수 있고 저도 조심스럽지만 저는 ○○를 위해서 제가 객관적으로 보는 어려운 점들을 부모님께 알려 드리고 바른 길로 잘 크게 도와줄 의무가 있습니다. 저는 ○○가 잘되기를 진심으로 바랍니다. 같이 힘을 합쳐 보아요"라고요.

상담을 받아 보세요!

치료가 필요하다고 생각되는 아이들에게는 상담을 받아 보기를 권해 주셔도 됩니다. 학교에서 문제 행동을 보이는 아이들이 상담을 받을 수 있는 길은 많습니다. 하지만 아이의 상담이나 치료를 거부하는 부모가 의외로 많습니다. 아이가 문제아로 낙인이 찍힐까 봐 두렵고 치료에 대해 오해를 하고 아이 상태의 심각성을 모르기 때문입니다. 어떤 때는 아이의 건강과 성장보다는 부모 자신의 체면을 더 생각하는 것처럼 보이기도 합니다.

선생님이 자신의 아이에게 손을 떼고, 다른 선생님한테 떠넘기려 한다고 오해할 수도 있습니다. 편견을 없앨 수 있도록 미리 신뢰 관계를 형성하고, 다양한 정보를 주는 것이 필요합니다.

신뢰가 쌓이면 진심을 담아 이렇게 이야기해 주세요.

"저는 전문가 선생님을 만나서 ○○를 어떻게 도울지 상의하면 좋겠다고 생각합니다. 제 주변에서도 상담을 받고 좋아진 아이들이 많습니다. ○○가 건강하게 잘 자라도록 저와 부모님이 도와줄 방법도 조언받을 수 있을 거예요. 저도 ○○를 위해서 담임교사로서 할 수 있는 일이 무언지 고민하고 열심히 돕겠습니다."

상담과 치료를 권하는 것이 교사로서도 힘든 일이지만, 멀리 보았을 때 아이를 돕는 중요한 일이라는 것을 기억해야 합니다.

문제가 있지만 여전히 우리 아이

어릴 적 중증 자폐 장애아였다가 세계적인 동물학자로 성장한 템플 그랜딘Temple Grandin, 1947~은 성장기에 남다르게 많은 문제 행동을 보였습니다. 중학교 때는 아이들 옷을 숨기고 자신을 놀리는 아이들을 때려서 결국 퇴학을 당합니다. 하지만 퇴학이 전화위복이 되어서 새로 입학한 대안학교에서 몸을 많이 쓰는 작업 활동을 하고 적응하면서 문제점을 극복하기 시작합니다.

새 학교에서의 적응도 힘들었지만 부모가 '성공할 거야'라는 암시를 주고, 학교 선생님이 '너는 재능을 타고난 사람'이라며 용기를 주었습니다. 이렇게 자신을 인정해 주는 학교에서 성공하고 싶은 마음이 조금씩 들게 된 거지요. 문제 행동을 많이 보였을 때도 엄마는 "문제가 있지만 여전히 우리 아이이며, 아이에 대한 우리 가족의 태도는 변함이 없을 거예요"라는 말로 템플 그랜딘을 지지합니다. 이런 부모님과 선생님의 노력은 그를 성장하게 만들었습니다. 만약 문제 행동에 대해 적절한 조치를 받지 않았다면 그는 사회적으로 받아들여지는 행동을 해야 한다는 사실을 끝까지 깨닫지 못했을 것입니다.

템플 그랜딘
자폐증을 극복한 미국의 동물학자.
저서로는 자서전인《어느 자폐인 이야기》,
자폐인이 어떻게 세상을 느끼고
살아가는지를 담은《나는 그림으로 생각한다》,
동물의 마음과 시각에 대해 쓴
《동물과의 대화》등이 있다.

선생님의
칭찬
한마디

인생을 바꾸는 말 한마디

'말 에너지'로도 아이들을 살릴 수 있습니다. 선생님의 한마디가 학급 분위기와 아이들의 마음을 바꿉니다. 가정에서 부모님에게 사랑받고 인정받고 싶듯이, 학교에서도 아이들은 예쁨받고 싶은 마음으로 선생님을 바라봅니다. 하지만 자꾸 그렇게 되지 않으니 마음이 삐뚤어져 갑니다. 말 안 듣고 못되게 구는 아이도 선생님에게 인정받고 칭찬받으면 기뻐합니다.

선생님들의 작은 칭찬은 매우 강력합니다. 아이들에게 선생님은 큰 사람이기에, 선생님 말 한마디가 아이의 평생을 바꿀 수 있습니다.

많은 사람에게 영향을 미치는 위치에 있는 사람은 축복과 함께 책임도 받았습니다. 끊임없이 자신을 건강하게 단련해야 하는 책임입니다. 힘없는 목소리에 아이들과 눈조차 마주치기 싫어하고 만사 귀찮은 듯한 태도를 보이는 선생님은 학생들에게 좋은 에너지를 나눠 주기 어렵습니다. 아이들을 살리는 사람이 되려면 자신부터 살아 있어야 합니다.

화를 내서는 될 일도 안 된다

사람들이 내 맘대로 움직여지지 않을 때, 일이 내가 원하는 대로 되지 않을 때 우리는 조급해지고 화가 납니다. 참지 못하고 분노를 쏟아내 보았자, 내가 붙잡고 있지 못한 뜨거운 감자를 다른 사람에게 던져 버린 것일 뿐 문제를 해결할 수는 없습니다. 관계도 망치게 됩니다.

선생님이나 부모님은 아이들보다 힘 있는 위치에 있습니다. 재워 주고 먹여 주고, 또 점수를 주고 가르쳐 주니까요. 하지만 말 안 듣는 아이를 힘으로 억지로 누르려 하면 결국 실패합니다. 말을 물가에 억지로 끌고 갈 수는 있지만 물을 마시게 할 수 없듯이 말이지요. 잠깐은 움직이는 것처럼 보여도, 결국 그 길을 다시는 즐겁게 가지 못하게 됩니다. 앞에서는 부모님과 선생님 말을 따르는 척해도, 결국 숨어서라도 자기가 하고 싶은 대로 합니다. 자식 이기는 부모 없다는 말처럼 선생님도 힘으로 아이들을 바꿀 수는 없습니다.

긍정 암시로 인정해 주기

중학생 3학년 아이가 《해리포터》 책을 읽고 있습니다. 선생님이나 부모님이 이야기합니다.

"너는 시험 기간인데 책을 읽고 그러니? 그것도 초등학생들 읽는 책을! 시험공부는 다 했어?"

아이가 책을 읽고 있는 것을 예쁘게 보았다면, 쉬운 책이라도 아이가 즐겁게 읽으면서 행복해하고 그 에너지로 공부할 수 있다는 사실을 알았다면, 아이의 마음을 긁는 말은 하지 않았을 것입니다.

"책 재밌어? 네가 좋아하는 책인가 보구나. 너는 뭐든 열정적으로 하니까 책도 잘 읽고, 시험공부도 착착 잘할 것 같다. 그렇지?"라고 말을 한다면 긍정적인 메시지를 전하면서 결국 시험공부도 열심히 하라는 의미가 됩니다. 좀 더 열정적인 아이로, 자신의 일을 잘하는 아이로 크라는 암시입니다. 열정이 부족하고, 자기 관리가 안 되는 아이를 대할 때 콕 짚어 비난하기보다 일상생활에서 자꾸 이렇게 암시를 주면 아이의 건강한 면이 자극됩니다. 자세가 안 좋은 아이에게 작은 변화를 감지하고 "오, 자세가 점점 좋아지고 있는데?"라는 말을 해 주면 아이들은 자세를 더 바로하게 됩니다.

아이들이 반항하는 것은 선생님이나 부모로부터 원하는 인정과 에너지를 받지 못해 불안하고 화가 나서입니다. 선생님의 따뜻한 표정과 말 한마디, 사랑스러운 눈길이 아이들을 바꿉니다. 따뜻하고 밝은 숨으로 아이들에게 긍정적인 이야기를 한마디 건네주세요.

나도 내 인생이 갑갑하다고요!

움직여지지 않는 아이를 보면 부모와 선생님의 마음에 열불이 나지만, 아이도 자기 능력의 한계에 좌절하고 분노하고 있다는 걸 생각해야 합니다. 결국 시험장에 들어가고 시험을 치르는 것은 아이 혼자입니다. 아이의 기를 죽여 놓고 패배감을 심어 놓는다면 평소에도 기량을 기르기가 힘들고, 정말 중요한 순간에도 능력 발휘를 잘 못하게 됩니다.

같은 말이라도 즐겁게 해서, 기운차고 활기찬 에너지를 전달할 수 있을 때 힘을 주고 움직이게 할 수 있습니다. 짜증 섞인 말, 무거운 톤의 훈계는 아이들에게 전달되지 않습니다.

밝은 표정과 목소리로 에너지를 주세요. 아이를 100% 뜯어고치겠다는 욕심을 내려놓고, 1%만 살짝 건드려서 호기심과 긍정적 자극으로 이끌 수 있다면 성공입니다. 감사한 마음으로 아이를 보는 부모님의 표정에서 아이는 행복을 읽습니다. 그리고 지금은 미미하지만 자신이 가진 능력에 고마워하고 조금 더 움직일 힘을 얻습니다.

어차피 잘될 녀석

저는 청소년 아이에 대해 고민이 많고 속상해하는 부모님들에게 휴대전화의 아이 이름을 이렇게 저장해 놓으라고 말씀드립니다. '어차피 잘될 녀석'으로요. 그리고 아이의 사진을 밝고 환하게 웃는 얼굴로 저장해 놓고 전화를 걸고 받을 때마다 같이 미소 지으라고 말씀드립니다. 아이 인생 책의 마지막장이 해피엔딩일 거라고 믿는 겁니다. '저렇게 한심해서 뭐가 되려나' 하면서 항상 불안해하거나 심지어 나쁜 미래를 상상하면서 아이에게 겁을 주는 것은 비극적 결말을 향해 내딛는 암시 행동입니다.

'저 녀석들은 어차피 잘될 아이들이야'라고 믿고 '절대로 너는 잘못될 수 없고, 잘될 거야'라는 확실한 믿음과 신념으로 아이를 이끌어 가야 합니다. 그래야 불안한 말이나 협박을 하지 않고, 잘될 거라는 확신의 말과 칭찬을 할 수 있습니다.

만약에 타임머신을 타고 가서 아이의 잘된 미래를 보고 현재로 돌아온다면 지금 아이들을 어떻게 대하게 될까요? 야단치고 비난했던 것이 미안해지겠지요. 미래를 알 수 없기에 지금 아이의 행동을 보면 의구심이 생기지만, 과거와 현재의 시간의 균형을 맞추듯 미래에 대해서도 긍정과 부정의 균형을 맞추어 예측해야 합니다. 많은 부모님과 선생님들이 미래에 대해 부정의 시각이 훨씬 큽니다. 그래서 균형을 맞추려면 긍정적인 예측이 더 필요합니다.

234 너는 나중에 아주 잘될 거야

부모님과 선생님이 아이들의 미래를 불안하게 본다 해도 가장 불안한 사람은 바로 아이들 자신입니다. 항상 잘 안 될지도 모른다고 말하고 더 잘해야 한다고 이야기하는 선생님과 부모님들은 아이 스스로가 부족한 사람이라는 느낌을 갖게 합니다.

아이들에게 이야기해 주세요.

"너는 나중에 아주 잘될 거야. 다른 사람들도 잘 살게 도와주는 사람이 될 거야."

"너희들은 잘될 거야. 사회 곳곳에서 아주 훌륭한 사람으로 성장해 있을 거야."

아이들 안에는 좋은 씨앗과 나쁜 씨앗이 같이 들어 있습니다. 어떤 버튼이 매일 조금씩 눌러지느냐에 따라 아이들의 미래가 달라집니다.

칭찬을 잘 받지 못하고 학교에 적응을 못하는 아이들일수록 "그렇게 살지 마, 이렇게 살아야지"처럼 가르치는 말보다 "너는 잘 살 거야. 잘될 거야"라는 축복의 말 한마디를 평생 가슴속에 품고 살아갈 것입니다. 아이를 바꾸는 방법은 첫째도 칭찬, 둘째도 칭찬입니다.

너희 같은 좋은 아이들과
한 반이 되어서 기쁘다.

너희들같이 좋은 제자들을
만나서 기쁘다.

이렇게 좋은 아이를
주셔서 감사합니다.

이렇게 좋은 학생들을
주셔서 감사합니다.

관계 회복의 말

어쩌다가 너 같은 자식이 나한테 태어났니.
무자식이 상팔자라던데.

내가 너희 같은 애들을
가르치고 있을 사람이 아닌데.

관계 악화의 말

지독히 말을 안 듣고 방황하는 사춘기 아이 때문에 속이 터질 것만 같은 부모님에게 권하는 말이 있습니다. 지금 상황은 최악이지만 점점 더 상황을 좋아지게 만들기 위해서 아이와의 관계를 회복해야 합니다. 그러려면 내 안에 있는 부정적인 이미지와 생각들, 아이 안에 있는 부정적인 이미지, 생각, 감정을 먼저 잠재워야 합니다. 이렇게 한번 이야기해 볼까요?

"이렇게 좋은 아이를 주셔서 감사합니다."

칭찬이 어색한 아이들

아무리 칭찬을 해도 반응이 없는 아이들이 있습니다. 오히려 부끄럽고 손발이 오그라드는 것 같다며 손사래를 칩니다. 웃기는커녕 얼굴이 일그러집니다. 자신이 그 칭찬에 어울리는 사람이 아니라는 거지요.

어떤 아이들은 아무리 좋은 말을 해 주어도 믿지 않습니다. 그만큼 자신의 부정 회로가 강력하고 잘못된 생각과 감정이 자리를 잡았다는 말입니다. 이런 아이들일수록 칭찬에 목말라 하지만 정작 칭찬을 해 주어도 받아 가지를 못합니다.

저는 부정 뇌 회로가 강한 아이들은 이렇게 훈련시킵니다. 칭찬을 받으면 바로 "감사합니다"라고 무조건 이야기하는 것입니다. 그리고 그 말이 정말 믿기지 않는다면 "저도 제가 정말 그렇게 되면 좋겠어요"라고 덧붙여 말하라고 합니다. 믿기지는 않지만 "그 말이 사실이기를 저도 바라요"와 같은 말을 해서 자신의 가능성을 여는 것입니다. 처음에는 믿기지 않은 상태에서 이렇게 말을 하더라도, 계속해서 하다 보면 긍정의 뇌 회로를 뚫을 수 있는 첫 단계의 움직임이 됩니다.

얘들아,
나처럼
행복해라

웃고 삽시다!

'삶은 힘들다. 그렇지만 웃을 수 있다면 즐길 수 있게 된다.'

누구나 삶은 쉽지 않습니다. 문제의 연속입니다. 문제에 붙들려 쩔쩔 매지 않고, 그 문제에 대해 웃어넘길 수 있으면 얼마나 좋을까요? 그렇다면 삶을 정말로 즐길 수 있게 되겠지요.

우리가 살아가는 목표이자 치유의 목표는 잘 살기입니다. 건강하고 행복하게, 활기차고 재미있게 잘 살기 위해, 먼저 몸을 밝게 바꾸어 버리는 것이 얼마나 중요한지 이제 우리는 압니다. 결과부터 이뤄 버리는 것, 즉 인생 책의 마지막장이 해피엔딩인 것처럼 보고 말하고 행동하는 것이 얼마나 중요한지도 알고 있지요?

행복하게 잘 사는 것이 목표라면 불안해하지 말고, 얼굴 찌푸리지 말고, 일단 지금 현재의 삶에서 구현하면 됩니다. 결론부터 해 버릴 수 있는 것은 해 버립시다. 그러고 나면 과정이 쉬워집니다. 우리가 도달할 목표를 확실히 알고 있으면 과정에서 헤매지 않습니다. 일단 웃고 봅시다.

웃지 않는 아이들

아이들의 얼굴을 관찰해 보면, 웃지 않는 아이들이 의외로 많습니다. 무표정하고 시큰둥한 표정을 짓습니다. 공부는 잘하는데 인간인지 로봇인지 분간이 안 되는 아이들도 있습니다. 아이들 중에는 웃는 자신의 얼굴이 보기 싫기 때문에 안 웃는다는 아이들도 있어요. 어떤 아이들은 주변 아이들이 웃으면 막 화가 난다고 합니다. 나를 비웃는 것 같고, 함께 웃지 못하는 자기 자신이 답답해서입니다.

선생님들 입장에서도 아이들이 조용한 것이 제일이라고 생각해서 한없이 차분한 분위기를 만들려고 하는 경우도 있습니다. 하지만 너무 차분하다는 건 오히려 기가 죽어 있는 상태일 수 있습니다. 이미 죽어 있는 아이들은 에너지가 꺼져 있어서 반응이 없고, 공부 뇌 회로도 잘 움직이지 않아서 집중력도 떨어지고 졸기도 쉽습니다. 웃음이 없는 분위기에서는 수업하는 선생님마저 기운을 뺏기고 답답함을 느끼게 됩니다.

뭐 재밌는 거 없나?

'무엇이 재밌을까?' 하면서 재밌는 것을 찾는 눈과 재밌는 것을 들으려는 귀가 있는 사람은 뇌가 무슨 정보를 받아들이더라도 재밌게 변화시킵니다. 마음의 액자와 필터에 대해 이야기했었죠? 어떤 정보가 들어가든 즐거운 요소를 찾아내는 필터라면 얼마나 좋을까요?

혹시 풍자와 해학의 차이를 아시나요? 《흥부전》에서 놀부가 풍자의 대상이라면, 흥부의 상황은 해학적으로 표현됩니다. 힘든 상황에서도 나를 괴롭히는 사람에 대해 재미있는 점을 찾아내고 웃음을 터뜨릴 수 있는 여유가 있다면 즐겁게 이겨 낼 힘을 얻습니다. 현실이 아무리 힘들고 속상하고 비참하더라도 나의 현실에 대해 재밌는 표현을 할 수 있고, 웃음을 터뜨릴 수 있는 마음이 있다면 우리는 이 상황에 빠져 허덕이지 않고 상황을 이겨 낼 힘을 얻을 수 있습니다. 아무리 현실이 답답하고 힘들어도 재미있는 걸 발견하는 능력을 키워야 합니다.

공부보다 중요한 웃음

고등학생 아이들을 대상으로 강의를 한 적이 있었는데, 아이들은 이런 저런 질문을 쏟아 냈습니다.

"선생님은 직원을 채용할 때 어떤 걸 주로 보세요?"

"외모를 봅니다"

'뭐야, 외모 지상주의?' 하는 표정의 아이들에게 설명을 했어요.

"예쁘냐, 안 예쁘냐, 키가 작냐, 크냐의 문제가 아니고, 얼굴에 표정이 있고 미소가 있는 사람을 뽑아요."

어떤 스펙보다도 밝은 얼굴과 적극적인 태도는 소중한 능력입니다. 웃는 표정은 미래도 바꿉니다. 어떤 사람이 삶을 대하는 방식은 가장 먼저 자신의 얼굴에 나타납니다. 웃는 얼굴, 좋은 인상을 가지려면 어떻게 해야 할까요? 마음을 곱게 쓰고, 좋은 생각도 많이 하고, 성격도 좋아야 겠죠. 다 맞는 이야기지만 너무 어렵지요? 마음의 필터를 바꾸는 것도 시간이 걸립니다. 이럴 때 저는 또 몸으로 향합니다. 웃는 것은 반사 반응 이자 달리기와 같은 운동입니다. 복잡하게 생각하지 말고 웃는 몸으로 만드는 연습을 하면 됩니다.

웃음은 숨이다

웃음에 대한 비밀을 하나 가르쳐 드릴게요. 흔히 웃는 것을 얼굴 표 정으로 생각하는 경우가 많은데, 진짜 웃는 것은 '배'입니다. 그리고 '호 흡'입니다.

크게 웃을 때 우리의 복근은 진동을 합니다. 크게 울 때도 그렇지만, 크게 웃을 때도 배에 힘이 들어가고 진동을 하면서 움직이게 됩니다. 기 쁜 들숨과 웃는 숨을 주변에 전달하는 것만큼 중요한 일이 있을까요?

웃음은 사람 간의 벽을 허뭅니다. 얼음 깨기Ice Breaking라는 말을 들어 보셨죠? 사람들 사이에서 어색하고 불편한 기운을 깨는 활동들을 이야 기하는 데 가장 효과적인 것이 바로 웃음입니다. 굳어 있는 몸과 표정을 움직이게 하기 때문이죠. 웃을 때 사람은 숨을 쉬고, 복근 운동도 하게 됩 니다. 이어서 얼굴과 어깨의 긴장이 사라집니다.

웃음은 상대방에 대한 호의를 나타냅니다. 누군가와 같은 편이 되려 면 서로 웃으면 됩니다. 다른 사람을 웃게 만들면 됩니다.

인생이 재미가 없는데 즐거운 에너지를 전달할 수 있을까요? 그래서 다른 사람 앞에 서는 사람은 자신의 인생을 더 즐겁게 끌어 올려야 하는 사명을 갖습니다. 내가 즐겁고 재밌는 사람이라는 것, 또 즐겁고 재밌게 살아야 한다는 것을 알면 우리의 삶은 달라지기 시작합니다. 그런데 참 현실은 만만치 않지요? 웃을 일도 별로 없고 오히려 갑갑한 일만 많이 일어납니다. 이런 상황에서 어떻게 웃음이 나는 에너지를 가질 수 있을까요?

빵 터지기

아이들 안에서 항상 귀엽고 예쁜, 즐거운 요소가 뭐가 있나 살피세요. 그리고 아이들과 함께 웃으세요. 민감한 청소년 아이들이기에 놀리며 웃는 것은 안 됩니다. 일상생활에서 자꾸 웃는 것을 찾아야 합니다.

얼마 전에 어떤 할머니가 다른 분에게 인사하는 것을 보았는데, 활짝 웃으시면서 손을 미스코리아처럼 흔드시더라고요. 그 모습이 얼마나 보기도 좋고, 귀엽고 웃긴지 빵 터졌습니다. 일상생활에서 재밌는 장면을 발견하고 기억하는 것은 우리 몫입니다.

아이들을 웃게 하는 즐거운 장면들, 재밌는 이야기들을 아이들에게 들려주세요. 그리고 아이들 스스로 짧은 유머 이야기를 준비해 와서 발표하게 하고 다른 사람들과 함께 웃는 즐거움을 배우게 해 주세요.

웃는 것은 본능

웃을 일이 별로 없고, 감정이 메마른 채로 오랫동안 지내게 되면 웃는 것을 잃어버립니다. 웃으려고 하면 얼굴 표정도 몸도 어색해서 제대로 웃어지지가 않습니다. 그래서 틈나는 대로 웃는 연습을 해야 합니다. 2층 감정 뇌가 우울하고, 3층 생각 뇌에 부정적인 생각, 걱정거리가 많더라도 1층 뇌와 관여하는 본능적인 몸을 이용해서 우리는 웃을 수 있습니다.

　신생아들이 배냇 웃음을 짓는 것을 본 적이 있나요? 생각과 감정이 분화되어 있지 않은 상태에서도 아이들은 천상의 미소를 짓습니다. 괴로운 문제를 해결하기 위해서도 우리는 더욱 즐겁게 웃어야 합니다. 보고 듣고 만질 때도 항상 웃을 수 있는 정보를 찾고, 언제라도 웃을 준비가 된 몸을 만들어야 합니다. 어떤 자극에도, 쉽게 웃을 수 있는 몸 말이지요.

　"웃기지도 않는데 어떻게 억지웃음을 지어요?"

　맞는 말입니다. 억지웃음이 아닌, 정말로 웃어야 합니다. 들숨 훈련을 연습해서 박자 조절기pace maker 역할을 하도록 하고, 웃는 얼굴 근육과 배 근육 운동을 습관처럼 해 주세요. 이미 생활 속에 웃음이 많고, 잘 웃는 사람은 이런 운동을 덜해도 됩니다. 하지만 그게 어려운 환경이라면 스스로 더 열심히 준비해야 합니다.

　가짜 웃음은 복부가 움직이지 않습니다. 하지만 진짜 웃음은 자동적으로 나오면서 온몸이 웃습니다. 진정한 감정의 표현은 배를 쓰게 돼 있습니다. 배가 아프도록 웃는 박장대소, 흐느껴 우는 슬픈 눈물, 모두 배를 씁니다.

　기쁜 들숨 훈련과 거기에 목소리를 같이 붙인 PT체조를 기억하지요? 여기에 이미지를 바꾸는 훈련을 결합해 보겠습니다. '활짝 웃는 얼굴로 다른 사람들과 함께 행복하게 잘 사는 모습'을 이미지나 동영상으로 우리 몸 1m 앞 가상의 스크린에 띄우고 상상하면서 뛰는 겁니다. 치아를 10개 드러내면서 웃는 얼굴로 뛰어 보세요.

　건강한 에너지와 밝은 얼굴로 사람들 앞에 서야 하는 사람이라면 이렇게 웃는 운동과 몸의 운동을 결합해야 합니다. 단지 기분이 좀 좋아지려고 운동하고 잘 살려고 노력하는 것이 아닙니다. 우리의 삶의 목표는 '다른 사람을 잘 살게' 도와주는 사람이 되는 데 있습니다. 그래서 우리는 열심히 웃으면서 운동해야 합니다.

적극적인 리액션

함께 행복하고 함께 웃기 위해서는 다른 사람에게 재미있고 즐거운 것을 찾아 주기도 하고, 열정적으로 리액션해 주는 것도 무척 중요합니다. 유머 연습은 해 봐야 늡니다. 중요한 것은 억지로 웃으려 하지 말고 스스로 정말로 흥이 나고 재밌어야 한다는 겁니다. 원래부터 잘 표현하고 웃는 사람이 아니라면 더 연습을 해야지요. 스스로 즐거운 이야기를 하는 것도, 다른 사람의 말에 리액션을 해 주는 것도 연습해 보기로 해요.

리액션에서 중요한 것은 호흡입니다. 크게 들숨을 쉬면서 실컷 웃으며 맞장구 치는 리액션 연습을 하다 보면, 어느새 유쾌한 사람으로 바뀌어 있을 겁니다.

너희들도 나처럼 행복해라

사람들은 재미있는 사람을 좋아합니다. 언제나 다 맞는 이야기를 하는데 항상 심각하면 잘 듣지 않게 되고, 전달이 안 될 겁니다. 아이들을 움직이려면 먼저 웃게 만드세요! 이 책을 읽는 선생님과 부모님의 몸과 마음이 즐거운 에너지로 가득해져서 아이들을 웃게 만들면 좋겠습니다. 같이 웃을 수 있으면 다 된 겁니다.

지식 전달의 매체는 강의 외에도 다양합니다. 수업은 지식 전달만이 목적이 아닙니다. 학교에서 사람들과 상호작용을 하고, 수업을 듣는 것은 에너지를 교환하기 위해서입니다. 누군가에게 배운다는 것은 그 사람의 에너지, 사람과 사람 간의 상호작용을 통해서 나에게 다른 창구의 에너지가 열리는 것을 의미합니다.

다른 사람의 마음을 울려 움직이려면, 먼저 내 마음이 울려서 움직여야 합니다. 먼저 내 마음이 열려야 하고 전달하고자 하는 욕구, 그리고 즐거운 에너지가 넘쳐야 합니다. 아이들은 선생님의 모습을 보고 기억하고 배웁니다. 선생님의 표정, 웃음, 에너지, 열정을 기억합니다. 부모님에 대해서도 마찬가지입니다. 부모님과 선생님들이 밝은 표정과 에너지를 보여 줄 수 있는 사람이 되면 좋겠습니다. 가르치려고 하기보다 '너희들도 나처럼 행복해라' 하고 보여 주어 아이들이 느끼고 움직일 수 있으면 좋겠습니다.

공부
못하는
아이들에게

공부 못하면 불성실한 것?

선생님들은 대개 공부를 잘하고 성실했기 때문에 그렇지 않은 아이들을 이해하지 못하는 경우가 있습니다. 많은 부모님들도 마찬가지입니다. 공부를 못하는 아이들이 불성실하다고 생각합니다. '하면 될 텐데 왜 안 할까'라고 생각하기 쉽지요. 그러나 공부를 열심히 해도 성적이 잘 안 나와서 고민인 아이들도 있고, 이상하게 공부를 하려고 해도 도저히 잘 안 되는 아이들이 있습니다. 머리가 좋지 않거나 주의력에 문제가 있어서일 수 있고, 목표가 없거나 동기가 부족하고, 공부 트라우마가 있거나 불안해서, 친구 문제, 가정 문제 등 다른 신경 쓸 일이 많아서, 또 부모와 싸우느라고 그럴 수도 있습니다. 공부의 장場에 진입이 안 되고 공부의 신과 만나는 시기가 자꾸 빗겨 나가는 상황이지요. 공부를 하려고 해도 할 수가 없는 상황입니다.

어쩌면 공부를 잘하는 아이들은 운이 좋고, 축복받은 아이들이라고 볼 수 있지요. 공부를 잘하고 싶지만 못하는 아이들은 어떤 심정일까요? 많은 사람들이 학창 시절을 거치면서 공부와 시험 트라우마를 겪습니다. 공부를 잘했던 의사 선생님도 나이 40이 넘어서 수학 시험을 보는 악몽을 꾸곤 합니다. 공부를 못하는 아이들은 마음이 늘 위축되어 있습니다. 교육열 높은 우리나라에서 공부를 잘하지 못하는 아이들이 갖는 부담감과 불안감은 얼마나 심할까요?

공부 못하는 아이들이 더 많은 학교

모든 아이들이 공부를 잘할 순 없습니다. 학교에서는 공부 잘하는 아이들보다 못하는 아이들이 많습니다. 9등급 내신 성적 제도에서 1~2등급까지 받는 아이들은 10% 정도입니다. 나머지 90%의 아이들은 패배자 취급받기가 쉽습니다. 그리고 열등감과 분노가 패배 의식을 따라다닙니다. 우울감과 자살 충동을 느끼기도 합니다. 공부를 잘하라고 채찍질을 해도, 학생들의 대다수는 상대적으로 공부를 못하는 아이들이 될 수밖에 없는 상황에서 더 열심히 하라고만 하는 것은 해답이 아닙니다.

좋은 대학에 가서 돈, 명예, 힘 있는 위치에서 편안하게 살아갔으면 하는 부모의 바람, 경쟁에서 일단 이기고 봐야 한다는 마음이 아이를 다그칩니다. 비난받으면서 벼랑 끝에 몰린 중학생 아이들은 아파트에서 뛰어 내립니다. 실제로 같은 학교 중2, 중3 학생들이 중간고사와 기말고사 때 차례로 자살하는 것을 보았습니다. 그런 일은 잘 알려지지 않습니다. 뛰어내린 아파트 주민들도 집값이 떨어진다면서 쉬쉬하고 넘어갑니다.

죽은 아이의 부모들이 얼마나 아이를 몰아세우고 공부하라고 다그치는 나쁜 부모였을까 싶겠지만 그렇지 않습니다. 그저 아이에게 좋은 것을 해 주며, 잘되기를 바랐던 평범한 부모입니다. 그래서 어찌 보면 그런 비극은 어느 가정에나 일어날 수 있는 일입니다.

공부 잘하는 아이도 미쳐 가는 학교

공부를 잘하는 아이들도 자기 자리를 유지하기 위해서 심한 불안감과 압박감, 강박 증상에 시달리곤 합니다.

고2 여학생 P가 상담에 왔습니다. P는 높은 성적과는 달리 점점 심리적으로 무너지고 있었습니다. 다른 아이들과 말도 잘 섞이지 않고 지독하게 공부하면서 자신이 만들어 놓은 공부량에 도달하지 못하면 불안감에 시달렸습니다. 점차 강박 증세가 심해지고, 언제부턴가는 도저히 공부를 할 수 없는 상태가 되었습니다. 짜증을 부리고 화를 내고 난폭한 행동을 하였지만 그래도 부모는 아이 비위 맞추기에 급급했습니다. 방해받지 않고 공부하게 원룸을 얻어 달라 조르더니, 급기야 아파트 비밀번호를 바꾸고 가족에게 문을 열어 주지 않아 부모와 동생은 인근 모텔에서 자야 하는 상황에까지 이르렀습니다.

강박증과 심한 우울 불안증을 넘어 현실감이 떨어지는 정신병 상태까지 이르게 된 거지요. 소중한 가치를 놓친 채 마구 달려가게 되면 위험합니다. 오로지 다른 사람을 밟고 올라가기 위해 노력하는 아이들은 목표에 도달하기도 어려울 뿐 아니라, 스스로 병이 납니다. P의 머리에는 '다른 사람'이 없었습니다. 친구도 선생님도 가족도 없었지요. 오로지 성적과 점수가 있었을 뿐입니다. '다른 것에 신경 쓰지 말고, 공부나 열심히 해라. 한 자라도 더 보고 1점이라도 더 맞아라' 하는 식의 교육은 마음 아픈 아이들을 만들어 냅니다. 그렇게 해서 명문대를 가더라도 자기만 알고 결과만 중요시하는 아이들이 되겠지요. 다른 사람의 아픔에 무관심하고 배려하지 않는 사람이 높은 자리에 올라가게 되면 자신의 지위를 이용해 다른 사람을 공감하지 못하고 착취할 수 있기 때문에 사회가 위험해집니다.

무궁무진 인생길

학교는 잘나가는 사람을 만드는 곳이 아니라, 더불어 살아가는 것을 배우는 곳이 되어야 합니다. 나만 생각하는 사람, 남보다 더 앞서고 더 잘나야 한다고 믿는 아이들이 사는 세상은 얼마나 지옥 같을까요?

살수록 세상을 살아가는 것은 성적순이 아니라는 것을 실감합니다. 학교 성적으로는 존재감이 없던 아이들이 암흑의 고등학교 시절을 지내고 나서, 몇십 년 뒤 각자의 영역에서 놀랍게 성공한 모습을 보곤 합니다. 옷에 관심을 갖던 아이가 의상학 교수가 되어 있는 경우도 있고, 부산스럽던 아이가 운동 치료사가 되어 남다른 손 감각으로 다른 사람을 도와주기도 합니다. 좋은 대학을 나왔어도 범죄자가 되기도 하고, 사고나 자살로 일찍 삶을 마감하기도 합니다.

사람이 살아가면서 몇 번이고 바뀔 수 있다는 것을 알아야 합니다.

공부를 잘하는 것이 성공의 가능성을 높여 주는 안전한 길일 수 있습니다. 하지만 공부만 강조하는 것은 다른 재능이 있는 아이들을 모두 패배자로 만듭니다. 사회성과 인성이 풍부한 사람, 마음에 여유가 있는 사람으로 성장하는 것이 더 소중한 가치라는 것을 기억해야 합니다. 공부를 못하는 아이로 살아가는 불안감과 좌절감을 견뎌 낼 수 있도록 도와주고, 주변을 살리는 사람으로 성장하게 학교와 가정에서 도와주어야 합니다.

나를 잃어버리지 말고 정신 차려 가다

아리랑 아리랑 아라리요
아리랑 고개를 넘어간다
나를 버리고 가시는 님은
십 리도 못가서 발병 난다

아리랑 가사를 다양하게 해석하지만 그 중에서 저는 한자로 '나 아我, 깨달을 리唎, 밝을 랑朗'이라 풀이하고 '나를 깨달아 가는 기쁨'이라고 하는 해석을 좋아합니다. '아리랑 고개'는 나를 알아 가는 험난한 인생길을 나타냅니다. 인생길에서 나를 찾고 깨달아 가는 과정을 놓치고 '나를 버리고' 다른 세속적인 것을 향해 달려가는 사람은 오래가지 못해서 병이 납니다. 우리 아이들이 인생에서 가장 소중한 가치를 알았으면 좋겠습니다. 자신의 가치를 알고, 다른 사람의 소중함을 알고, 함께 어울려 사는 기쁨을 아는 것이, 바로 나를 찾는 '아리랑'입니다.

너희는 충분히 가치 있는 사람이란다

아이들에게 모두가 가치 있는 사람이라는 것을 알려 주세요.

"성적이 좋지 않은 게 네가 가치 없는 사람이라는 건 아니야."

"세상에는 공부보다도 중요한 일이 얼마든지 있단다."

"너는 분명히 너 자신과 다른 사람을 행복하게 하는 능력을 가지고 있단다. 아직까지 찾지 못했더라도 살아가면서 분명히 찾게 될 거야."

모든 아이들이 다른 그대로 소중하다는 것을 알아야 합니다. 그리고 자신들이 갖고 있는 차이를 열등이 아닌 존중의 마음으로 볼 수 있게 되어야 합니다. 다른 사람이 자기보다 무언가를 못한다고 해서 그 사람이 가치 없는 사람이 아니라는 것을, 그리고 자기가 무언가 뛰어나게 잘하는 것이 있다면 그것으로 다른 사람을 도와야 한다는 것을 알게 해 주세요.

사람이 아닌 돈의 가치를 중요시하는 방식을 배운 아이들은 행복하기 어렵습니다. 계속 다른 사람과 경쟁하고 비교하며 자신의 부족한 점을 미워하기 때문에 겉은 풍족해 보여도 마음이 빈곤한 삶을 살게 됩니다.

"네가 가진 가치 있는 능력은 다른 사람들을 위해 쓰라고 받은 거란다"라고 이야기해 주세요. 그것이 공부를 잘하는 능력이든, 노래나 악기를 잘하는 능력이든, 외모가 아름다운 능력이든 말이죠.

서로 존중하면서 귀하게 여기며 사는 것

모두가 귀한 존재라는 것, 공부를 잘하든 운동을 잘하든, 뚱뚱하든 못생겼든 그 어떤 것과 상관없이 내면에 고결한 영혼이 있다는 것을 일깨워 주는 것이 교육이고 치료입니다. 넘치든 모자라든 남들과 다르다는 것은 사회를 다채롭고 풍성하게 하고, 사람들을 깨닫게 하는 자극을 준다는 걸 알게 해 주세요.

공부는 곧 성공이라는 잘못된 공식과 경쟁의 시각으로 상황을 해석하지 않게 도와주세요. 모든 사람들이 평등하고 귀한 존재인 것이 인간의 권리이고, 서로 존중하면서 서로 귀하게 여기며 잘 사는 것이 바로 인간의 의무라는 것을 알려 주세요.

"너희는 앞으로 세상을 아름답고 살기 좋게 만드는 일을 할 사람들이야. 이미 훌륭하고 소중한 존재란다. 공부를 못해도 괜찮단다. 너희를 필요로 하는 곳에서 잘하는 일을 하면서 살게 될 거야. 정말 소중한 것은 공부를 잘하는 것이 아니라 너희가 자신을 사랑하고 다른 사람을 사랑하고 도울 수 있는 마음을 갖는 거란다."

"너희 안에는 아주 소중한 것들이 들어 있단다. 항상 너희들을 숨 쉬게 하고 좋은 길로 이끄는 그 힘을 선생님은 본단다."

"네가 너 자신을 좋아하고, 힘들 때 용기를 주고, 네가 하는 일에 만족하고 감사하면서 사람들과 있을 때 행복하면 그게 성공이야."

"너희들은 이미 성공했어. 앞으로 더 많이 자라고 더 힘이 세지면서 다른 사람을 더 잘 살게 도와주는 사람이 되거라."

이러한 말을 진정으로 할 수 있으려면 선생님 스스로가 그 힘을 보고 느끼고 믿는 사람으로 성장해야 합니다. 공부를 잘하건 못하건 말썽꾸러기건 모범생이건 존중하는 마음으로 용기를 주세요.

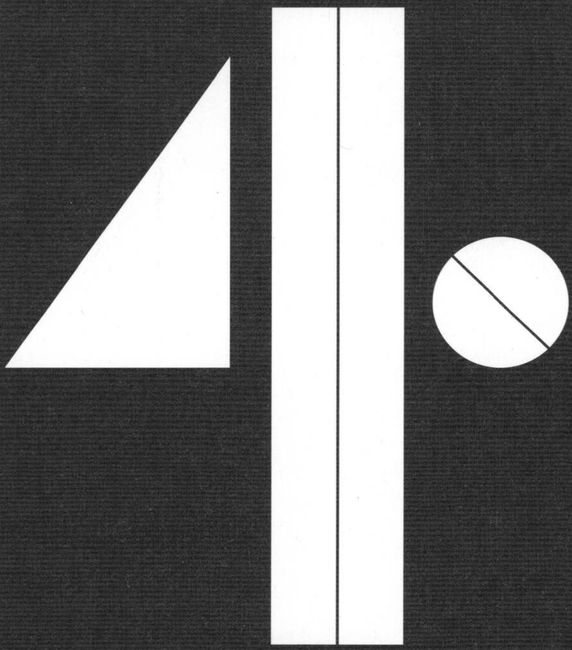

우리
관계
살리기

우리는 생명이 시작될 때부터
생명의 힘과 관계를 맺고,
일생 동안 다른 사람들과
관계를 맺습니다.
관계가 편안하고 행복하지 않다면
삶이 행복할 수 없습니다.

보이지 않는 큰 힘

주고받기

여기 있어도 된다

네가 행복했으면 좋겠어

보이지 않는
큰 힘

우리를 세우는 힘

몸과 마음, 관계 건강의 비밀은 중심과 균형입니다. 관계에는 우리를 넘어선 힘과의 수직적인 관계와 우리를 둘러싼 사람들과의 수평적인 관계가 있습니다. 수직적인 관계를 먼저 살펴보겠습니다.

몸에서부터 이야기를 시작해 볼까요? 관계도 바로 몸으로 맺으니까요. 몸의 오른판, 왼판, 앞판, 뒤판의 균형이 맞아야 하듯 아래판과 위판의 균형도 중요합니다. 잘 살아가기 위해서는 뱃심과 중심 근육에 힘을 주고 하체와 발을 단단히 땅에 딛어 버틸 수 있어야 합니다. 상대적으로 목과 어깨는 부드럽게 이완되어 있어야 하지요. 상체는 부드럽고 가볍지만 균형을 맞추어야 해요.

나무처럼 큰 에너지가 하늘을 향해 넓게 뻗어 있다고 상상해 보세요. 우리의 몸은 중력에 의해서 항상 아래로 당겨지고 있습니다. 하지만 땅으로 꺼지지 않지요? 우리를 세우고 끌어 올리는 건, 바로 에너지 장, 즉 우리 안의 생명력입니다. 아무리 중심 근육이 튼튼하다 해도 우리를 살아 있는 것처럼 숨 쉬게 만드는 이 힘 없이는 살아갈 수가 없습니다.

생명의 힘과 연결되어 있다는 상상

잘 살아가겠다는 명확한 의지로 삶의 방향을 잡고 정신줄을 놓지 말자고 했지요? 우리 머리 위에 에너지 장이 있어 하늘과 연결되어 있고 그것을 통해 에너지를 받는다고 상상해 봅니다. 이 상상만으로도 우리는 몸이 가벼워짐을 느끼게 됩니다. 마치 수많은 풍선이 우리를 들어 올리는 느낌과 같습니다. 스스로가 몸을 들어 올리려고 애쓰는 게 아니라, 누

군가로부터 위에서 끊임없이 우리를 일으켜 세워 주고 있다고 느낄 때 편안함과 안정감을 얻습니다. 몸의 위판과 아래판의 균형이 이루어지는 원리입니다. 자꾸 가라앉는 느낌이 들어서 바로 앉아 있기도 힘들다면 연결이 끊어진 상태로 생각하면 됩니다.

관계를 통해 건강해진다는 것은 개인의 몸과 마음을 넘어서 좀 더 큰 생명력과 우리를 연결하는 것입니다. 그럴 때 우리는 바로 설 수 있게 됩니다. 다른 사람들과 관계를 맺듯이 우리 안에 있는 이 생명의 힘과도 관계를 맺고 있고, 이 힘과의 사이에서 중심과 균형을 잡아야 건강해집니다. 우리가 지금부터 다룰 내용은 몸과 마음의 건강을 위한 '관계'의 비밀입니다.

머리 위를 인식하다

앞으로 나아간다고 생각할 때 어느 쪽을 앞이라고 생각하나요? 대부분은 선 채로 정면을 바라보는 눈의 방향이 앞이라고 생각할 것입니다. 두 발로 걷긴 하지만 언제부턴가 우리는 머리 위를 별로 인식하지 않고 삽니다. 다만 눈앞만 바라보고 삽니다. 진짜 걸어가야 할 길, 열어야 할 공간은 바로 우리 머리 위가 아닐까요? 영적인 성장과 성숙이 삶의 목표라고 생각한다면, 더 넓게 더 멀리 볼 수 있는 눈을 가져야 합니다. 눈높이를 넘어선 하늘에서 내려다보는 것과 같은 시야로 말이지요.

머리 가장 윗부분이 우리 영역의 끝이 아닙니다. 우리의 에너지 장은 머리 꼭지를 넘어서 더 넓게 펼쳐져 있습니다. 이런 에너지 장이 우리를 둘러싸고 있다는 사실을 인식하면 에너지가 더 살아납니다. 부처님 상의 뒤에 펼쳐져 있는 광배처럼 사람들마다 자신만의 아우라를 가지고 있다고 상상해 보세요. 기가 죽은 사람은 이 에너지가 죽어 있고 빛이 희미합니다. 반면 카리스마가 있고 사람들에게 좋은 영향을 미치는 사람은 그만큼 더 큰 에너지가 뒤에도 펼쳐져 있습니다.

이렇게 머리와 등까지 열려 있는 에너지 장을 느끼고 볼 수 있을 때, 우리는 관계의 균형을 더 잘 맞출 수 있습니다. 관계의 균형은 보고 듣고 공간을 느끼는 감각과 감정으로, 또 생각으로 맞추어야 합니다.

우리를 넘어서는 힘

어린아이들은 이런 에너지 장이 열려 있습니다. 보고 듣는 것이 직관적이고 자유롭고 통합도 잘합니다. 그런데 나이가 들면서 이런저런 경험을 통해 공간의 에너지를 인식하는 감각이 닫힙니다. 마음과 생각이 좁아지고 몸도 굽습니다. 남들이 보는 것만 보라고 강요받으면서 상상의 세계도 사라져 버리고, 감각 안테나도 닫히게 됩니다. 그래서 아이들이 힘들어합니다. 넓은 영혼을 좁은 상자 안에 가둬 놓는 것처럼 말이지요. 아이들을 살아나게 할 때 끌어 올리는 생명의 힘을 인식해야 올바로 도울 수 있습니다.

열심히 노력하면 그만큼 앞으로 나가는 것은 사실입니다. 열심히 달리면 천천히 걷는 것보다 더 빨리 결승점에 도착할 수 있습니다. 하지만 '세상일은 운칠기삼運七技三'이라는 말을 많이 하지요? 운이 7이고 재능이 3이라는 뜻입니다. 아무런 노력도 하지 않으면 당연히 되는 것도 없겠지만, 열심히 노력해도 성공과 실패의 큰 흐름은 운에 달려 있다고 합니다.

'진인사대천명盡人事待天命'이란 말도 그렇습니다. 인간으로서 해야 할 일을 다 하고 나서 하늘의 뜻을 기다린다는 의미지요. 아랍 사람들은 수시로 '인샬라'라는 말을 한다고 합니다. '만약 신이 원하신다면, 신의 뜻대로'라는 뜻입니다. 모든 것이 신의 허락이 있어야 가능하다는 의미이니, 인간을 넘어서는 힘을 인정하는 것으로 느껴지기도 합니다.

종교가 없거나 신을 믿지 않는 사람도 '운'에 대해서는 인정을 하곤 합니다. 우리의 노력을 넘어서는 큰 힘에 대해 사람들에 따라서는 하나님, 부처님, 우주, 자연, 영적인 세계라고 하지요. 어떤 이름을 붙이든, 우리를 넘어서는 보이지 않는 큰 힘을 이야기합니다. 이 책을 읽는 우리는 이 힘을 생명의 힘, 생명력이라고 생각하면 좋겠습니다.

운이 좋아지는 법?

운이 나쁘기를 바라는 사람은 없겠지요? 어떻게 하면 운이 좋아질까요? 어떤 사람은 운이 좋고 어떤 사람은 운이 나쁠까요? 모든 사람에게 똑같이 좋은 운이 비처럼 오고 있지만 운이 없다고 하는 사람들은 우산을 쓰고서 불평만 하고 있지는 않은지 생각해 볼 일입니다.

좋은 운을 받는 방법은 바로 지금까지 우리가 함께 공부한, 몸과 마음의 치유 방법들이라고 할 수 있습니다. 좋은 기운을 받을 안테나를 쫙 펴기 위해서 몸을 펴고 바른 자세를 하고, 안테나가 흔들리지 않게 중심 근육을 강화해서 몸을 잘 세우는 것이 몸의 치유 방법입니다. 또 좋은 기운과 공명할 수 있도록 밝고 경쾌한 박자로 움직이고 말하고 즐거운 감정의 숨을 쉬어야지요. 마음의 치유 방법은 좋은 생각과 감정이 들어올 수 있도록 마음의 나침반을 잘 사는 방향을 향해 맞추고 마음의 필터를 잘 닦고 액자 모양을 긍정적으로 바꾸는 것입니다.

　운이 좋아지고 건강해지는 관계의 비밀은 우리를 넘어선 힘을 인식하고, 관계의 소중함을 알고, 우리의 더 큰 마음을 열고 연결하는 것입니다. 사람들과의 관계, 즉 수평적인 관계를 잘 유지하기 위해서는, 우리를 넘어선 힘과의 수직적인 관계를 먼저 건강하게 해야 합니다. 이 관계의 건강함을 영적인 건강함으로 이해해도 좋습니다. 우리 개개인이 가진 의식 밑에는 무의식이 있고 다시 그 밑으로 가면 집단 무의식이 흐르고 있습니다. 신성과 연결된 집단 무의식은 생명의 힘과 연결되어 있고, 우리 모두를 연결시켜 놓고 있습니다. 이 생명의 힘과의 연결을 인식하고 균형 잡힌 관계를 맺을 때 우리는 사람들과의 관계에서도 중심과 균형을 잡을 수 있습니다. 이 힘을 의식하고 사느냐, 아니냐에 따라 삶의 관점 또한 달라집니다. 우리의 본질은 몸에 갇힌 작은 존재가 아니라 하늘의 속성을 가진 무한히 넓은 존재이기 때문에, 우리를 넘어선 생명의 힘과 연결될 때 건강해집니다.

부모님과의 관계

　심리 치료에서는 부모와의 관계를 중요하게 여깁니다. 부모와의 관계는 일생을 통해 영향을 미칩니다. 살아가면서 처음으로 관계를 형성한 사람이 바로 부모입니다. 우리는 외모나 기질 등을 유전적으로 물려받고 양육 방식에 의해 성격도 영향을 받습니다. 다른 사람과 관계를 맺을 때도 부모와의 관계에서 보이는 태도가 반복해서 나옵니다. 그래서 다른 사람과의 관계를 좋게 하기 위해서도 반드시 해결해야 하는 것이 바로 부모와의 관계입니다.

아이들이 부모님을 미워하고 무시하게 되면 몸의 일부를 부인하는 것처럼 힘을 잃게 됩니다. 생명의 힘과의 관계를 개선할 때도 반드시 해결해야 하는 것이 바로 부모님과의 관계입니다. 생명은 부모님을 통해서 우리에게 작용했기 때문에 생명의 큰 힘과 우리 사이에는 부모님이 있습니다. 우리가 생명의 힘과 관계를 맺는 방법도 부모님과의 관계와 많이 닮았습니다. 부모님을 인정하지 않으면 생명의 힘을 온전히 인정하기도 어렵습니다.

많은 청소년들이 부모님과 불화를 겪고, 충돌합니다. 내가 건강하고 운이 좋고 잘되기 위해서는 살아 계시거나 돌아가셨거나, 떨어져 살거나 같이 살던 간에 부모님과의 관계가 회복되어야 합니다. 지금 만날 수 없고 화해할 수 없다 해도 마음속으로 부모님과의 관계를 푸는 것이 필요합니다.

너무나 힘들 때

살다 보면 정말 막막할 때가 많지요? 정신을 차려 보고 좋은 맘을 먹어 보고 노력해도 상황이 꼬여 간다는 생각이 듭니다. 모든 걸 다 했는데 정말 운이 따라 주지 않는다고 생각해서 화가 나고 좌절하고 더 이상 살아 나갈 의욕을 잃기도 합니다. 나에게 찾아온 불행의 의미를 아무리 생각해도 알 수 없어서 방황하기도 합니다. 나를 돕는 사람이 아무도 없고 내 편이 없다고 느껴질 때도 있습니다. 외롭고 막막해서 우울해집니다.

이때 기억해야 하는 것은 우리가 영적으로 얼마나 큰 존재인지 알고, 우리를 넘어서서 연결되어 있는 생명의 힘을 인식하는 것입니다. 그 힘을 인식하지 못하고 단절되면 우리는 힘이 빠집니다. 항상 애를 써야 하고, 미래도 알 수 없어서 불안합니다. 이럴 때 우리는 살기 위해 고개를 들고, 눈을 들어야 합니다. 꽉 막힌 곳을 뚫어져라 보는 대신 더 멀리 더 크게 보아야 합니다. 나를 태어나게 하고 지금 숨 쉬게 하는, 항상 나를 돕는 힘을 인식해야 합니다. 그 힘 안에 있을 때 우리는 편안하고 능력 발휘도 잘할 수 있습니다.

나를 도와주는 보이지 않는 힘

보이지 않는 힘이 항상 나를 도와주고 있다는 믿음, 감당할 수 있는 시련을 준다는 믿음, 절대 나를 곤란하게 하지 않을 거라는 믿음, 힘들지만 이 모든 것이 과정이고 결국 모든 문제를 해결해서 해피엔딩이 될 거라는 믿음, 보호받는다는 믿음이 있을 때, 역경을 헤치고 더 큰 힘을 내어 건강하게 살아 나갈 수 있습니다.

생명의 힘이 내 안에서 강하게 작용하도록 할 수 있는 방법은 무엇일까요? 첫째는 감사함입니다. 우리는 마음 건강의 비밀에서 감사함에 대해 함께 알아보았습니다. 이제 관계의 비밀을 인식한 우리는 축복처럼 주어지고 있는 생명력에 대해 감사하면 됩니다. 그럴 때 더욱 크게 생명의 힘이 작용하게 됩니다.

두 번째 방법은 생명의 힘을 가로막는 방해물들을 치우는 것입니다. 꼭 어떤 일이 내가 믿는 대로 되어야 한다고 강하게 고집하는 것도 방해물입니다. 혼자서 해결하려고 끝까지 붙들고 집착하는 것도 문제입니다. 내 생각에 사로잡혀 있을 때는 기도를 해도 이렇게 저렇게 해 달라고 요구합니다. 진정한 기도는 요구가 아니라 항상 나를 도와주는 보이지 않는 힘을 믿고, 힘들어도 감당할 수 있는 힘을 달라고 하는 것입니다.

위에 맡기다

영어로 'give up'은 '포기하다'라는 뜻이지만, 지금부터는 '위에다 준다'는 의미로 새롭게 인식하기로 해요. 선반에 올려놓듯 위에다가 올려놓고 잠시 물러나 기다리는 겁니다. 붙들고 집착하며 애를 쓰다 보면 너무 긴장하고 탈진해서 도리어 우리 안의 능력을 제한하게 됩니다. 우리 안과 우리 위에 있는 더 큰 힘에게 그 문제를 처리해 달라고 맡겨 놓는다는 의미로 'give up'이란 말의 뜻을 헤아려 보세요. 우리를 도와주는 힘에게 맡겨 놓고, 잠시 물러나 걷거나 몸을 움직이고 쉬면서 새 힘을 얻어야 합니다. 이렇게 맡겨 놓는 것을 뇌에게 물어보기, 내면의 지혜에 접속하는 방법이라고 이야기하는 분들도 있고, 또 기도하면서 신께 해답을 얻는 과정이라고 이야기하기도 합니다. 우리를 사랑하여 지금도 숨 쉬게 하고 심장을 뛰게 하는 생명력이, 살아 숨 쉬는 우리의 뇌를 통해서 답을 줍니다.

살아가면서 도저히 어떻게 해야 할지 모르는 답답한 상황에서, 누군가의 도움을 받고 싶고 포기하고만 싶을 때에 사람들은 도망가 버리거나 다른 것에 중독되는 등 일탈 행동을 하고 자살을 선택하기도 합니다. "전 정말 어떻게 할지 모르겠어요. 알아서 좀 해 주세요"라고 말하고 싶을 때

문제를 회피해 버리지 말고 숨을 쉬면서 문제와 함께해야 합니다. 그래 야 해결할 수 있습니다.

아이를 큰 힘에 맡기다

심리 치료사나 교사로서 아이들을 만나고 변화시킬 때도 반드시 필 요한 것이 바로 이 보이지 않는 힘을 인식하는 것입니다. 내가 다 가르치 고 치료하려고 하면 아이들을 변화시키기에 역부족인 경우가 많습니다. 저는 진료실에 오기까지 아이와 가족을 이끌고, 상담하는 순간에도 항 상 함께하는 큰 힘이 있다고 인식하고 아이들을 만납니다. 제 머리 위로 그리고 아이들과 부모님의 머리 위로 생명의 힘과 연결된 에너지 장의 존재를 봅니다. 치료하는 것도 제가 하는 것이 아니라 제 안에 있는 큰 힘 이 한다고 생각합니다.

선생님과 아이들의 만남은 얼마나 귀한 인연인가요? 부모와 자식 간 의 인연은 말할 것도 없지요. 여기에도 다 보이지 않는 무의식적인 연결 이 있고, 섭리가 있고 우리를 도와주는 큰 힘이 작용하고 있습니다. 그 큰 힘을 인식하면서 아이들을 만나고 가르치고 치유할 때 아이들은 변합니 다. 아이들을 돕는 과정에서 어려울 때도 이 힘에게 도움을 요청하면 됩니다. 이 말을 한번 따라해 볼까요?

"나를 태어나게 하고, 지금도 숨 쉬게 하고, 항상 좋은 길로 이끄는 힘에게 나를 맡긴다."

"너를 태어나게 하고, 지금도 숨 쉬게 하고, 항상 좋은 길로 이끄는 힘에게 너를 맡긴다."

주고받기

일이냐? 관계냐?

관계가 건강하지 않고서는 마음이 건강할 수 없습니다. 사람들은 생명이 시작될 때부터 생명의 힘과 관계를 맺고, 일생 동안 다른 사람들과 관계를 맺습니다. 관계가 편안하고 행복하지 않다면 삶이 행복할 수 없습니다.

자신이 부여잡고 있는 일은 중요시하면서도 관계를 함부로 하는 사람들이 있습니다. 주변의 다른 사람들을 보지도 듣지도 못합니다. 하지만 일보다 관계가 더 소중하다는 것을 깨달아야 합니다. 궁극적인 삶의 목표가 '함께 잘 살기'에 있다는 것을 기억해야 합니다.

관계가 깨지면 결국은 외로워지고 우울해집니다. 아이를 잘 키우려고 회사일 하랴 집안일 하랴 바쁜 엄마가 정작 아이를 쳐다볼 새가 없는 것과 마찬가지입니다. 아이와 눈을 맞추고 관계를 맺는 일이 가장 소중한데 말이지요. 선생님들도 가르치는 교과의 내용과 진도만을 생각하느라 정작 아이들과의 관계를 잊고 있을 수도 있습니다.

목표보다 과정을

목표를 위해 다른 사람을 이용하는 사람이 있습니다. 다른 사람과의 관계나 과정은 중요하지 않고, 목표와 결과만 생각합니다. 무조건 바쁘게 빨리 달려가기보다 자기만의 여유를 가지고 주변을 둘러보아야 합니다. 미래에 집착하는 것이 아닌 '지금 여기'에 감사하고 집중하는 것이 중요합니다.

많은 부모님들이 책을 읽으면 아이가 똑똑해진다고 해서 아이에게 책을 읽히는 것을 중요하게 생각했습니다. 하나라도 더 가르쳐 주려고 했지요. 교육용 DVD나 컴퓨터 프로그램을 틀어 주는 경우도 많았습니다. 하지만 그 과정에서 글자나 숫자에만 집착하고 상호작용에 어려움을 보여서 자폐 스펙트럼 장애로 진단받는 아이들이 늘어났습니다. 이제는 어릴 때부터 시각적인 자극과 지적인 자극에 몰입하게 하는 것이 위험할 수 있다는 것을 깨닫게 되었습니다.

감각 안테나를 활짝 펴고 다양한 감각을 받아들이고, 따듯한 상호작용을 나누며 다른 사람과 소통을 할 수 있도록 키워야 한다는 것에 많은 부모님들이 동의합니다. 공부만 강조하다 보면 부모님도 선생님도 몰라보는 예의 없는 아이들이 많아집니다. 생각에 치중하는 것보다, 느낌 즉 감정과 감각을 폭넓게 키워야 하는 이유입니다.

대상과의 관계

사람뿐 아니라 우리는 다른 '대상'과도 관계를 맺습니다. 예를 들면, 악기 연주를 할 때는 피아노, 설거지를 할 때는 그릇과 세제, 통화를 할 때는 휴대전화, 수학 공부를 할 때는 수학이 그 대상입니다. 대상과 건강한 관계를 맺을 때 우리는 행복하게 일을 잘할 수 있습니다.

공부를 할 때 종종 '완전 정복'이란 말을 씁니다. 단기간에 영어를 '죽이고 뽀개야' 한다고 합니다. 그렇게 접근하면 대상인 영어가 좋아할까요? 정말로 영어를 몸에 익히고 잘 쓸 수 있으려면, 영어와 좋은 관계를 맺어야 하지 않을까요? 영어라는 장에 들어가서 자유롭게 능력 발휘를 하려면 우리는 영어와 편안해져야 합니다.

죽이는 에너지가 아닌 '살리는' 에너지를 가지고 대상과 관계를 맺을 수 있도록 아이들을 도와주세요. 무슨 일을 하든 살려 내는 사람으로, 닫지 않고 열 수 있는 아이들로 키워 주세요.

주고받기

관계와 사회성은 주고받기입니다. 사람들 사이에서는 끊임없이 유형, 무형의 주고받기가 일어나고 있습니다. 주고받기는 밀고 당기기이기도 합니다. 밀기만 하거나 당기기만 하면 넘어지기 쉽겠지요? 이 주고받기의 균형이 깨질 때 관계도 깨집니다. 나는 많이 주었는데, 나에게 주지 않으면 서운합니다. 받기만 하면 또 뭔가 줘야 할 것 같은 불편함을 느낍니다. 연인이나 부부 사이에도 마찬가지이고, 친구 사이에도 마찬가지입니다. 일방적으로 자기 말만 하지 않고, 서로의 이야기를 듣고 말하는 것도 주고받기입니다. 다른 사람의 말이나 반응을 듣고, 살피는 것이 바로 받는 것이지요.

안 주고 안 받으려고 하는 사람들도 있지요? 주고받으면 신경이 많이 쓰이기 때문에 부담되니까 그냥 혼자 있는 게 편하다고 합니다. 하지만 머지않아 나뭇가지에서 떨어져 나온 마른 잎사귀처럼 생명력이 없이 말라 갑니다. 생명이 있는 모든 것들과 존재하는 모든 것들은 서로 연결되어 있어서 관계가 막혀 버리면 생명의 힘도 같이 약해집니다.

'나쁜' 사람은 '나뿐인' 사람이고 '좋은' 사람은 '조화로운' 사람입니다. 다른 사람을 생각하지 않고 나만 살려고 하면 나쁜 사람이 됩니다. 이런 주고받기가 바로 대인 관계의 핵심입니다. 서로의 관계는 일방 통행길이 아니라 서로 오가는 순환로, 넓은 왕복 8차선 길이 되어야 합니다.

사회성은 박자가 어울리는 것

사회성이 좋은 사람은 말을 많이 하고 외향적인 사람이 아니라 다른 사람하고 있을 때 편안함과 즐거움을 느끼는 사람입니다.

사람을 만날 때 무슨 말을 해야 할까를 고민하는 경우가 많지요? 말의 내용보다도, 서로 비언어적인 차원에서 박자를 맞추는 것이 중요합니다. 아무 말도 없고 대화가 끊길 때 사람들은 어색함을 느낍니다. 뭔가해야 할 것 같은 불안감과 부담감을 느끼고, 어떤 사람은 심지어 자기가 분위기를 어색하게 만들고 있다는 죄책감까지 느껴서 더욱 위축됩니다. 하지만 박자 훈련을 하면 정적도 편안하게 즐길 수 있습니다.

사람이 원래 가지고 있는 고유한 박자에 대해서 우리는 앞에서 공부했습니다. 관계는 '박자 맞추기'입니다. 독주가 아니라 같이 맞춰서 하는 합주입니다. 그러려면 다른 사람의 연주 소리를 들어야 합니다. 그리고 자신도 연주를 계속해야 합니다. 다른 사람의 박자와 나의 박자를 보고 들어야 합니다.

그런데 어디에 박자가 있나요? 무얼 보고 들어야 하지요? 그중에서도 가장 중요한 건 뭘까요? 바로 '숨'입니다. 무엇보다 자신의 숨을 바라볼 수 있으면 지금 여기, 현재의 나로 돌아올 수 있습니다. 자신의 숨과 움직임을 느끼고 다른 사람의 숨과 움직임을 느끼면서 맞추면 됩니다. 주고받는 추임새도 여기서 생깁니다.

내 박자를 놓치지 않기

다른 사람과 같이 있으면 자기 자신이 없어지는 것 같아 불편하다고 이야기하는 경우가 있습니다. 다른 사람을 만나면 편치가 않아서 자신이 사회성이 없는 사람이라는 자괴감이 들고, 그래서 되도록 사람들을 만나지 않으려 합니다. 그건 바로 다른 사람의 시선이나 반응과 같은 겉에 드러나는 것에 신경을 쓰다 보니, 자신의 숨과 움직임을 놓치기 때문입니다. 평소에 자신의 박자를 잘 느끼지 못하고 사는 사람은 다른 사람하고 만나면 혼란스러워 헷갈리게 됩니다. 이런 경우는 자기 자신 찾기가 먼저 되어야 사회성이 좋아집니다. 나하고도 소통이 안 되는 사람이 다른 사람과 소통이 잘될 수가 없겠지요. 나하고의 소통은 말의 소통이기도 하지만, 감각적인 몸의 소통이 먼저입니다.

합주를 하려면 내가 맡은 파트 연습부터 잘해야 합니다. 다른 사람과 같이 잘 연주하려면 평소에 내 악기인 몸을 잘 세우고 건강하게 유지하여 소리가 잘 나게 연습해야 합니다. 좋은 소리가 나도록 마음의 필터를 닦아야 하고요. 나만 돋보이는 것이 아니라, 다른 사람과 같이 행복하게 연주하고 싶다는 명확한 목표를 가져야 합니다.

사람들 사이의 거리

사회성은 '내용'이 아닙니다. '감각'입니다. 박자를 맞추는 것이 '시간'적인 요소의 비밀이라면, '공간'적인 요소의 비밀도 있습니다. 공간 감각으로 관계를 인식하면 사회성을 개선하는 데 많은 도움이 됩니다. 사람과의 관계에 있어서도 공간의 중심과 균형이 존재합니다. 내 박자를 잃어버리면 대인 관계가 불편해지듯이 내 공간을 잃어버리면 나의 경계가 모호해지고, 내가 없어지는 듯한 느낌을 받아 불편합니다.

경계선 인격 장애Borderline Personality Disorder라고 하는 성격 장애에 대해 들어 보셨나요? 경계라는 것에는 여러 가지 의미가 있지만 다른 사람과 나와의 경계가 불명확하다는 의미라고 생각하면 이해가 쉽습니다. 경계가 헷갈리지 않으려면, 먼저 내 몸의 중심을 세우고 안테나를 세워서 적절한 공간감을 느낄 수 있어야 합니다. 머리 위에 있는 생명의 힘과의 수직적인 공간감도 확보되어 있어야 합니다. 그래야 바로 설 수 있고, 수평적인 공간도 확보가 됩니다. 중심축이 있어야 회전이 가능한 것처럼 말이지요. 내 공간에 중심이 잡혀 있어야 다른 사람의 공간도 존중할 수 있게 되고, 혼란 없이 서로 간의 공간 섞임이 가능해집니다.

더 이상 가까이 오지 마세요

사람들 사이의 보이지 않는 거리에 대한 많은 표현이 있습니다. 왠지 거리감이 느껴진다거나 벽을 친 것 같은 느낌 혹은 너무 들이대서 불편하다거나 침입당했다는 느낌과 같은 표현이 많은 것은 사람들이 공간적인 감각을 느끼기 때문입니다.

안전한 개인의 공간에 누군가가 들어오면 불편하게 느껴집니다. 그러나 친근감을 갖는 사람에게는 이 공간을 허락합니다. 침범당했다고 느낄 때는 자기 공간을 지키고 싶어서 방어하고, 친해지고 싶은데 너무 멀다고 느낄 때는 다가가고 싶어 합니다. 밀고 당기기의 느낌이 어느 정도 있으면 간격이 팽팽한 느낌이 들고 감칠맛이 나고 재미가 있습니다. 밀당이 지나치면 지치고, 밀당이 없으면 권태감이 느껴집니다.

어떻게든 엄마 옆에 붙어 있으려고 하던 유아 때와는 달리, 청소년들은 자기 공간에 부모님이 들어와 개입하는 것을 싫어합니다. 청소년들을 치료할 때 부모님과 같이 마주보고 서서 마치 그 사이에 강이 흐르듯, 그리고 강 건너 불구경하듯 거리감을 두고 바라보는 치유의 과정을 함께 하기도 합니다.

우리 안에 있는 상과 이미지를 바꾸어 치료하듯, 관계의 치유에 있어서도 실제 공간을 느끼고 조절하면 치유에 도움이 될 때가 많습니다. 공간으로 대인 관계를 치유할 때 거리처럼 중요하게 다루는 것은 또한 방향입니다. 그 사람을 향하는 것, 등을 돌리는 것 이 모든 것들이 우리 안에 '감'으로 존재합니다. 어떤 때는 그 사람을 마주보는 상상을 하거나 그 사람으로부터 돌려세우면서 치유의 과정을 진행하게 됩니다.

여기
있어도
된다

험담하면서 느끼는 쾌감

아이들끼리 험담을 하고 싸우게 되는 경우를 많이 봅니다. 다른 사람을 받아들이지 못하는 마음 때문에 왕따와 편 가르기, 크고 작은 다툼이 생깁니다. 어른들의 삶도 다르지는 않지요. 다른 사람에게서 불쾌한 경험을 하면 우리는 분노를 느낍니다. 욕과 험담을 하고 그 사람을 깎아내리면서 내가 당한 것을 풀고 싶습니다. 욕과 험담을 하면 내가 힘이 있는 것처럼 느껴지고, 심지어 다른 사람이 동조를 해 주면 더 짜릿하고 기분이 풀립니다. 하지만 그런 쾌감도 잠시, 모든 일에 부정적인 회로가 작동하게 되어 삶에 문제가 생깁니다. 가까운 사람에게도 못되게 구는 행동을 제어하지 못하게 됩니다. 설상가상, 내가 한 험담이 그 사람 귀에 들어가게 되어 곤란해지고 뒷수습이 어렵습니다. '앞에서 하지 못할 말은 뒤에서도 하지 말라'는 말이 있지요? 어떻게든 말은 전해지기 마련입니다.

살아가면서 화나는 일도 많고, 언짢은 일도 많습니다. 화를 잘 풀지 못하면 공격적인 말과 행동을 바깥으로 던지게 됩니다. 화를 어떻게 푸느냐가 그 사람의 인격입니다.

다른 사람을 미워한 대가

한 대 맞으면 한 대 치고 싶은 건 아주 자연스러운 욕구입니다. 이런 맞대응 반응 회로는 우리 몸 안에 있는 아주 정상적인 반응 회로입니다. 하지만 잘 살기 위해서는 그 차원에서 머무르면 안 됩니다. 긍정 회로를 훈련하면서 몸과 마음과 관계를 갈고 닦아야 합니다. 결국 다른 사람을 못마땅하게 여기고 미워하는 마음을 스스로 해결할 수 있는 능력을 길러야 합니다. 이것이 바로 '사랑'입니다. 삶의 목표이자 인격 성숙의 완결판이라고 볼 수도 있습니다. 사랑하지 않으면 멸망하기 때문에 우리는 사랑할 수밖에 없습니다. 그 사실을 깨닫고 행동으로 옮길수록 우리는 건강하고 행복해집니다.

다른 사람을 험담한다는 것은 부정적인 것을 발견하고 그것을 미워하는 마음의 필터가 작동하는 것입니다. 결국 그 마음의 필터의 희생자는 자기 가족이 되고, 자신이 됩니다. 또 남을 험담하는 사람은 반드시 자기도 험담의 대상이 됩니다. 불쾌하고 공격적인 말을 하는 사람은 자신이 말한 내용과 자신이 연결되어 기억되기 때문에, 남들에게 불쾌한 사람으로 인식된다는 사실도 알아야 합니다. 험담은 순간적으로 시원한 배설일 뿐입니다. 결국 불나방이 불을 향해 뛰어드는 것처럼 끝은 재앙입니다.

꼴 보기 싫어요

특별히 자신에게 잘못한 일도 없는 아이를 자꾸 괴롭히는 아이들이 있습니다. 지나다가 마주쳐도 못마땅하게 생각하고 보기 싫어합니다. 그런데 다른 사람의 문제점을 잘 감지하고 판단하고 싫어한다는 건 바로 자신에게 비슷한 문제가 있기 때문입니다. 전에 자신이 당한 일과 관련이 있거나 인정하고 받아들이기 힘든 자신의 어떤 점을 상대 아이가 보여 주기 때문에 소름끼치게 싫어하면서 강한 반응을 보이고 제거하려고 드는 것이지요. 자신의 내면에 있지만 받아들이지 못하는 일부를 투사하는 것입니다. 다른 사람은 그냥 넘어갈 것도 유달리 민감하게 반응하는 것은 자신에게 아직 풀지 못한 숙제가 있다는 걸 나타냅니다.

인터넷 악플도 마찬가지입니다. 유달리 흥분하고 강한 어조로 글을 쓰는 사람은 마음에 맺힌 것이 있습니다. 그런데 남을 제거하려고 에너지를 쓰고, 뇌의 부정 회로를 자꾸 돌리는 것은 결국 자신에게 피해로 돌아오는 것임을 알아야 합니다. 보기 싫은 사람이 있을 때에는 흥분하고 투사하기보다 내 마음의 문제를 해결하라는 사인으로 받아들이고 나를 돌아봐야 합니다.

모든 것이 합하여 선을 이룬다

어떤 집단이든지 항상 남다른 사람이 있습니다. 비슷하고 평범한 사람들에 비해 좋은 의미이든 나쁜 의미이든 독특한 사람들이 있기 마련입니다. 이 피할 수 없는 스펙트럼을 우리는 이해해야만 합니다. 우리 몸의

각 부분이 자기 위치에서 하나도 버릴 데가 없이 작동해 주고 있듯이, 집단도 살아 있는 생물체처럼 그 안에서 모든 사람이 자기 역할을 하고 있습니다. 모든 것이 합해져서 선을 이룬다는 말은 좋은 일과 나쁜 일이 합하여 결국 해피엔딩으로 가는 것뿐 아니라, 지금 여기, 현재 이 공간 안에 존재하는 많은 사람들이 합해져서 선을 이룬다는 것을 의미합니다. 사회적인 약자까지도 껴안아야 하는 이유는 우리 생명의 본질이 모든 사람과 이어져 있기 때문입니다. 우리가 건강하기 위해서는 어느 누구도 제외시켜서는 안 됩니다. 소외받은 사람이 가해자가 되어서 묻지마 범죄처럼 사회에 악영향을 줄 수 있다는 두려움에 마지못해 배려하는 것이 아니라, 더 큰 사랑으로 움직여야 합니다.

　마음 건강의 중요한 원칙 한 가지는 '이 세상에 존재하는 모든 것들은 그러한 대로 존재해도 된다'는 마음입니다. 없애려 하지 않고 부정하려 하지 않고, 있는 그대로 인정하는 마음입니다. 어떤 추한 것에도 나름대로 아름다운 요소가 있다고 믿고, 그것을 발견하는 눈을 키우고, 그 존재를 인정하는 마음을 키워야 합니다.

　우리는 스스로를 죽이는 생각에서 벗어나 살리는 생각을 선택해야 합니다. 마음은 존재하는 것을 존재하는 대로 인정할 때 평화를 얻습니다. 관계에서도 마찬가지입니다. 순리대로, 원리대로, 존재하는 대로 받아들이면서 우리는 성숙해 갑니다. 다른 사람을 제외시키고, 관계를 피하고 두려워하는 것이 아니라 더 큰 마음으로 마음을 열어야 합니다. 우리가 마음으로 제외시킨 사람들을 받아들이고 통합할 때까지 여러 징후들이 나타나게 되어 있습니다. 아픔으로, 증상으로, 고통으로 마음이 열릴 때까지 우리를 이끕니다.

다른 것을 인정하는 아이들

건강과 행복의 치유를 위해서는 '더불어 함께' 잘 살아야 합니다. 그러려면 '다른' 사람을 '다른 그대로' 존중하는 것을 배워야 합니다. 다르다는 것이 우월하거나 열등하지 않고 그저 다르다는 것으로 인정된다면, 아이들은 성적, 외모, 피부색, 빈부의 차, 사는 지역, 장애 등으로 사람들을 나누지 않게 될 겁니다. 모든 사람이 수지처럼 생기면 얼마나 단조로울까요? 서로 다른 얼굴과 표정이 있기 때문에 세상이 알록달록 아름답습니다.

많은 아이들이 자신의 남다른 점에 열등감을 느끼고 감추고 싶어 합니다. 남들에게 업신여겨지거나 따돌림을 당할 때, 그리고 자기의 존재이유마저도 부정당하고 힘들어할 때 아이들은 이런 자신도 받아들이고 사랑하고 용기를 얻어야 합니다. 그렇게 버티면서 인생을 잘 살아가야 합니다. 이렇게 마음을 확장하면 자기 자신이 남다르다는 것을 알게 되었을 때도 자신을 소중하게 여길 수 있고, 다른 사람을 도우려는 마음을 가질수 있습니다. 그 과정을 도와주는 것이 바로 학교에서의 치유입니다.

용서하기

관계에서 일어나는 문제들은 주고받기 안에서 발생한 속상함, 피해의식, 내가 당한 것에 대한 억울함과 분노, 복수심일 것입니다. 자다가도 벌떡벌떡 깰 정도의 속상함과 화병이 생기기도 합니다. 이럴 때 어떻게 마음을 추스를 수 있느냐가 인간관계에서의 중요한 마음 치유입니다.

가해자를 진정으로 용서하는 것도 내가 가해자와 같은 성질을 가지고 있다는 것을 솔직하게 인정할 때입니다.

간통으로 끌려 나온 여자를 향해 군중이 분노할 때, 성자가 "죄 없는 사람이 저 여자를 돌로 쳐라"라고 합니다. 그러자 나이가 많은 사람부터 돌을 내려놓고 물러납니다. 자기에게도 죄악의 요소가 있다는 걸 이해할 때 그 사람이 용서가 됩니다.

용서容恕에서 '서恕'의 한자를 가만히 들여다보세요. 마음 '심心'자에 같을 '여如', 즉 '마음이 같다'라는 뜻을 담고 있습니다. 진정한 용서는 나도 그럴 수 있다는 것을 알 때 일어납니다. 내 안에 있는 지극히 악한 마음이나 이해할 수 없는 추한 부분을 인정할 때, 우리는 다른 사람을 이해하고 그 사람의 잘못도 용서할 수 있게 됩니다.

연극 무대 같은 세상에서 누군가가 악인 역할을 하고 있다면, 그 역할을 맡은 사람은 자기를 희생하면서 악인 역할을 하고 있는지도 모릅니다. 생각을 더 확장하면 선과 악에 대한 생각도 바뀌게 됩니다. 죄를 지은 사람이라고 해도 죄에 대한 책임은 지게 하되, 같이 공존할 수 있도록 마음 한쪽을 내어 주는 태도가 우리를 살립니다.

여기 있어도 됩니다

'누군가가 여기 있으면 안 된다'고 생각할 때, 우리는 그 사람을 배척하고 없애고 싶어 합니다. 모든 사람들은 자신의 자리가 있습니다. 잘나든 못나든 자기만의 영역이 있습니다.

가족 치료를 하다 보면, 가족 안에 그런 생명의 질서와 순서가 엉클

어질 때 문제가 생기는 것을 관찰하게 됩니다. 기억에서 제외된 가족 구성원이 가족에게 미치는 큰 영향은 가족 세우기 에너지 장에서 드러납니다. 잊힌 가족 구성원을 기억해서 가족계의 균형이 잡힐 때까지 사랑이 많은 가족 구성원이 아파한다는 것을 보여 줍니다. 가족 세우기 치료에서는 죽거나 제외된 가족들을 기억하고 마음의 공간을 내어 줄 때 가족 안의 긴장이 풀리고 문제점들이 해결되는 것을 보여 줍니다.

존재했고 존재하는 것들은 그만큼 자신의 영역과 존재의 가치를 가지고 있습니다. 선하든 악하든, 마찬가지입니다. 이 책을 읽고 있으신 분들 중에 소외된 가족 누군가가 떠오른다면 그분을 향해 다음과 같이 말해 보세요.

"당신도 우리 가족입니다."

"그러하신 대로, 여기 계셔도 됩니다."

그 사람을 그러한 대로 받아들이고 마음의 공간을 내어 주는 것이 포용입니다. 무엇보다 포용은 내 마음에 평화가 깃들고 건강해져서 행복해지는 길입니다.

너도 우리 반이야. 우리 반에 있어도 된다

문제 행동으로 왕따를 당하는 아이가 있을 때, 왕따에 가담하는 아이들이든 지켜보는 아이들이든 몸과 마음에 병이 듭니다. 소외된 아이가 학급에 있다면 다른 아이들의 마음도 의식적 혹은 무의식적으로 불편합니다. 모두가 연결되어 있기 때문이지요. 소외감을 느끼고 괴로워하는 아이가 있고, 소외될까 봐 두려워하는 아이, 다른 사람을 미워하는 아이가 있게 됩니다. 방관자 역할을 하는 아이들도 은연중에 왕따를 방조하고 있다는 죄책감과 도와줄 수 없다는 것에 대해 무력감을 느끼기도 합니다. 그래서 방관자로 지내는 아이들 역시 감정이 죽고 도덕성이 죽습니다.

반에서 소외된 아이 때문에 걱정하고 있는 선생님이 있다면 아이들과 함께 다음과 같은 활동을 한번 해 보세요. 한 아이가 드러나게 소외되고, 그 문제를 모두가 알고 있을 때 효과적인 방법입니다.

소외된 아이 앞에 반 아이들이 한 명씩 돌아가면서 섭니다. 그리고 다음과 같이 이야기해 줍니다.

"너도 우리 반이야. 우리 반에 있어도 된다."

실제로 이런 작업을 했을 때 많은 아이들이 소외된 아이의 눈을 가만히 마주치고 바라보는 것만으로도 감동을 받고 눈시울이 뜨거워집니다. 보지 않으려고 했던 존재를 보는 것만으로도 아이들 마음속에는 움직임이 생깁니다. 그리고 말로써 마음의 자리를 내어 줄 때 서로의 마음을 누르고 있던 두려움과 고통이 풀려 나가게 됩니다.

네가
행복했으면
좋겠어

　　　## 타인은 지옥이다

　　다른 사람과 함께하는 것을 쑥스러워하고 남 앞에 서는 것을 불편해하며 새로운 곳에 가는 것을 두려워하는 아이들이 많습니다. 다른 사람의 시선이 부담스러워서 시선 공포증, 대인 공포 증세를 보이기도 하고, 학교 가는 것을 거부하기도 합니다. 사람들이 자신에게 적대적이고, 호시탐탐 자신의 문제점을 찾아서 창피를 주려 한다고 느낍니다. 그래서 다른 사람들이 부담스럽고 두렵습니다. 자신이 다른 사람에게 평가 대상이 된다고 생각해 잘 보이려고 더욱 긴장하고 노력합니다. 그래서 잘하던 행동도 남이 쳐다보면 못하고 더 어색하게 행동하게 됩니다. 그러다 보니 자존감도 낮아지고, 직업 선택과 만족도도 떨어지게 됩니다.

　　아이들 중에는 엄마가 쳐다보는 것도 매우 싫어하는 경우가 많습니다. 엄마가 쳐다보면, 잘하던 공부도 노래와 춤도 쏙 들어가 버립니다.

상담도 엄마가 없을 때 하겠다고 합니다. 가장 가까운 절대적인 지지자가 엄마이지만, 믿지 못합니다. 그동안 엄마가 지적한 것들에 대해 상처를 받고 엄마를 적처럼 느껴서 무슨 말을 하든 예민하게 반응합니다. 아이들의 잘못이라기보다 적절하게 지지해 주지 못한 엄마의 지나친 사랑이 문제일 수 있습니다.

적의 말은 듣지 않는다

아이들은 적의 말은 듣지 않습니다. 아무리 좋은 말이고 옳은 말이라도 나를 해치고 괴롭히는 사람이 하는 말은 위험하다고 생각하기 때문에 따르지 않습니다. 또 옳다고 생각이 들더라도 적의 말은 자존심이 상해서라도 반대로 합니다. 적이 좋아하는 모습을 보기 싫기 때문이지요.

그런데 부모님과 아이가 이런 상태로 대치하는 경우가 정말 많습니다. 저는 부모 상담에서 강하게 아이들을 누르고 강제로 무언가를 하게 하는 것은 당장은 조금 효과가 있어 보일지 몰라도 장기적으로는 아이를 움직일 수 없다고 말씀드립니다.

선생님도 마찬가지입니다. 아이들은 자신에게 상처 주는 사람의 말을 결국 듣지 않습니다. 아이들이 말을 듣지 않는다면, 혹시 아이들에게 상처를 주는 사람이지는 않았는지 돌아봐야 합니다. 아이들이 몸과 마음을 닫게 만들고, 방어적이고 공격적으로 만든 것은 답답한 환경과 자신들을 이해하지 못하는 어른들 때문인지도 모릅니다.

우리가 같은 편인가요?

아이에게 신뢰감을 주어서 선생님이 자신을 도와주는 사람, 같은 편이라는 걸 느끼도록 하는 것이 중요합니다. 그 뒤에 교육과 치유가 이루어질 수 있습니다. 아이들은 지금까지 자신들을 한심해하고 비난하는 어른들을 많이 만났습니다. 가정, 유치원, 학교, 학원 등에서 말이지요.

아이들은 지적하는 무서운 사람이 아닌 바르고 잘 클 수 있게 도와주는 사람, 나의 영역과 존재를 존중해 주는 사람을 필요로 합니다. 나에게 너무 깊이 들어와서 헤집어 놓지 않는 사람, 나를 아프게 하지 않는 안전한 사람, 나를 도와주고 용기를 주는 사람을 만나고 싶어 합니다. 잘되게 도와주는 사람, 잘 살고 싶은 나의 목표를 도와주는 '같은 편'이라는 걸 알아야 아이들은 마음을 열고 그 사람의 말을 듣습니다. 만나면 즐거운 사람, 나를 즐겁게 해 주는 사람, 나를 보면 웃어 주는 사람, 이랬다저랬다 하지 않고 신뢰할 수 있는 사람, 잘할 때나 못할 때나 변함없이 나를 믿어 주는 사람, 나를 웃게 만드는 사람, 내 마음을 풀어 주는 사람, 중심이 있는 사람을 아이들은 좋아하고 따릅니다.

신뢰할 수 있는 관계, 라포 형성

심리 치료에서 라포 형성이라는 말을 많이 쓰지요? 라포rapport는 상담이나 치료 또는 교육을 할 때, 상호 협조를 가능하게 하는 신뢰와 친근감으로 이루어진 인간관계를 말합니다. 예를 들어 내담자가 환청이 들린다고 이야기할 때, 라포가 형성되고 충분히 치료적인 관계가 이뤄질 때까지는 환청의 내용이 사실이 아니라고 직접적인 표현을 하지 않습니다. 환청이 옳다고 동조를 하지는 않지만, 불안해하거나 속상해하는 그 마음을 이해하고 다독여 주고 아무에게도 말하지 못한 것들을 말할 수 있도록 같은 편에 서 있는 것이 더 중요합니다. 섣불리 진실을 말해 주면, 귀를 기울이기는커녕 다시는 치료사에게 오지 않게 되어, 치료 기회를 놓치게 되고 상태가 악화될 겁니다.

도우려면 먼저 그의 세계를 존중해야 합니다. 확고한 망상에서 빠져나오는 것을 두려워한다는 것도 이해해야 합니다. 치료사가 자신의 세계를 깨부수고 끌어내려 하지 않고 자신을 존중해 준다는 안정감을 느낄 수 있어야 마음을 열고, 변화할 수 있는 기본 바탕이 생기게 됩니다.

학부모와의 관계

학부모와의 갈등 때문에 학생의 지도가 어려운 경우도 많이 있습니다. 학부모는 기본적으로 선생님에게 잘 보이고 싶은 마음이 있습니다. 자녀를 선생님이 예뻐해 주기를 바랍니다. 하지만 이런저런 이유로 자신의 기대가 충족되지 않으면 의심하고 불신하기 시작합니다. 선생님이 아이에게 무슨 불이익이라도 주지 않을까, 내 아이를 미워하지는 않나, 오해하지는 않나, 의심합니다. 또 자신을 별난 학부모라 생각하는 건 아닌지 불안해합니다.

예민한 학부모의 이상한 말과 행동에 상처받기는 교사도 마찬가지입니다. 서로 간에 의심과 불신이 싹틉니다. 저 부모가 교육청에 무슨 민원이라도 넣지는 않을까, 뒤통수치지는 않을까, 서로 마음의 벽을 쌓게 됩니다. 아이 앞에서 부모님 욕을 하는 교사도 있고, 선생님 욕을 하는 부모도 있습니다. 그 사이에서 아이는 분열되고 병이 듭니다. 아이를 위해서는 선생님과 부모가 서로 신뢰하고 존중해야 합니다. 모두가 아이를 잘 살게 돕는 목표를 가진, 같은 편이라는 사실을 기억해야 합니다.

공격적인 아이

공격적인 행동을 하는 아이는 주변 사람들이 자신에게 우호적이지 않다고 생각합니다. 주변이 온통 적인 것이지요. 아이는 전쟁을 치르고 있습니다. 눈만 마주쳐도 자기를 째려보는 것 같아 화가 납니다. 모든 감각을 부정적으로 해석하고 그에 따라 행동하기 때문이죠. 아이의 타고난 기질, 감각 통합적인 특성, 신경계의 예민함, 그리고 지금까지 살아오면서 축적된 수많은 나쁜 경험들, 트라우마, 왜곡된 마음 필터, 그리고 지금도 아이를 힘들게 하는 여러 가지 역학 관계 속에 있다는 것을 이해하면서 도와야 합니다.

지금 나에게 화를 내는 아이는 내가 싫어서가 아니라, 과거의 누군가에게 화를 내는 것인지도 모릅니다. 습관처럼 반복되는 감각 통합 반응 체계의 잘못된 해석으로 공격적인 행동을 하고 있을 것입니다. 아이를 다각도로 이해할 때, 선생님, 부모님, 치료자는 아이 안에서 긍정을 발견하는 눈과 여유를 가질 수 있습니다. 그런 마음을 가질 때 아이는 같은 편임을 알아보고 점차 신뢰하게 됩니다.

당신이 잘되기를 바라는 따뜻한 눈

같은 편이 되는 것 외에 대인 관계의 중요한 비밀이 있습니다. 바로 다른 사람을 축복하는 에너지를 주는 것입니다. 따뜻한 눈으로 에너지를 전달하는 호의를 가진 사람이 되는 것입니다.

우리는 그동안 살리는 에너지를 가지도록 몸과 마음을 바꾸는 연습을 많이 했습니다. 바로 그 플러스 에너지를 가지고 다른 사람을 만날 때 마음속으로 '나는 당신이 행복하기를 바랍니다', '네가 잘되기를 바라'라는 말을 전달하는 연습해 보세요. 처음에는 의도적으로 이야기를 하지만 익숙해지면 말하지 않아도 이 에너지가 흘러 나가게 됩니다. 눈빛에서 몸짓에서 행동에서 말이지요. 걸어만 다녀도 사람들은 그런 에너지를 가진 사람에 대해 호의를 갖습니다. 소리 내서 말하지 않아도 '너보다 내가 잘되길 바라', '나는 네가 망했으면 좋겠어'라는 속말을 하는 사람은 주는 것 없이 밉고 불편하게 느껴집니다.

네가 행복했으면 좋겠어

왠지 기분 나쁜 느낌을 주는 사람이 있다면 그 사람은 끊임없이 '너보다 내가 잘났어. 너를 이기고 싶어'라는 마음, 즉 경쟁적이고 공격적인 마음의 에너지가 밖으로 드러나서 그렇습니다. 아이들은 어떤 아이가 뛰어나다고 그 사람을 싫어하지 않습니다. 뛰어난 아이들이 그 능력으로 자기를 도와주면 고마워하고 인기가 있습니다. 하지만 뛰어난 능력으로 잘난 체를 한다거나 다른 사람을 무시하고 섞이지 않으려 하거나,

'나는 너희들하고 레벨이 달라'라는 마음의 파장을 전달한다면 친구가 없어집니다. 아이들은 그 아이 옆에 가면 자기도 모르는 새에 긴장하게 되고 기분이 좋지 않아지는 걸 느낍니다. 다른 사람이 잘되기를 바라는 긍정적인 에너지를 가진 사람에게서 사람들은 편안함과 따스함, 호의를 느끼고 마음을 엽니다.

지금 내 주변의 사람들을 한 사람씩 떠올리면서 '네가 행복하면 좋겠어'라고 마음속으로 이야기해 보세요. 그리고 실제로 길을 걸으면서 만나는 사람들에게 마음속으로 그 문장을 이야기해 보세요. 놀랍게도 내 마음이 확장되고 편안해지는 것을 느끼게 됩니다.

286 잘 보이고 싶은데

다른 사람과 함께 있는 것을 불편해하고 어색해하는 아이들의 내면을 살펴보면, 다른 사람에게 인정받고 사랑받고 싶어 하는 욕구가 유달리 많은 것을 알 수 있습니다. 다른 사람의 관심에 의존하기 때문에 그렇게 되지 않을까 봐 겁을 내는 것입니다. 다른 사람들이 자신의 나쁜 면을 보고 싫어할까 봐 불안합니다. 이런 소심함 때문에 다른 사람과 함께 있는 것이 자유롭지 못합니다. 스스로를 바보 같다고 느껴서 다른 사람 따위는 필요 없다는 까칠한 반응을 보이기도 합니다.

그런데 사람들이 자신을 싫어한다고 느끼는 부정적인 마음 필터가 작동하기 시작하면, 자신이 환영받지 못하는 증거를 더 잘 찾게 되고, 자신이 소외당한다고 확신해서 불행하다고 느끼게 됩니다. 이런 마음의 회로를 돌리는 사람은 다른 사람과 있을 때 유쾌하지 않기 때문에 실제로 자꾸 외면당하거나 피하게 되지요. 결국 가장 싫어하고 두려워하는 상황을 스스로 불러들이게 되는 것입니다.

나는 에너지를 주는 사람

사람들은 에너지가 있는 사람을 좋아합니다. '기 빨린다'는 말을 들어 보셨지요? 뱀파이어처럼 자신의 기를 빨아 가는 사람과 같이 있는 것을 좋아할 사람은 없습니다. 대인 관계의 핵심은 주고받기입니다. 에너지를 주고받지 않고 받아만 가려고 한다면 관계가 지속적으로 이루어지지 않습니다.

우리는 다른 사람에게 에너지를 주는 사람이 되어야 합니다. 그것이 자신을 살리고 관계를 살리고 다른 사람을 살립니다. 평가받을지도 모른다고 불안해하는 사람이 아니라, 다른 사람에게 축복을 주는 사람이 될 때 에너지가 살아납니다.

긴 시간 동안 마음 건강을 위한 치유자로서 스스로를 정화하고 아이들을 돕는 방법을 함께했습니다. 선생님과 부모님들이 학교와 가정에서 더 환한 빛이 되셔서 아이들을 치유하고 변화시키는 에너지와 축복을 듬뿍 주는 존재가 되시기를 기원합니다.

감사합니다.

몸과 마음을 살리는 치유 상담의 비밀
©손성은 2016

1판 1쇄 발행 │ 2016년 12월 05일

지은이 │ 손성은
펴낸이 │ 박기석

펴낸곳   │ (주)시공미디어
출판등록 │ 2013년 12월 11일
신고번호 │ 제 2013 – 000115 호
주소   │ 경기도 성남시 분당구 판교역로 225-20 시공빌딩
전화   │ 02-3440-2300(대표)
팩스   │ 02-3440-2301
e메일   │ book@sigongmedia.co.kr
홈페이지 │ www.sigongmedia.co.kr

ISBN 979-11-5929-010-7   03180

CIP 제어번호 : CIP2016026010